Soyka | Die Referendarstation bei der Staatsanwaltschaft

Die Referendarstation bei der Staatsanwaltschaft

Von

Dr. Martin Soyka

Oberstaatsanwalt in Kiel

Nebenamtlicher Arbeitsgemeinschaftsleiter bei der Staatsanwaltschaft Kiel, dem Schleswig-Holsteinischen Oberlandesgericht und dem Landgericht Kiel

6., neu bearbeitete Auflage 2023

Verlag Franz Vahlen

Zitiervorschlag: Soyka Referendarstation StA Rn.

www.vahlen.de

ISBN Print 978 3 8006 7159 5
ISBN E-Book 978 3 8006 7160 1

Wilhelmstraße 9, 80801 München
Druck: Himmer GmbH Druckerei & Verlag
Steinerne Furt 95, 86167 Augsburg
Satz: Druckerei C. H. Beck, Nördlingen
Umschlaggestaltung: Martina Busch, Grafikdesign, Homburg Saar

CO_2 neutral
vahlen.de/nachhaltig

Gedruckt auf säurefreiem, alterungsbeständigem Papier
(hergestellt aus chlorfrei gebleichtem Zellstoff)

Vorwort

Für Absolventen des ersten juristischen Staatsexamens stellt der Beginn des Referendariats eine neue Herausforderung dar. Mit dem universitären Studium haben die Rechtskandidaten ein theoretisches Wissen erworben, das es ab jetzt in die Praxis umzusetzen gilt. Dabei stellen Referendare erfahrungsgemäß bald fest, dass Theorie und Praxis sehr weit auseinander liegen können. Das gilt insbesondere für die Eingangsstation, nämlich für die Arbeit bei der Staatsanwaltschaft (StA). Viele Dinge, die materiell strafbar sind, werden aus Opportunitätsgesichtspunkten nicht verfolgt, umgekehrt wird anderen Taten oft ein Gewicht beigemessen, welches diese auf den ersten Blick nicht zu haben scheinen.

Referendare haben für die praktische Arbeit bei der Staatsanwaltschaft eine erhebliche Bedeutung. Sie werden hier nicht etwa als Last empfunden, sondern helfen maßgeblich dabei mit, die Behörde am Laufen zu halten. Tatsächlich würden die Staatsanwaltschaften buchstäblich in Arbeit versinken, wenn es nicht Referendare gäbe, die selbstständig Sitzungsdienst wahrnehmen, Akten einer fundiert begründeten Sachentscheidung zuführen oder sich mit schwierigen abstrakten Rechtsproblemen auseinandersetzen. Um es ganz deutlich zu sagen: Referendare sind für die Justizbehörden wichtig. Und je besser – und schneller – sie ausgebildet sind, desto wichtiger sind sie.

Die Station bei der Staatsanwaltschaft zählt zu den arbeitsreichsten, aber auch interessantesten und zuweilen aufregendsten Abschnitten der Ausbildung. Zum ersten Mal erhalten hier Referendare die Möglichkeit, selbst aktiv an der Gestaltung von Recht mitzuwirken oder gar diese selbst in eigenem Namen herbeizuführen. Nicht wenige Referendare entwickeln hier den Wunsch, später in der Strafjustiz tätig zu sein. Für den Verfasser dieser Zeilen war es jedenfalls so.

Dieses Buch ist ein erster Leitfaden für die Arbeit bei der Staatsanwaltschaft. Es soll angehenden Referendaren dabei helfen, sich in ihrer neuen Rolle zurechtzufinden. Besonderes Augenmerk wird auf die tatsächlichen Abläufe innerhalb der Behörde gerichtet werden, die den Umgang mit Akten bestimmen. Aber auch die rechtlichen Erwägungen, die den jeweiligen Sachentscheidungen zugrunde liegen können, sollen nicht unerwähnt bleiben. Ein Lehrbuch kann es dagegen nicht ersetzen.

Dieser Leitfaden ist insbesondere für Referendare in den Bundesländern Hamburg, Schleswig-Holstein und Bremen konzipiert worden, die ihre Große Juristische Staatsprüfung beim Gemeinsamen Prüfungsamt in Hamburg ablegen. Aber auch für Referendare anderer Bundesländer sollte das Buch hilfreich sein, auch wenn Anklageschriften insbesondere in südlich gelegenen Bundesländern anders aussehen mögen – sie folgen letztlich doch denselben Regeln.

Zu erwähnen bleibt, dass sämtliche Namen, die ich in den Musterverfügungen verwende, ausgedacht sind. Ähnlichkeiten mit lebenden oder verstorbenen Personen sind rein zufällig.

Viel Spaß und Erfolg in diesem neuen Abschnitt Ihrer Ausbildung.

Kiel, im April 2023 — Martin Soyka

Inhaltsverzeichnis

Abkürzungsverzeichnis

aA .... andere(r) Ansicht
aE .... am Ende
AG .... Amtsgericht/Arbeitsgemeinschaft
aM .... andere(r) Meinung
Abs. .... Absatz
AsylVfg .... Asylverfahrensgesetz
AuslG .... Ausländergesetz
Az .... Aktenzeichen

BAK .... Blutalkoholkonzentration
Beschl. .... Beschluss
BGH .... Bundesgerichtshof
BGHSt .... Entscheidungen des Bundesgerichtshofs in Strafsachen
Bl. .... Blatt
BtMG .... Betäubungsmittelgesetz
BVerfGE .... Entscheidungen des Bundesverfassungsgerichts
BZR .... Bundeszentralregister

d. A. .... der Akten
dh .... das heißt

EDV .... Elektronische Datenverarbeitung
EGGVG .... Einführungsgesetz zum Gerichtsverfassungsgesetz

f./ff. .... folgende

GA .... Goltdammers Archiv für Strafrecht
GG .... Grundgesetz
ggf. .... gegebenenfalls
GVG .... Gerichtsverfassungsgesetz

HA .... Handakten
hM .... herrschende Meinung

iHv .... in Höhe von
ioS .... im obigen Sinne
iSd .... im Sinne des
iÜ .... im Übrigen
iVm .... in Verbindung mit

JGG .... Jugendgerichtsgesetz

mE .... meines Erachtens
MiStra .... Anordnung über Mitteilung in Strafsachen
mwN .... mit weiteren Nachweisen

NJW .... Neue Juristische Wochenschrift
Nr./Nrn. .... Nummer/Nummern
NStZ .... Neue Zeitschrift für Strafrecht

oÄ .... oder Ähnliches

OLG .... Oberlandesgericht
OrgStA .... Anordnung über Organisation und Dienstbetrieb der Staatsanwaltschaft
OWiG .... Ordnungswidrigkeitengesetz

RiStBV .... Richtlinien für das Strafverfahren und das Bußgeldverfahren
Rn. .... Randnummer

S. .... Satz
SGB X .... Sozialgesetzbuch Zehntes Buch – Sozialverwaltungsverfahren und Sozialdatenschutz
StA .... Staatsanwaltschaft/Staatsanwalt
StGB .... Strafgesetzbuch
StPO .... Strafprozessordnung
StVG .... Straßenverkehrsgesetz

uÄ .... und Ähnliches
U. m. A. .... Urschriftlich mit Akten
uU .... unter Umständen

Vfg. .... Verfügung

zB .... zum Beispiel
ZStV .... Zentrales Staatsanwaltschaftliches Verfahrensregister
ZStW .... Zeitschrift für die gesamte Strafrechtswissenschaft
zT .... zum Teil

Literaturverzeichnis

Barthe, C., Gericke, J. Karlsruher Kommentar zur Strafprozessordnung, 9. Aufl. 2023 (zit.: KK-StPO/Bearbeiter)

Eisenberg, U., Kölbel, R. Jugendgerichtsgesetz, 24. Aufl. 2013 (zit.: Eisenberg/Kölbel)

Erb, V./Esser, R. (Hrsg.), begründet von Löwe, E./Rosenberg, W., Die Strafprozessordnung und das Gerichtsverfassungsgesetz, Sechster Band, 27. Aufl. 2020 (zit.: LR/Bearbeiter)

Fischer, T., Strafgesetzbuch und Nebengesetze, 70. Aufl. 2023 (zit.: Fischer)

Lackner, K./Kühl, K., Heger, M., Strafgesetzbuch mit Erläuterungen, 30. Aufl. 2023 (zit.: Lackner/Kühl/Bearbeiter)

Meyer-Goßner, L./Schmitt, B., Strafprozessordnung, 65. Aufl. 2022 (zit.: Meyer-Goßner/Schmitt/Bearbeiter)

Sander, G. Münchener Kommentar zum Strafgesetzbuch, Band 4, 4. Aufl. 2021, (zit.: MüKoStGB/Bearbeiter)

Schneider, H. (Hrsg.), Münchener Kommentar zur Strafprozessordnung, Band 2, 2016 (zit: MüKoStPO/Bearbeiter)

Schönke, A./Schröder, H., Strafgesetzbuch Kommentar, 30. Aufl. 2019 (zit.: Schönke/Schröder/Bearbeiter)

A. Allgemeines zu Referendariat, Examen und der Arbeitsgemeinschaft

Die Ausbildung der Referendare erfolgt in verschiedenen Abschnitten, die Stationen genannt werden. Die Dauer und der Ablauf der einzelnen Stationen sind in den Bundesländern verschieden geregelt, auch das Examen läuft unterschiedlich ab. Da es nicht möglich ist, die Praxis aller Bundesländer darzustellen, beschränke ich mich auf die nördlichsten Länder, bei denen die Prüfung einheitlich beim Gemeinsamen Prüfungsamt (GPA) in Hamburg durchgeführt wird. Den genauen Ablauf des Vorbereitungsdienstes finden Sie in den jeweiligen Juristen-Ausbildungsordnungen/-gesetzen der Länder. 1

In **Schleswig-Holstein** beginnt das Referendariat mit der Station bei der Staatsanwaltschaft oder einem Amtsgericht in Strafsachen, der sich die Station bei einem Amts- oder Landgericht in Zivilsachen anschließt. Diese Stationen sind vorgegeben, und die Referendare haben nur minimalen Einfluss auf die Auswahl der Ausbilder. Dies ändert sich mit der dritten Station, der Verwaltungsstation. Es wird von den Referendaren erwartet, dass sie sich selbst um eine adäquate Ausbildungsstelle kümmern. Dies bleibt bis zum Ende der Ausbildung so. Der Verwaltungsstation schließt sich die Anwaltsstation an, nach der die Examensklausuren geschrieben werden. In der Wahlstation kann der Schwerpunkt – Zivilrecht, Strafrecht, öffentliches Recht oder ein anderes Fach – frei gewählt werden und bestimmt das Wahlfach und das Rechtsgebiet des Aktenvortrags in der mündlichen Prüfung. 2

Früher war es jedem schleswig-holsteinischen Referendar freigestellt, vor den Klausuren einen zweimonatigen unbezahlten Sonderurlaub zu nehmen, um sich besser vorbereiten zu können. Diese Möglichkeit ist nunmehr ausschließlich den Mitgliedern des Referendarrats vorbehalten. Die von dieser Ausnahmeregelung nicht betroffenen Referendare sollten sich jedoch nicht grämen. Die Erfahrung zeigt, dass auch ohne den Sonderurlaub gute Examensergebnisse zu erreichen sind. Voraussetzung ist lediglich ein Mindestmaß an Organisation. Wer durch ständige Übung, insbesondere durch *aktive* Teilnahme am freiwilligen Klausurenkurs, seine Kenntnisse und Fähigkeiten in den verschiedenen Rechtsgebieten trainiert, muss nicht gegen das Vergessen ankämpfen. 3

Das **schriftliche Examen** umfasst acht Klausuren, die binnen zwei Wochen geschrieben werden müssen, und zwar in der Regel jeweils an den Wochentagen Montag, Dienstag, Donnerstag und Freitag. Die Bearbeitungszeit für die Klausuren beträgt die aus dem ersten Examen bekannten fünf Zeitstunden. Anders als im ersten Staatsexamen bekommen die Referendare keinen fertigen Sachverhalt vorgelegt, sondern müssen diesen erst aus dem Klausurentext herausfiltern. Die Klausuraufgaben sind Aktenstücken nachempfunden, die einer *praxisnahen* Entscheidung zugeführt werden müssen. 4

Die Pflichtklausur im Strafrecht besteht aus einer staatsanwaltlichen Abschlussklausur oder einem Fall aus dem Blickwinkel eines Rechtsanwaltes/Verteidigers. Die erste dieser Varianten enthält als Arbeitsaufgabe praktisch immer die Aufforderung, die Entschließung der Staatsanwaltschaft vorzubereiten. In diesen Klausuren lautet die Aufgabe, ein Gutachten zu den materiellen und prozessualen Rechtsproblemen anzufertigen und die sich daraus ergebende Entscheidung zu entwerfen. Diese besteht (fast) immer aus einer Begleitverfügung nebst Erhebung der öffentlichen Klage in einer der hierfür in Frage kommenden Form. Klausuren, die Einstellungen zum Ziel haben, sind mehr als selten. Die zweite Aufgabenform ist meist eine Anwaltsklausur, die vor allem Fragen aus dem Rechtsmittelrecht enthält.

Die **Mündliche Prüfung** beginnt mit einem Aktenvortrag. Den Referendaren wird abermals ein Aktenstück (innerhalb der Prüfungsgruppe jeweils desselben Inhalts) vorgelegt, das diese binnen 90 Minuten zu bearbeiten haben, wobei die Vorbereitungszeit vom jeweiligen Prü- 5 fungsamt abhängt.[1] Als Vortragszeit stehen maximal 15 Minuten zur Verfügung. Die im Fall enthaltenen Rechtsprobleme und die vorgeschlagene Entscheidung sollten binnen 10 Minuten in freier Rede vorgetragen werden, um danach noch fünf Minuten Zeit für eine Diskussion mit den Prüfern zu haben. An die Aktenvorträge schließen sich üblicherweise die Pflichtfach- und die Wahlfachprüfung an, die alle aus demselben Rechtsgebiet stammen. Anschließend kommen die restlichen Fächer an die Reihe. Die Reihenfolge der Prüfungen kann von den Kandidaten gewählt werden. Die einzelnen Fachprüfungen dauern pro Kandidat 10 Minuten. Die Referendare sollten damit rechnen, dass die mündliche Prüfung im Assessorexamen länger dauert als die Referendarprüfung.

6 Die **Arbeitsgemeinschaften** in den jeweiligen Stationen haben den Sinn, die Referendare auf ihre Aufgaben und auf das Examen vorzubereiten. Demgemäß werden in der AG Klausuren unter Examensbedingungen geschrieben. Ferner werden verschiedentlich freiwillige Klausurenkurse angeboten, deren Besuch sich freilich frühestens nach Beendigung der ersten Station anbietet, und auch dann zunächst nur hinsichtlich der Strafrechtsklausuren. Die Referendare sollten in den künftigen Stationen im Auge behalten, dass sie nicht nur hinsichtlich der Arbeitsgemeinschaft ein Anrecht darauf haben, vom Dienst freigestellt zu werden, sondern auch bezüglich des Klausurenkurses.

7 Die Referendare haben außerdem Anspruch darauf, von ihren Einzelausbildern in die Kunst des **Aktenvortrags** eingewiesen zu werden und ihre Fertigkeiten durch die Abnahme verschiedener Vorträge zu trainieren. Sollte bei der StA die Möglichkeit vorgesehen sein, Vorträge vor einer/einem Abteilungsleiter/in oder der/dem Leitenden Oberstaatsanwältin/Oberstaatsanwalt halten zu dürfen, so sollten Sie diese Möglichkeit unbedingt nutzen, auch wenn Sie keinen Drang verspüren, Ihren Examensvortrag im Strafrecht zu halten. Vorträge unterliegen in jedem Rechtsgebiet denselben Regeln. Je früher und öfter Sie diese trainieren, desto besser. Dies gilt insbesondere, wenn Sie zu dem Typ Prüfling gehören, der infolge starker Nervosität nicht in der Lage ist, in einer Prüfung sein volles Leistungsvermögen zu aktivieren. Desensibilisieren Sie sich durch möglichst häufiges Vortragen vor für Sie fremden Personen. Im Examen werden Sie sich dieser Situation stellen müssen.

8 Die Aufgabe der Referendare in der Staatsanwaltschaft besteht darin, Akten zu bearbeiten und selbstständig Sitzungsdienste wahrzunehmen. Die Arbeitsgemeinschaft soll Ihnen dabei helfen, sich in diese Rolle einzufinden. Sie stellt dabei eine Anregung für die Referendare dar und eröffnet die Möglichkeit, Grundsätzliches zu besprechen. Sie ist nicht dazu bestimmt, von den Zuhörern einfach konsumiert zu werden. Probleme können aus Zeitgründen meist nur angerissen. Das nötige Wissen müssen Sie sich selbstständig aneignen. Dass Sie durch die AG etwas lernen, ist eine Holschuld, keine Bringschuld. Sie werden schließlich – zumindest auch – dafür bezahlt, etwas zu lernen.

Die Arbeitsgemeinschaft ist in aller Regel „kopflastig" aufgebaut. Ihr geht üblicherweise ein Blockunterricht – untechnisch auch Einführungslehrgang genannt – voran, der Sie binnen kürzester Zeit mit dem grundlegenden Handwerkszeug vertraut machen soll. Hier wird schnell ein großes Stoffpensum vermittelt. Teilweise wird hier auch eine Sitzung in Strafsachen im Rahmen eines Planspiels simuliert (im Rahmen dessen natürlich die verschiedensten prozessualen Schwierigkeiten auftauchen, vom pöbelnden Angeklagten über fiese Beweis- und Befangenheitsanträge bis zum plötzlich auftauchenden Zeugen aus dem Zuschauerraum). In der anschließenden wöchentlichen Arbeitsgemeinschaft werden dann Einzel- und Spezialprobleme behandelt, Klausuren geschrieben und Aktenvorträge geübt. Daneben werden verschiedentlich Lehrgänge mit Vorträgen zum Thema Alkohol und Recht und kontrollierten Trinkversuchen angeboten, teilweise stehen auch Besuche bei der Polizei oder in einer Justizvollzugsanstalt auf dem Programm. Sollte sich Ihnen die Möglichkeit bieten, bei

1 Früher standen zur Bearbeitung der Vorträge drei Tage zur Verfügung. Die Vorträge arteten meist zu einer „kleinen Hausarbeit" aus, bei der das Ergebnis auswendig gelernt heruntergebetet wurde. Dies gehört – zum Glück – der Vergangenheit an. Der Durchschnitt der Noten hat sich übrigens seit der Einführung des Kurzvortrags verbessert.

einer Durchsuchung oder einer Leichenöffnung teilzunehmen, sollten Sie auch diese wahrnehmen.

Nun möchte ich noch einige Hinweise zur Arbeit mit Ihrem **Einzelausbilder** geben. Sie 9
werden für die Zeit bei der StA einem Einzelausbilder, also einer (Ober-)Staatsanwältin oder einem (Ober-)Staatsanwalt zugewiesen. Dieser soll Ihnen die tägliche Arbeit bei der Staatsanwaltschaft nahe bringen, mit Ihnen den Sitzungsdienst vor- und nacharbeiten und Ihnen mit Rat und Tat zur Seite stehen. Die Referendarausbildung kostet den Ausbilder Zeit und Kraft, und zwar oft mehr als es ihm lieb ist. Das liegt nicht daran, dass er faul ist, sondern an dem in fast allen Bereichen der Justiz anzutreffenden brutalen Aktendruck. Den Dezernenten werden täglich Akten in einem Umfang vorgelegt, der seit Jahrzehnten kontinuierlich steigt. Ein Dezernent für Erwachsenensachen bei der Staatsanwaltschaft Kiel muss jeden Tag ca. vier Vorgänge abschließen, um nicht in Akten zu ertrinken, bei einem Jugenddezernenten, dessen Sachen nur die Hälfte zählen, sind es entsprechend mehr. Amtsanwälte haben noch höhere Eingangszahlen. Trotzdem werden Sie von ihnen ausgebildet. Es liegt auf der Hand, dass Ihr Ausbilder – wenn auch unausgesprochen – erwartet, dass Sie ihm die Zeit und Arbeit, die er in Sie investiert, vergelten. Und zwar dadurch, dass Sie ihn entlasten. Sie werden von ihr oder ihm Arbeitsaufträge erhalten, die in den allermeisten Fällen die maßgebliche Förderung oder gar den Abschluss von Verfahren beinhalten. Je weniger Korrekturarbeit nötig ist, desto besser. Je mehr Sie entlastend tätig werden, desto besser wird Ihre Beurteilung ausfallen.

Zu guter Letzt noch zum **Zeugnis.** Sie erhalten dieses für Ihre Arbeit beim Einzelausbilder. 10
Ihre Klausurergebnisse aus der Arbeitsgemeinschaft sind hierfür ohne Belang. Gleiches gilt für Ihre Leistungen in der AG. Diese werden seit einigen Jahren nicht mehr benotet. Es handelt sich auch nicht um ein Zeugnis, das den arbeitsgerichtlichen Regeln folgt. Der Ausbilder ist frei in seiner Beurteilung, daher gibt es auch ein erhebliches Gefälle hinsichtlich der Benotung. Von einigen Ausbildern ist bekannt, dass sie nie Noten unter einem „gut“ vergeben, andere geben maximal neun Punkte. Umgekehrt müssen Sie sich später mit dem Zeugnis bewerben.[2] Meiner Ansicht nach besteht das Zeugnis nicht nur aus einer Note, sondern auch aus der – wichtigeren – schriftlichen Beurteilung der Leistungen. Das wissen übrigens auch die Prüfer im Examen. Also nicht gleich die Flinte ins Korn werfen, nur weil der Ausbilder, dem Sie zugewiesen sind, den Ruf hat, schlecht zu punkten.

2 Tatsächlich zeigt die Erfahrung, dass im Examen wie auch bei der späteren Bewerbung einigen Zeugnissen größere Bedeutung beikommt als anderen. Üblicherweise wird insbesondere auf die Zeugnisse aus der Justiz, also von Gerichten und der StA, geschaut, während Anwaltszeugnisse vernachlässigt werden, weil ihnen der zweifelhafte Ruf zukommt, der Referendar habe sich sein Zeugnis beim Anwalt selbst geschrieben.

B. Aufgaben und Funktionsweise der Staatsanwaltschaft

Nun zu den Aufgaben und dem Aufbau der Behörde. Die Staatsanwaltschaft hat – kurz gefasst – die Aufgabe, Straftaten (und zum Teil auch Ordnungswidrigkeiten) zu erforschen, anzuklagen und gegebenenfalls verhängte Sanktionen zu vollstrecken. 11

I. Die Mitarbeiter der StA

Welche Mitarbeiter sind innerhalb der Behörde also mit dieser Arbeit im weitesten Sinne befasst? Es sind …[3]

- Leitender Oberstaatsanwalt
- Oberstaatsanwälte
- Staatsanwälte (ggf. als Gruppenleiter oder als Erste Staatsanwälte)
- Oberamtsanwälte
- Amtsanwälte
- Geschäftsleitender Beamter
- Sekretärinnen
- Schreibkräfte
- Gerichtshelfer
- Rechtspfleger
- Geschäftsstellenbeamte/Servicekräfte
- Asservatenverwalter
- Kostenbeamte
- Normierer
- Wachtmeister
- ggf. Fahrer

… und natürlich

- Referendare

Die Staatsanwaltschaft ist hierarchisch organisiert. An der Spitze der Behörde steht der Leitende Oberstaatsanwalt.[4] Es folgt sein ständiger Vertreter, der Abteilungsleiter (AL) I.[5] Zu seinen Aufgaben zählt üblicherweise unter anderem die Pressearbeit und die Organisation des Sitzungsdienstes sowie der Entwurf des Geschäftsverteilungsplanes. Die nächste Stufe bilden die übrigen Abteilungsleiter[6] und Staatsanwälte als Gruppenleiter.[7] Dann folgen die Staats- und Amtsanwälte,[8] die den einzelnen Abteilungen zugewiesen sind.[9] Der Geschäftsleitende Beamte ist der „Chef" des Verwaltungsapparates. Er nimmt Personalführungsaufgaben hinsichtlich der nachgeordneten Dienste wie zB den Sekretärinnen in den Vorzimmern der Behördenführung, den Schreibkräften und Geschäftsstellenbeamten wahr. Man sieht hieran, dass im Rahmen des Aufbaus der Staatsanwaltschaft die Entscheidungsebene und die Verwaltungsebene unterschieden werden müssen. Werfen wir nun einen genaueren Blick auf die Entscheidungsebene:

3 Um die Darstellung zu vereinfachen, wähle ich in Anlehnung an den Wortlaut der maßgeblichen Gesetze in aller Regel die männliche Form.
4 Der Behördenleiter unterschreibt Vorgänge in Grün.
5 Er zeichnet in Purpur.
6 Sie zeichnen in Braun.
7 Ein Gruppenleiter hat die gleichen Aufgaben wie ein Oberstaatsanwalt, bearbeitet aber nebenher ein größeres Dezernat und wird anders besoldet. In einigen Bundesländern werden Gruppenleiter als Erste Staatsanwälte bezeichnet; in Schleswig-Holstein handelt es sich beim Ersten Staatsanwalt um ein Beförderungsamt honoris causa ohne Aufgabenänderung.
8 Sie zeichnen in Blau oder Schwarz.
9 In einigen Bundesländern wie zB Berlin sind die Amtsanwälte nicht der Staatsanwaltschaft angegliedert, sondern verfügen über eine eigene Behörde mit ansonsten identischem Aufbau.

II. Arbeitsteilung und Spezialisierung

12 Grundsätzlich gilt: In der Staatsanwaltschaft darf jeder Dezernent jede Entscheidung treffen. Zwar gibt es wie bei den Gerichten auch hier einen Geschäftsverteilungsplan, der alle Zuständigkeiten regelt. Wird aber – aus welchen Gründen auch immer – hiergegen verstoßen, sind daran keine gesetzlichen Folgen geknüpft. Wird bei Gericht gegen den verfassungsmäßig verankerten Grundsatz des gesetzlichen Richters verstoßen, kann dies in einem Rechtsmittelverfahren die gesamte Entscheidung zunichtemachen, vgl. zB § 338 Nr. 4 StPO. Dies gilt bei der Staatsanwaltschaft nicht. Es gibt keinen Anspruch auf „den gesetzlichen Staatsanwalt".

Trotzdem herrscht bei der StA nicht das Chaos, das man erwarten mag. Zwar *darf* jeder alles, jedoch *bearbeitet* nicht jeder alles. Für bestimmte Bereiche bei der Staatsanwaltschaft bestehen nämlich Sonderzuständigkeiten. Nehmen wir zum Beispiel Wirtschaftsstrafsachen.[10] Hierbei handelt es sich um Verfahren, die besondere Sachkunde bezüglich der Mechanismen des Wirtschaftslebens erfordern. Weitere Beispiele stellen Korruptionsstraftaten oder Internet-Kriminalität dar. Dass nicht von jedem Dezernenten verlangt werden kann, sich jedes Mal in eine völlig neue Materie einzuarbeiten, dürfte auf der Hand liegen. Deshalb werden diese Sachen in Sonderdezernaten oder Sonderabteilungen zusammengefasst, abhängig von ihrer Häufigkeit und Bedeutung. In welchem Dezernat welche Sache zu bearbeiten ist, regelt der Geschäftsverteilungsplan, der für jede Behörde einmal im Jahr neu aufgestellt werden soll.

Neben den Sonderdezernaten und -abteilungen gibt es die sog. allgemeinen Abteilungen und Dezernate. Hier werden alle Strafverfahren bearbeitet, die Taten zum Gegenstand haben, für die keine Spezialzuweisung existiert.

Die allgemeinen Sachen werden unterschieden in Erwachsenen-, Jugend- und Amtsanwaltssachen. Meist werden sie weiter unterschieden nach Gerichtsbezirken.

III. Wer darf was?

13 Die von mir oben aufgestellte Behauptung, jeder dürfe in der Behörde alles, ist so natürlich nicht richtig. Während ein Abteilungsleiter die Aufgabe hat, gegebenenfalls nötige Einzelzuweisungen innerhalb seiner Abteilung durchzuführen, kann dies der Staatsanwalt nicht. Darüber hinaus dürfen Amtsanwälte nicht alle Verfahren bearbeiten, die ein Staatsanwalt bearbeiten kann.

14 An dieser Stelle einige Bemerkungen zu den Amtsanwälten: Anders als Staatsanwälte handelt es sich bei ihnen meist nicht um studierte Juristen, auch wenn einige Bundesländer mittlerweile dazu übergehen, Juristen mit erstem Staatsexamen als Amtsanwälte einzustellen.[11] In aller Regel waren Amtsanwälte früher Rechtspfleger, die eine einjährige Zusatzausbildung genossen haben. Diese Ausbildung schließt mit einer bundeseinheitlich zentral durchgeführten Abschlussprüfung, die dem Zweiten Juristischen Staatsexamen im Strafrecht in nichts nachsteht. Amtsanwälte dürfen in Sitzungen vor dem Straf- und dem Jugendrichter auftreten, grundsätzlich aber nicht in Schöffen- oder Kammersachen. Referendare haben übrigens in der Sitzung dieselben Befugnisse wie die Amtsanwälte,[12] dürfen aber Sitzungsvertretungen vor den Jugendgerichten gem. § 36 II 3 JGG nur unter Aufsicht und im Beisein eines Jugendstaatsanwalts wahrnehmen.

---

10 Einen Katalog von typischen Wirtschaftsstrafsachen enthält § 74c GVG. Nicht jede der hierin enthaltenen Straftaten stellt jedoch anerkanntermaßen eine Wirtschaftsstraftat dar, man denke zB an den Computerbetrug durch Missbrauch von ec-Karte und PIN.

11 Was übrigens weniger mit der höheren Qualifikation von sog. Diplomjuristen zu tun hat, sondern vielmehr aus fiskalischen Gründen erfolgt. Denn wenn ein Rechtspfleger zum Amtsanwalt wird, muss ja sein Nachfolger teuer ausgebildet werden. Nimmt man dagegen bereits anderweitig ausgebildete Kräfte, fällt diese Neuausbildung weg, da ja keine Rechtspfleger ausscheiden.

12 § 142 III GVG.

IV. Zuständigkeiten: Die OrgStA

Wie Sie mittlerweile wissen, stehen auf der Entscheidungsebene der Behörde (Ober-)Staatsanwälte und (Ober-)Amtsanwälte als Sachbearbeiter zur Verfügung. Wer darf aber welche Sachen bearbeiten? Auskunft hierüber gibt die OrgStA. 15

In allen Bundesländern sind Aufbau und Funktionsweise der Staatsanwaltschaften im Verordnungswege geregelt worden. In Schleswig-Holstein nennt sich diese Regelung „Anordnung über Organisation und Dienstbetrieb der Staatsanwaltschaft (OrgStA)".[13] Eine Lektüre bietet sich an, zumal die länderspezifischen Regelungen voneinander abweichen. Hinsichtlich der oben aufgeworfenen Frage, wer welche Sachen bearbeiten muss, lohnt sich aber schon jetzt ein Blick auf einzelne ausgewählte Vorschriften, und zwar aus der schleswig-holsteinischen Fassung. Es soll damit der Gedankengang verdeutlicht werden, der jeder Eintragung zugrunde liegt: 16

Wichtig ist zunächst Nr. 9 der OrgStA:

> Besondere Sachgebiete
> Sonderdezernate
>
> (1) Folgende Angelegenheiten sollen wegen der für ihre Bearbeitung erforderlichen besonderen Kenntnisse und Erfahrungen in der Regel in der Hand bestimmter Dezernentinnen und Dezernenten vereinigt werden:
> a) Verfahren gegen Ärzte,
> b) Betäubungsmittel- und Arzneimittelstrafsachen,
> c) Internetkriminalität,
> d) Kapitalstrafsachen,
> e) Lebensmittelstrafsachen,
> f) Verfahren nach § 261 StGB und Aufgaben nach dem Geldwäschegesetz,
> g) Verfahren, die die Organisierte Kriminalität betreffen,
> h) Politische Strafsachen, einschließlich Verfahren wegen Gewaltdarstellung oder Aufstachelung zum Rassenhass,
> i) Pressestrafsachen,
> j) Verfahren wegen Verbreitung pornographischer oder jugendgefährdender Schriften,
> k) Angelegenheiten des Verkehrs mit dem Ausland (Rechtshilfesachen),
> l) Verfahren wegen Straftaten gegen die sexuelle Selbstbestimmung,
> m) Umweltstrafsachen.
>
> (2) Für andere Angelegenheiten und administrative Aufgaben (zB Generalien, Informations- und Kommunikationstechnik) können Sonderdezernate eingerichtet werden, wie zum Beispiel:
> a) Verfahren, die häusliche Gewalt betreffen,
> b) Verfahren gegen Rechtsanwältinnen und Rechtsanwälte, Justizbedienstete sowie Polizeibeamtinnen und Polizeibeamte,
> c) Brandstiftungs- und Sprengstoffsachen,
> d) Kinderschutzdezernate,
> e) Seniorenschutzdezernate,
> f) Vollstreckungssachen.

Die OrgStA ermächtigt („sollen") die Staatsanwaltschaften also dazu, für bestimmte Strafsachen Sonderdezernate oder -abteilungen einzurichten, um eine Spezialisierung innerhalb der Behörde zu ermöglichen.

---

13 AV d. MJKE v. 14.12.2015 – II 302/3262-7SH

17 Weiter zu Nr. 10:

> Jugend- und Jugendschutzdezernate
> (1) Für Verfahren, die zur Zuständigkeit der Jugendgerichte gehören, sind Jugendstaatsanwältinnen und Jugendstaatsanwälte zu bestimmen.
> (2) In den Jugenddezernaten sollen auch die Verfahren gegen Strafunmündige sowie Jugendschutzsachen geführt werden.
> (3) Jugendsachen, die in die Zuständigkeit eines besonderen Sachgebiets fallen, können auch in einem Sonderdezernat geführt werden, wenn die Sonderdezernentin oder der Sonderdezernent zugleich nach Absatz 1 bestellt ist.

Diese Regelung basiert auf §§ 36 I, 37 JGG, wonach für Verfahren, welche zur Zuständigkeit der Jugendgerichte gehören, Jugendstaatsanwälte bestellt werden. Diese sollen erzieherisch befähigt und in der Jugenderziehung erfahren sein.[14]

18 Sie wissen nun, dass es Sonderdezernate gibt und dass Jugend- und Jugendschutzsachen von speziell hierfür bestimmten Staatsanwälten bearbeitet werden. Was dürfen aber nun Amtsanwälte? Wichtig ist zunächst § 142 II GVG. Hiernach erstreckt sich die Zuständigkeit der Amtsanwälte nicht auf das amtsrichterliche Verfahren zur Vorbereitung der öffentlichen Klage in den Strafsachen, die zur Zuständigkeit anderer Gerichte als der Amtsgerichte gehören. Damit sind ihnen nur Strafsachen übertragen, in denen der Strafrichter entscheidet. Näheres regelt Nr. 21 OrgStA:

> Zuständigkeit in Strafsachen [verkürzt]
>
> (1) Den Amtsanwältinnen und Amtsanwälten werden von den Strafsachen, in denen das Amtsgericht – Strafrichterin oder Strafrichter – nach § 24 GVG zuständig ist, zur Bearbeitung übertragen:
> a) Alle Vergehen, bei denen das Höchstmaß der angedrohten Freiheitsstrafe sechs Monate beträgt.
> b) Die folgenden Vergehen:
> Hausfriedensbruch (§ 123 StGB),
> Amtsanmaßung (§ 132 StGB), …
> unerlaubtes Entfernen vom Unfallort (§ 142 StGB), es sei denn, dass die Tat im Zusammenhang mit einer fahrlässigen Tötung oder einer Körperverletzung steht, bei der eine der in § 226 StGB bezeichneten Folgen eingetreten ist, …
> Beleidigung, üble Nachrede und Verleumdung (§§ 185 bis 187 StGB), es sei denn, dass sich die Tat gegen eine der in § 194 Abs. 4 StGB bezeichneten politischen Körperschaften gerichtet hat,
> Körperverletzung (§ 223 StGB),
> gefährliche Körperverletzung in den Fällen des § 224 Abs. 1 Nr. 2 und 4 StGB, es sei denn, durch die Tat sind schwerwiegende Folgen eingetreten,
> fahrlässige Körperverletzung (§ 229 StGB), es sei denn, dass eine der in § 226 StGB bezeichneten Folgen eingetreten ist,
> Nötigung (§ 240 Abs. 1 bis 3 StGB), wenn die Tat in die Zuständigkeit eines amtsanwaltschaftlichen Sonderdezernates fällt,
> Bedrohung (§ 241 StGB),
> unbefugter Gebrauch eines Fahrzeugs (§ 248b StGB),
> Urkundenfälschung (§ 267 StGB), soweit sich die Tat auf Fahrzeugkennzeichen bezieht, …
> Gefährdung des Straßenverkehrs in den Fällen des § 315c Abs. 1 Nr. 1 Buchstabe a StGB, wenn sie nicht in Tateinheit mit fahrlässiger Tötung oder einer Körperverletzung steht, bei der eine der in § 226 StGB bezeichneten Folgen eingetreten ist,
> Trunkenheit im Verkehr (§ 316 StGB),

14 Nicht selten werden aber Berufsanfänger mit Jugendsachen betraut, möglicherweise mit dem Argument, dass junge Leute am besten auf junge Straftäter einwirken können, in Wirklichkeit aber meist aus purer Personalknappheit.

> Vollrausch (§ 323a StGB), sofern die Amtsanwältin oder der Amtsanwalt für die Verfolgung der im Rausch begangenen Tat zuständig wäre …
> c) Die folgenden Vergehen, soweit der Wert der gestohlenen oder unterschlagenen Sachen oder der Schaden bei einer Einzeltat nicht 1.000 € übersteigt:
> Diebstahl (§ 242 StGB),
> Diebstahl in den Fällen des § 243 Abs. 1 Satz 2 Nr. 1 und 2 StGB, wenn aus einem verschlossenen Kraftfahrzeug oder wenn ein durch Schutzvorrichtung gegen Wegnahme besonders gesichertes Fahrzeug gestohlen wird,
> Unterschlagung (§ 246 StGB), …
> Betrug (§ 263 StGB),
> Erschleichen von Leistungen (§ 265a StGB),
> Sachbeschädigung (§ 303 StGB) …
> …

Diese Sachen sind dem Amtsanwalt nach der OrgStA zur Bearbeitung zugewiesen. Umgekehrt gibt es auch Strafsachen, die der Amtsanwalt ausdrücklich nicht bearbeiten darf, so Nr. 23 OrgStA: 19

> Ausschluss und Grenzen der Zuständigkeit
> Die Amtsanwältin oder der Amtsanwalt darf nicht bearbeiten:
> a) Verfahren gegen Jugendliche und Heranwachsende, es sei denn, die Verfahren fallen in einem amtsanwaltschaftlichen Sonderdezernat an und die Voraussetzungen des § 36 Abs. 2 Satz 1 JGG sind in der Person der Amtsanwältin oder des Amtsanwalts erfüllt,
> b) Verfahren, die militärische Straftaten zum Gegenstand haben,
> c) Verfahren gegen Personen, auf die das NATO-Truppenstatut anzuwenden ist,
> d) politische und Pressestrafsachen,
> e) Verfahren, in denen mit der Anordnung einer Maßregel der Besserung und Sicherung nach § 61 StGB zu rechnen ist, mit Ausnahme der Entziehung der Fahrerlaubnis.

Gemäß Nr. 24 OrgStA kann die Behördenleitung in Einzelfällen auch andere Sachen, die in die Zuständigkeit des Amtsgerichts fallen, einer Amtsanwältin oder einem Amtsanwalt zur Bearbeitung zuweisen oder diese Befugnis auf die Vertretung, Abteilungs- oder Gruppenleiter übertragen. 20

Die oben zitierten Vorschriften betreffen nur die Ermittlungstätigkeit, nicht den Sitzungsdienst. Der Amtsanwalt kann beim Amtsgericht auftreten, soweit es sich um Hauptverhandlungen handelt, die der Strafrichter oder der Jugendrichter durchführt, Nr. 26 I OrgStA. Obwohl er möglicherweise in der Sache nicht ermitteln dürfte, darf er vor Gericht Anträge stellen. Gemäß Nr. 26 II OrgStA kann die Behördenleitung mit Zustimmung des Generalstaatsanwalts geeignete Amtsanwälte auch zur Wahrnehmung des Sitzungsdienstes bei dem Schöffengericht heranziehen. In der Hauptverhandlung stehen Referendare den Amtsanwälten gleich, vgl. § 142 III GVG, soweit es nicht um Sitzungsvertretungen vor den Jugendgerichten geht, § 36 II 3 JGG. 21

Die OrgStA wird bei den einzelnen Staatsanwaltschaften wiederum durch den jährlich neu zu fassenden Geschäftsverteilungsplan umgesetzt. Anhand dieses Planes, der für jede Behörde naturgemäß anders aussieht, wird in der Zentralen Eingangsstelle geprüft, wer für die neu eingegangenen Bekannt-Vorgänge[15] zuständig ist. Dabei werden nacheinander folgende Fragen gestellt: 22

- **Besteht eine Sonderzuständigkeit?** 23

Wenn ja, wird die Sache im betreffenden Sonderdezernat eingetragen. Wenn nicht, handelt es sich um allgemeine Kriminalität und es wird weiter geprüft:

---

15 Also solche Vorgänge, bei denen ein Beschuldigter benannt worden ist, auch wenn die Ermittlungen uU nicht zu einem hinreichenden Tatverdacht geführt haben.

- **Wie alt ist der Beschuldigte?**

Wenn er unter 21 Jahre alt ist, ist die Anwendung des JGG zu prüfen, sodass ein Jugendstaatsanwalt zuständig ist. Welcher, bestimmt sich nach dem Wohnort des Beschuldigten, denn hiernach richtet sich auch – in erster Linie – die Zuständigkeit des Jugendgerichtes, §§ 42 I Nr. 1, II, 108 JGG. Wenn der Beschuldigte zum Zeitpunkt der Tat über 21 Jahre alt gewesen ist, ist, wie auf der Seite 11 zu sehen, weiter zu prüfen:

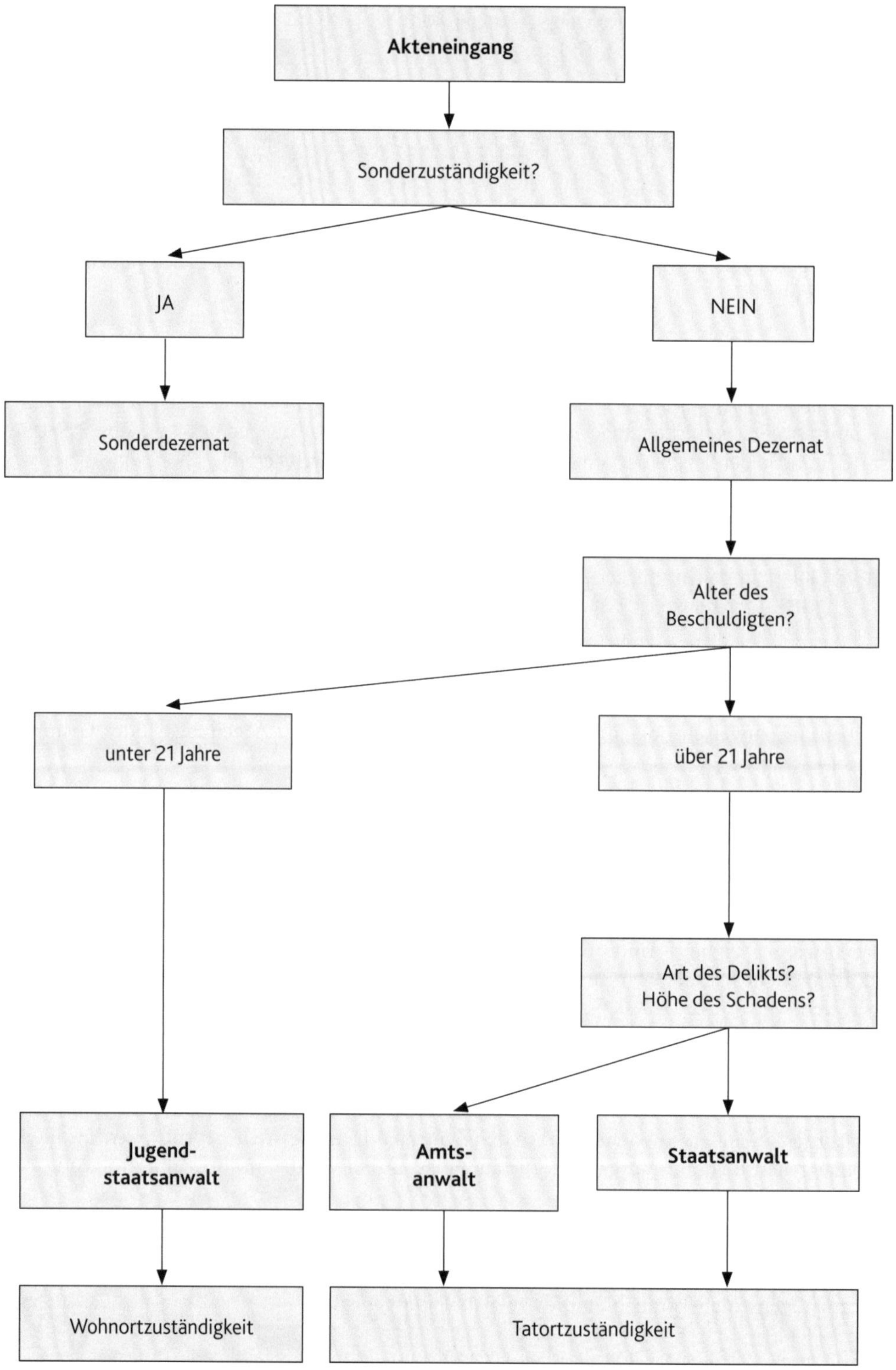

- **Um welche Art von Delikt handelt es sich? Wie hoch ist der Schaden?**

Beinhaltet der Vorwurf ein Delikt, das der Amtsanwalt nicht bearbeiten darf? Oder handelt es sich um ein Delikt, welches ihm ausdrücklich zugewiesen ist? Beträgt der Schaden über 1.000 EUR (bei Diebstahl, Unterschlagung, Betrug)? Ist bei der Verkehrsunfallflucht nur Sachschaden entstanden? Mit anderen Worten: Es werden Nr. 21 ff. OrgStA durchgeprüft.

Schließlich wird noch gefragt:

- **Wo liegt der Tatort?**

Denn sowohl die Zuständigkeit des Staatsanwalts in Erwachsenensachen wie auch des Amtsanwalts bestimmen sich nach den Zuständigkeiten der Amtsgerichte,[16] und diese wiederum in erster Linie nach dem Tatort.

Hier einige Beispiele: Der 25-jährige A trank in Kiel 6 Flaschen Bier, setzte sich an das Steuer seines Pkw und fuhr los. An einer Kreuzung übersah er ein vorfahrtberechtigtes Fahrzeug. Dieses musste ausweichen und überschlug sich. Das Fahrzeug erlitt einen Totalschaden (20.000 EUR). A entfernte sich von der Unfallstelle, um nicht belangt werden zu können. Zum Tatzeitpunkt wies der Beschuldigte eine BAK von 0,9 ‰ auf. **24**

Es handelt sich um kein Sonderdelikt. A ist Erwachsener. Es geht um § 315c I Nr. 1a und § 142 I Nr. 1 StGB. Zudem ist lediglich Sachschaden eingetreten. Damit ist der Amtsanwalt zuständig.

Abwandlung 1: Wie ist zu entscheiden, wenn A keinen Verkehrsverstoß beging und den Schaden und dessen Zustandekommen nicht bemerkte?

Das ist natürlich eine Trickfrage. Hier liegt mangels Vorsatzes gar keine Straftat vor. Gegeben ist allein eine Verkehrsordnungswidrigkeit gem. § 24a StVG. Die Staatsanwaltschaft stellt daher das Verfahren wegen der Straftat ein und gibt es gem. § 43 I OWiG an die zuständige Verwaltungsbehörde zur Verfolgung der Ordnungswidrigkeit ab.

Abwandlung 2: Wie ist zu entscheiden, wenn der Unfallgegner ein Fahrradfahrer war, kein Fremdsachschaden gegeben ist, aber der Fahrradfahrer die Sehkraft auf einem Auge verlor?

Hier ist eine Verkehrsunfallflucht gem. § 142 I Nr. 1 StGB mit schwerer Folge iSd § 226 I Nr. 1 StGB gegeben. Damit ist gem. Nr. 21 I lit. b OrgStA der Staatsanwalt zuständig.

Abwandlung 3: Der Beschuldigte A ist 16 Jahre alt.

Gemäß § 36 JGG iVm Nr. 23 lit. a, 24 OrgStA ist der Amtsanwalt ausgeschlossen, da es sich bei dem Beschuldigten um einen Jugendlichen handelt und kein amtsanwaltschaftliches Sonderdezernat betroffen ist. Zuständig ist der Jugendstaatsanwalt des Wohnsitzes des Beschuldigten.

Abwandlung 4: Der Beschuldigte A ist 16 Jahre alt, wohnt in Hamburg, ist aber zu Besuch in Kiel.

Wieder ist der Staatsanwalt zuständig. In örtlicher Hinsicht ist allerdings gem. § 42 I Nr. 1, II JGG in erster Linie der Jugendrichter zuständig, dem die familien- oder vormundschaftsrichterlichen Erziehungsaufgaben obliegen, also der Jugendrichter am Wohnort des Beschuldigten. Hiernach bestimmt sich auch, welche Staatsanwaltschaft für die Verfolgung der Tat zuständig ist. Hier also die StA Hamburg. Das Verfahren ist dorthin abzugeben.

Abwandlung 5: Der Beschuldigte A ist 25 Jahre alt und verprügelt den 16 Jahre alten Radfahrer.

---

16 Vgl. § 143 I GVG.

Hier geht es um eine Straftat zum Nachteil eines Jugendlichen. Gemäß § 26 I GVG sind die Jugendgerichte (und damit die Jugendstaatsanwälte) zuständig für Straftaten Erwachsener, durch die ein Kind oder Jugendlicher verletzt oder unmittelbar gefährdet wird, sowie für Verstöße Erwachsener gegen Vorschriften, die dem Jugendschutz oder der Jugenderziehung dienen. Gemäß § 26 II GVG soll in solchen Jugendschutzsachen der Staatsanwalt Anklage bei den Jugendgerichten nur erheben, wenn in dem Verfahren Kinder oder Jugendliche als Zeugen benötigt werden oder wenn aus sonstigen Gründen eine Verhandlung vor dem Jugendgericht zweckmäßig erscheint. Das bedeutet, dass der Beschuldigte zwar Erwachsener ist, das Opfer aber jugendlich. Es handelt sich um eine sog. Jugendschutzsache. Zuständig ist daher der Jugendstaatsanwalt, und zwar der für den Tatort (nicht den Wohnort des Opfers) zuständige.

V. Der typische Gang der Akten und deren Inhalt

25 Um die Abläufe in der Behörde besser verstehen zu können, ist der Gang der Akten vom ersten Eintreffen an zu betrachten.

Kommen Akten (von der Polizei in Papierform geschickt oder in Form von Strafanzeigen/-anträgen direkt an die StA) erstmals bei der Staatsanwaltschaft an, gehen sie zunächst in die Zentrale Eingangsstelle. Dort werden sie einer Prüfung unterzogen, die sich an den oben kurz skizzierten Grundsätzen orientiert. Besteht eine Sonderzuständigkeit oder handelt es sich um allgemeine Kriminalität? Ist im letzteren Fall der Jugendstaatsanwalt, der Amtsanwalt oder der Staatsanwalt zuständig? Wenn die Prüfung abgeschlossen ist, wird in die Akten ein Stempel gedrückt oder diesen ein Blatt vorgeheftet, auf dem die maßgeblichen Daten festgehalten sind. Das nennt man Auszeichnung. Dann werden die wichtigsten Daten der Akten in die behördeneigene EDV eingegeben und ein Aktenzeichen vergeben. Die Akten werden mit einem Aufkleber versehen und dann auf den Ausgangsbock gelegt. Dort werden Sie von einem Wachtmeister abgeholt und dem jeweils zuständigen Dezernenten vorgelegt, der sie zum ersten Mal liest und entscheidet, ob zu ermitteln oder aber die Sache – in welcher Form auch immer – abschlussreif ist. Der Dezernent trifft eine *Verfügung* und legt die Akten wieder auf seinen Ausgangsbock. Dort werden sie vom Wachtmeister wieder abgetragen und zur jeweils zuständigen Geschäftsstelle gebracht. Die Geschäftsstellenbeamten führen die Verfügung des Dezernenten dann aus.

26 An dieser Stelle sollten wir uns die Akten der Staatsanwaltschaft einmal genauer ansehen.

Zunächst einige Worte zu deren Bezeichnung. Auch wenn es sich um nur eine einzelne Sache handelt, sprechen wir immer von Akten, nie von einer Akte. Im Justizjargon wird die Einzahl des Wortes „Akten" gemeinhin nicht verwendet. Die Akten sind eine Sammlung von Einzel*vorgängen.* Jedes neue Blatt und jede Ergänzung der Akten ist also ein Vorgang. Synonym hierfür ist damit der (Einzel-)Akt.[17] Daher bezeichnen wir die Sammlung der Vorgänge oder Einzelakte als Akten, nicht als Akte. Merken Sie es sich einfach so: Die Akte ist ein Roman von John Grisham. *Wir arbeiten mit Akten.*

27 Die staatsanwaltschaftlichen Akten bestehen immer aus zwei Teilen, den Hauptakten und den Handakten. Dem Dezernenten werden jeweils beide Teile vorgelegt. Die Hauptakten umfassen alles, was für die Ermittlungen von Bedeutung ist. Die Hauptakten verlassen gegebenenfalls das Haus, um an die Polizei oder das Gericht versandt zu werden. Die Handakten verlassen dagegen niemals die Staatsanwaltschaft. Kein Außenstehender wird jemals Einsicht in die Handakten nehmen (können). Hier finden sich Vorgänge und Verfügungen, die für das Ermittlungsverfahren nicht von Bedeutung sind, also Interna.[18]

28 **Ein Beispiel:** Nehmen wir an, ein Verfahren ist in Dezernat A eingetragen, präsentiert – also dem Abteilungsleiter vorgelegt – und dann dem Dezernenten zugeleitet worden.

17 In Österreich ist es übrigens genau andersherum. Was wir als Akten bezeichnen, wird dort Akt genannt.

18 Näheres zum Aktenaufbau s. die jeweils maßgebende Aktenordnung, zB §§ 47 ff. der Aktenordnung für die Gerichte und Staatsanwaltschaften des Landes Schleswig-Holstein vom 1.1.2019.

Dieser ist der Auffassung, er sei für die Ermittlungen nicht zuständig, sondern Kollege B. Dann muss das Verfahren aus seinem Dezernat ausgetragen und in das Dezernat des Kollegen eingetragen werden. Die hierfür nötige Verfügung ist für die Ermittlungen ohne Bedeutung und wird daher in den Handakten getroffen.

Die Handakten werden auch vorgelegt, falls eine verfügte Frist abläuft, die Hauptakten versendet, aber nicht innerhalb der Frist zurückgekehrt sind. Die wichtigste Funktion der Handakten zeigt sich aber in der Hauptverhandlung. Wird Anklage erhoben, verlassen die Hauptakten mit der dazugehörigen Anklageschrift das Haus und gehen zu Gericht. Dort verbleiben sie bis zum Abschluss des gerichtlichen Verfahrens. An der Hauptverhandlung nimmt aber auch ein Vertreter der Staatsanwaltschaft teil. Er muss Kenntnis vom wesentlichen Inhalt der Akten haben und auch eine Kopie der Anklageschrift in Händen halten, um diese verlesen zu können. Daher werden vor Absendung der Hauptakten Kopien der maßgeblichen Vorgänge gefertigt und zu den Handakten „verfügt". Die Pflege der Handakten für die Hauptverhandlung ist auch deshalb so wichtig, weil in den seltensten Fällen der Anklageverfasser an der Sitzung teilnimmt.[19] Oft wird dies ein Kollege oder Referendar sein. Es ist schwierig, sich ohne Ablichtungen aus den Hauptakten auf die Hauptverhandlung richtig vorzubereiten. Zuletzt noch eines: Die Handakten werden schriftlich gemeinhin als HA bezeichnet. Dies stellt die übliche Abkürzung dar, die auch im Examen verwendet werden darf und sollte. 29

Nun zu den Aktenzeichen. Nach Erfassung der Vorgänge im Computersystem der Staatsanwaltschaft wird ein Aktenzeichen vergeben. Dieses könnte im Bereich der StA Kiel wie folgt lauten: 30

572 Js 12345/23

Wie kommt es zu diesem Aktenzeichen? In Schleswig-Holstein und vielen anderen Bundesländern werden Aktenzeichen der StAen durch das Computersystem MESTA[20] vergeben. Dieses System sollte einmal bundesweit eingeführt werden, dazu ist es aber nicht gekommen. Mittlerweile hat daneben ein bundesweites Register für staatsanwaltschaftliche Ermittlungsverfahren (ZStV[21]) den Betrieb aufgenommen.

Die erste Ziffer des Aktenzeichens wird in Schleswig-Holstein bestimmt durch die StA, die das Aktenzeichen vergibt. 1 steht für Flensburg, 3 für Itzehoe, 5 für Kiel und 7 für Lübeck. Es war zunächst beabsichtigt, alle Staatsanwaltschaften der Bundesrepublik derart durchzunummerieren, und zwar von Norden nach Süden.

Die Ziffern zwei und drei bestimmen die Geschäftsstelle innerhalb der StA, die für die Führung der Akten verantwortlich ist. Im obigen Beispiel ist dies die Geschäftsstelle 72.

Js ist ein Aktenzeichen, das besagt, dass es sich um ein Ermittlungsverfahren in Strafsachen gegen einen namentlich benannten Beschuldigten richtet. Unbekanntsachen laufen unter UJs-Aktenzeichen. Weitere Geschäftszeichen der Staatsanwaltschaft sind zB AR (allgemeine Register, also solche Sachen, die nicht als Ermittlungsverfahren anzusehen sind und sich nicht anders einordnen lassen), Zs (Vorschalt- und sonstige Beschwerden gegen Einstellungen an den Generalstaatsanwalt). Daneben bietet es sich an, die wichtigsten Gerichtsaktenzeichen zu kennen: Cs (Strafbefehle), Ds (Strafrichteranklagen), Gs (Anordnungen des Ermittlungsrichters), Ls (Schöffensachen), KLs (Kammersachen) und Qs (Beschwerdeverfahren), Ns (Berufungsverfahren), Ss (Revisionen und Rechtsbeschwerden in Bußgeldsachen)[22] um die wichtigsten zu nennen.

19 Auch wenn dies gem. Nr. 20 II 1 OrgStA in rechtlich und tatsächlich schwierigen oder sonst bedeutsamen Verfahren nach Möglichkeit so sein sollte.

20 Mehrländer-Staatsanwaltschafts-Automation.

21 Zentrales Staatsanwaltschaftliches Verfahrensregister.

22 Die Registerzeichen sind im Schönfelder-Anhang abgedruckt. Eine gelegentliche Lektüre bietet sich an.

31 Zurück zum obigen Beispiel. Nach dem Js folgt die laufende Nummer dieses Jahres. Zuletzt folgt ein /23, was „aus Dreiundzwanzig" ausgesprochen wird und das Jahr der Erfassung (nicht der Tat) kennzeichnet.

32 Bei der Auszeichnung werden Aufkleber unter anderem mit dem Aktenzeichen, dem Namen des Beschuldigten und der ermittlungsführenden Polizeidienststelle ausgedruckt und auf Haupt- und Handakten geklebt. In die Handakten kommen dann noch verschiedene verwaltungsrelevante Datenblätter (die für den Referendar keine Bedeutung haben und deren Funktion hier deshalb nicht erläutert wird) und eine Vorgangsliste. In dieser tauchen alle Vorgänge auf, die den Beschuldigten betreffen und bereits in diesem Bundesland anhängig gewesen sind. Hieraus lässt sich schnell ersehen, ob es sich zB um einen Intensivtäter handelt usw. Gegenüber dem Bundeszentralregisterauszug hat diese Liste den Vorteil, dass sämtliche Ermittlungs- und OWi-Sachen aufgeführt sind, die jemals (sofern noch nicht wegen Zeitablaufes gelöscht) gegen den Beschuldigten anhängig gewesen sind, egal ob sie angeklagt oder eingestellt worden sind. Die Vorgangsliste enthält wichtige Informationen, hat aber für die Ermittlungen im engeren Sinne keine Bedeutung, sodass sie in die HA gehört.

VI. Der Generalstaatsanwalt und die Generalstaatsanwaltschaft

33 Nicht nur die Organisation innerhalb der Behörde der einzelnen Staatsanwaltschaften ist von Bedeutung, sondern auch die Aufgaben der übergeordneten Behörden. Nähere Auskünfte hierzu können dem 10. Titel des GVG entnommen werden.

34 § 141 GVG regelt, dass bei jedem Gericht eine Staatsanwaltschaft bestehen soll, also gem. § 142 I Nr. 2 GVG auch bei den Oberlandesgerichten. Besteht eine StA aus mehreren Beamten, so wird ein sog. Erster Beamter bestimmt (§ 144 GVG), also normalerweise der Leitende Oberstaatsanwalt (nicht zu verwechseln mit dem Ersten Staatsanwalt).

35 Nach § 146 GVG haben die Beamten der Staatsanwaltschaft den dienstlichen Anweisungen ihres Vorgesetzten nachzukommen. Gemäß § 147 Nr. 2 und 3 GVG steht das Recht der Dienstaufsicht und Leitung den Landesjustizverwaltungen hinsichtlich aller staatsanwaltschaftlichen Beamten des Landes und dem Ersten Beamten der Staatsanwaltschaften bei dem OLG und den Landgerichten hinsichtlich aller Beamten der Staatsanwaltschaften ihres Bezirks zu. Mit anderen Worten: Das Justizministerium übt die Fachaufsicht über alle Beamten der Staatsanwaltschaften des Landes aus, der Erste Beamte der Staatsanwaltschaft bei dem Oberlandesgericht über alle Beamten der Staatsanwaltschaften in diesem Bezirk und der jeweils Erste Beamte der Staatsanwaltschaften bei den Landgerichten über die Beamten seiner Behörde.

36 Hierdurch wird deutlich, dass die richterliche Unabhängigkeit für Staatsanwälte nicht gilt. Die Staatsanwaltschaften sind hierarchisch organisiert. Der Staatsanwalt kann somit zu Entschließungen angewiesen werden, mit denen er unter Umständen gar nicht einverstanden ist. Zudem ist die Staatsanwaltschaft gem. § 150 GVG in ihren amtlichen Verrichtungen von den Gerichten unabhängig.

37 Der Erste Beamte der Staatsanwaltschaft bei dem Oberlandesgericht (in Schleswig-Holstein: Generalstaatsanwaltschaft) ist der Generalstaatsanwalt. Somit hat diese Behörde eine Zwitterstellung: Sie ist zum einen die mit eigener Anklage- und Rechtsmittelkompetenz ausgestattete Staatsanwaltschaft bei dem Oberlandesgericht, andererseits bilden die dortigen Beamten in Personalunion die Behörde des Generalstaatsanwalts, die die Fachaufsicht über die einzelnen Staatsanwaltschaften und ihre Beamte ausübt. Hier wird zB über Beschwerden gegen Entscheidungen der Staatsanwälte entschieden. Der Generalstaatsanwalt des Landes selbst ist der Kopf beider Behörden.

38 Dementsprechend kommunizieren die Staatsanwaltschaften bei den Landgerichten auch im Einzelfall auf verschiedenem Wege mit dieser Behörde. Wird zB von einem Antragsteller gegen die Einstellung eines Ermittlungsverfahrens Beschwerde eingelegt, so werden die Vorgänge nicht etwa der Generalstaatsanwaltschaft übersandt, sondern vielmehr dem General-

staatsanwalt, denn die Beschwerde ist eine Angelegenheit der Fachaufsicht.[23] Wird dagegen von einem Staatsanwalt gegen ein Urteil des Amtsgerichtes (Sprung-)Revision eingelegt, werden die Akten der Generalstaatsanwaltschaft übersandt,[24] denn diese ist zur Durchführung des Rechtsmittels zuständig. Mit beiden Sachen mag sogar derselbe Beamte betraut sein, tätig werden aber zwei verschiedene Behörden.

23 Daher wird die Beschwerde, wenn der Dezernent ihr nicht abhilft, zunächst vom zuständigen Abteilungsleiter überprüft. Erst wenn er der Auffassung ist, dass die Entscheidung des Dezernenten nicht zu beanstanden ist, werden die Vorgänge dem Generalstaatsanwalt übersandt, und zwar im Auftrag des Leitenden Oberstaatsanwalts, denn zwischen den beiden Behörden kommunizieren offiziell nur die Ersten Beamten miteinander. Beim Generalstaatsanwalt (als Behörde) wird über die Beschwerde entschieden, und zwar nicht notwendigerweise vom Generalstaatsanwalt selbst, sondern von dort tätigen Staatsanwälten, die ihre Bescheide unter dem Briefkopf „Der Generalstaatsanwalt" versenden.

24 Und zwar diesmal vom Staatsanwalt selbst und nicht im Auftrag des Leitenden Oberstaatsanwalts.

C. Das Erkenntnisverfahren

Grundsätzlich gibt es folgende Arten, wie es zu einem Ermittlungsverfahren kommen kann: 39

Zunächst sind die jedem Bürger bekannte Anzeige bei der *Polizei* oder der *Staatsanwaltschaft* zu nennen. Es gibt aber noch andere Wege. Es kann nämlich durchaus sein, dass *Polizei* oder *Staatsanwaltschaft* von einer Straftat Kenntnis erlangen und daher von selbst anfangen zu ermitteln. Dies wird als *Ermittlung von Amts* wegen bezeichnet und ist in § 160 I StPO beschrieben.[25] Schließlich gibt es noch folgende Möglichkeit: Nehmen wir an, der Staatsanwalt hat Ermittlungen durchgeführt und will nun die öffentliche Klage erheben. Im Zuge der Ermittlungen hat sich jedoch ein weiterer Tatverdacht bezüglich anderer Taten oder neuer Beschuldigter ergeben. In diesem Fall leitet er aus den Akten heraus ein neues Ermittlungsverfahren ein, bevor er das Ursprungsverfahren der öffentlichen Klage zuführt. Dies wird *Abtrennung* genannt.[26] Damit wird die Einleitung eines Ermittlungsverfahrens aus einem bereits existierenden heraus bezeichnet. 40

I. Verfahrensstadien

Beschäftigen wir uns nun mit dem strafrechtlichen Erkenntnisverfahren als Ganzem und stellen die Frage, welche Verfahrensstadien es gibt. Es werden unterschieden: 41

- Das Stadium der Vorprüfung
- Das Ermittlungsverfahren
- Das Zwischenverfahren
- Das Hauptverfahren (einschließlich Hauptverhandlung und Rechtsmittel)
- Das Vollstreckungsverfahren

In Vorprüfungssachen wird vom Staatsanwalt geprüft und entschieden, ob zureichende tatsächliche Anhaltspunkte für Straftaten vorliegen, die die Aufnahme von Ermittlungen gebieten (§§ 152 II, 160 I StPO). Falls ja, wird der Staatsanwalt Ermittlungen anstellen, entsprechende Anträge stellen oder Aufträge erteilen. Falls nicht, sieht er von der Aufnahme von Ermittlungen ab. 42

Es besteht Uneinigkeit darüber, ob der Begriff „Vorprüfungsverfahren" brauchbar ist, da sie vom Gesetz nirgendwo erwähnt werden. Dagegen spricht, dass es ja auch kein „Einstellungsverfahren" gibt. Man kann sich um diese Begrifflichkeit herumdrücken, indem man „Anzeigensache" verwendet, denn zu einer Vorprüfung im obigen Sinne kommt es in aller Regel nur, wenn eine Strafanzeige oder ein Strafantrag direkt bei der Staatsanwaltschaft gestellt wird. Eine Alternative wäre „Vorprüfungssache".

Das Ermittlungsverfahren dauert an, bis der Staatsanwalt die Ermittlungen entweder einstellt oder den Abschluss der Ermittlungen verfügt (§ 169a StPO) und öffentliche Klage erhebt (§ 170 I StPO). Dies wird als die Entschließung der Staatsanwaltschaft bezeichnet. 43

Dem schließt sich das Zwischenverfahren an. Hier gibt das Gericht rechtliches Gehör und beschließt gem. § 203 StPO, ob es nach Aktenlage den Antrag der Staatsanwaltschaft auf Eröffnung des Hauptverfahrens für begründet hält. Falls ja, ergeht der sog. Eröffnungsbeschluss, mit dem das Hauptverfahren beginnt. 44

25 Es ist nicht ungewöhnlich, dass sich im Laufe eines Zivilprozesses nach Auffassung des Gerichts ein Anfangsverdacht gegen eine der streitenden Parteien (oder Zeugen) ergibt. In diesem Fall können die Zivilakten vom Gericht der Staatsanwaltschaft zur Prüfung zugeleitet werden. Ggf. wird die Verhandlung gem. § 149 I ZPO bis zur Erledigung des Strafverfahrens ausgesetzt. Die stellt einen Unterfall der Einleitung eines Ermittlungsverfahrens von Amts wegen dar.

26 Genau genommen ist die Abtrennung auf unter die vorbenannten Arten subsumierbar, abhängig davon, ob die Abtrennung von Amts wegen oder aufgrund eines (Gegen-)Strafantrages erfolgt.

45 Hauptbestandteil des Hauptverfahrens ist die Hauptverhandlung (§§ 226 ff. StPO). Das Hauptverfahren dauert nicht etwa bis zum Urteil, sondern bis zu dessen Rechtskraft, schließlich können ja Rechtsmittel eingelegt werden. Das Hauptverfahren kann aber auch mit einer Einstellung enden.

46 Sollte ein Urteil ergehen, dieses rechtskräftig werden und einen vollstreckungsfähigen Inhalt haben, schließt sich das Vollstreckungsverfahren an (§§ 449 ff. StPO). Die Vollstreckung wird in Erwachsenensachen von der Staatsanwaltschaft geleitet, in Jugendsachen vom Jugendgericht.

47 Eine weitere Sache, auf die hingewiesen werden muss, ist die **korrekte Bezeichnung** derjenigen Personen, gegen die sich das Strafverfahren richtet. Im Stadium des Ermittlungsverfahrens heißen sie **Beschuldigte.** Im Zwischenverfahren nennt man sie **Angeschuldigte,** so auch in der Anklageschrift. Im Hauptverfahren werden sie dann zu **Angeklagten,**[27] in der Vollstreckung nennt man sie **Verurteilte.**[28] Diese Begriffsbezeichnungen müssen in Fleisch und Blut übergehen. Insbesondere im Examen dürfen da keine Fehler gemacht werden.

Bewährungshelfer bezeichnen die Verurteilten übrigens als Probanden, während im Ordnungswidrigkeitenverfahren die Personen, gegen die es sich richtet, durchweg **Betroffene** heißen. Im Rahmen der Vorprüfung werden unterschiedliche Varianten benutzt. Beschuldigter ist weniger geeignet, denn die Person wird zwar meist einer Straftat beschuldigt, jedoch ist noch kein Ermittlungsverfahren eingeleitet worden. Teilweise wird vom Betroffenen gesprochen, wenn auch dieser Begriff dem OWi-Recht zuzuordnen ist. **Angezeigter** oder **Verdächtigter** erscheinen als gute Kompromisse.

II. Verfahrens- und Beweisgrundsätze

48 Im Strafverfahren gelten verschiedene Verfahrens- und Beweisgrundsätze, die es fair und transparent halten sollen. Eine strikte Trennung zwischen Verfahrensgrundsätzen einerseits und Beweisgrundsätzen andererseits ist meiner Meinung nach nicht möglich. Daher will ich sämtliche Grundsätze in diesem Abschnitt kurz gemeinsam vorstellen:

1. Akkusationsprinzip

49 Zunächst ist das **Akkusationsprinzip** zu nennen. Es hat in § 151 StPO seine gesetzliche Auskleidung gefunden, wonach die Eröffnung einer gerichtlichen Untersuchung durch die Erhebung einer Klage bedingt ist. Oder einfacher: kein Gerichtsprozess ohne Anklage. Das Gegenteil wäre der Inquisitionsprozess, in dem der Richter zugleich Ankläger ist. Der Sinn dieser Regelung ist folgender: Durch die Anklage(-schrift) wird der Prozessgegenstand bestimmt und begrenzt auf diejenigen prozessualen Taten iSd § 264 StPO, die in der Anklageschrift aufgeführt sind. Dass eine Bestimmung des Prozessgegenstandes nötig ist, um einer ausufernden gerichtlichen Beweisaufnahme entgegenzuwirken und dem Angeklagten die Möglichkeit zu einer sinnigen Verteidigung zu geben, versteht sich eigentlich von selbst. Aber auch die Begrenzung des Prozessgegenstandes ist überaus sinnvoll, speziell im Hinblick auf das Verbot der Doppelverfolgung (ne bis in idem). Dies möchte ich anhand folgenden Falles demonstrieren:

Exkurs: Die Tat im prozessualen Sinn

50 Frau A und ihr Ehemann B unternehmen einen Segeltörn. Als die Küstenwache am nächsten Tag das Boot auffindet, fehlt vom Ehemann jede Spur. Die Frau ist blutverschmiert. Sie wird wegen Totschlags angeklagt und rechtskräftig verurteilt, obwohl sie ihre Unschuld beteuert. Als sie aus der

27 Vgl. § 157 StPO.
28 Vgl. zB § 453b StPO.

Haft entlassen wird, erkennt sie, dass ihr Mann nicht tot ist, sondern sein Sterben vorgetäuscht hatte, um an eine Versicherungszahlung zu gelangen. A ist der Auffassung, bereits wegen Totschlags ihre Strafe verbüßt zu haben, sodass sie nicht noch einmal verurteilt werden könnte, wenn sie ihren Mann, diesmal aus Rache, tatsächlich umbringen würde.
Ist diese Rechtsauffassung zutreffend?[29]
Die Staatsanwaltschaft kann nur dann öffentliche Klage erheben, wenn kein Verfahrenshindernis besteht. Dieses könnte hier in Gestalt des Verbots der Doppelverfolgung vorliegen, Art. 103 III GG. Die gerichtliche Verfolgung einer Straftat ist dann ausgeschlossen, wenn die zur Anklage zu bringende Tat bereits Gegenstand eines anderen Strafverfahrens gewesen ist, denn der Strafklageverbrauch reicht so weit wie die Aburteilungsbefugnis des ersterkennenden Gerichtes. Ob dies der Fall ist, bestimmt sich nach dem prozessualen Tatbegriff des § 264 StPO. Tat im prozessualen Sinne ist ein konkretes Vorkommnis, ein einheitlicher geschichtlicher Vorgang, der sich von anderen ähnlichen oder gleich gelagerten unterscheidet und innerhalb dessen der Angeklagte einen Straftatbestand verwirklicht hat oder haben soll. Eine nach Ort und Zeit völlig unbestimmte und auch im Übrigen nicht ausreichend konkretisierte Handlung kann nicht Grundlage für einen Schuldspruch sein. Zur Tat gehört (ohne Rücksicht darauf, ob materiell-rechtliche Tateinheit oder Tatmehrheit vorliegt) das gesamte Verhalten des Täters, soweit es nach natürlicher Auffassung einen einheitlichen Lebensvorgang darstellt. Entscheidend ist, ob ein enger sachlicher Zusammenhang besteht; dann kann auch eine größere zeitliche Abweichung der Tat von dem in der Anklage angenommenen Zeitpunkt unschädlich sein. Gemessen daran ist die – gar nicht begangene – Tat, die Gegenstand des ersten Urteils gewesen ist, eine andere als die nun beabsichtigte. In den Tatbegriff ist nicht nur der Taterfolg (Tod des Ehemannes) einzubeziehen, sondern auch die Zeit, der Ort und die Art der Ausführung. Sollte die A daher tatsächlich ihr Vorhaben umsetzen, wäre sie – unter gleichzeitiger Entschädigung für die zuvor erlittene Strafhaft und gegebenenfalls Tilgung des ersten Schuldspruchs im Wiederaufnahmeverfahren (§ 359 I Nr. 5 StPO) oder hilfsweise im Gnadenwege – erneut wegen der Tötung anzuklagen und zu verurteilen. Der A ist daher dringend anzuraten, von ihrem Vorhaben abzusehen.

Die Tat im prozessualen Sinn macht Referendaren, die daran gewöhnt sind, in Begriffen der Tateinheit und -mehrheit zu denken (§§ 52 f. StGB), erfahrungsgemäß Schwierigkeiten. Ich möchte daher die Probleme um den prozessualen Tatbegriff noch ein wenig weiter vertiefen. 51

Grundsätzlich gilt: Der prozessuale Tatbegriff ist weiter als der materiell-rechtliche. Mehrere Handlungen, die materiell-rechtlich in Tatmehrheit zueinander stehen, stellen in der Regel zwar mehrere prozessuale Taten dar, können aber trotzdem einen engen zeitlichen und sachlichen Zusammenhang haben und daher als eine einzige Tat iSd § 264 StPO anzusehen sein. 52

Hierzu folgender Beispielsfall: A fährt betrunken (BAK 0,9 ‰) Auto und rammt infolge alkoholbedingter Unachtsamkeit einen abgestellten Pkw. Der Schaden beträgt 2.000 EUR. Der Beschuldigte steigt aus, betrachtet den Schaden und beschließt, weiterzufahren. Dies setzt er auch in die Tat um. Wie viele prozessuale Taten sind Gegenstand des Ermittlungsverfahrens?

Es handelt sich um zwei materiell-rechtliche Handlungen iSv § 53 StGB (fahrlässige Gefährdung des Straßenverkehrs gem. § 315c I Nr. 1a, III Nr. 2 in Tatmehrheit mit vorsätzlicher Trunkenheit im Verkehr gem. § 316 I StGB und unerlaubtem Entfernen vom Unfallort, § 142 I Nr. 2 StGB). In prozessualer Hinsicht bildet das gesamte Geschehen jedoch einen Zusammenhang, da die einzelnen Handlungen unter Berücksichtigung ihrer strafrechtlichen Bedeutung auch innerlich derart miteinander verknüpft sind, dass der Unrechts- und Schuldgehalt der einen nicht ohne die Umstände, die zu der anderen Tathandlung geführt haben, richtig gewürdigt werden kann und ihre getrennte Würdigung und Aburteilung als unnatürliche Aufspaltung eines einheitlichen Lebensvorgangs erscheinen würde.[30] Somit liegt nur eine einzige prozessuale Tat vor.

Außerdem gilt der Grundsatz, dass Taten, die materiell-rechtlich in Tateinheit stehen, immer eine 53
einzige prozessuale Tat bilden,[31] da die materielle Handlungseinheit die kleinste unteilbare Einheit

29 Der Fall ist dem Film „Doppelmord“ nachgebildet (USA, 1999). Leider folgt der Film der oben dargestellten falschen Rechtsprämisse, ohne diese zu hinterfragen.
30 Vgl. BGH NJW 1981, 997.
31 Vgl. Meyer-Goßner/Schmitt/Schmitt StPO § 261 Rn. 6 mwN.

darstellt.[32] Dies gilt zwar in aller Regel immer noch, jedoch ist diskutiert worden, ob dieser Grundsatz eine Einschränkung erfahren muss:

> **Beispiel:** Asylbewerber A ignoriert seine Aufenthaltsbeschränkung und reist unter wiederholtem Verstoß gegen das – damalige – Asylverfahrensgesetz (heute: § 85 Nr. 2 AsylG) für ein Wochenende nach Hamburg. Er wird deshalb angeklagt und verurteilt. Danach stellt sich heraus, dass der Beschuldigte seinen Aufenthalt in Hamburg dafür verwendete, mehrere Einbruchsdiebstähle zu begehen. Sein Verteidiger wendet ein, dass Strafklageverbrauch eingetreten ist. Zu Recht?

Auch hier geht es um die Frage, ob die Tat im prozessualen Sinne bereits Gegenstand der rechtskräftigen Vorverurteilung geworden ist. Das Problem ist, dass der strafbewehrte Verstoß gegen das AsylVfg, der zeitlich mit den Einbruchsdiebstählen zusammenfiel, bereits rechtskräftig abgeurteilt worden ist. Die materiell-rechtliche Einordnung als Tateinheit oder Tatmehrheit hat aber – wie bereits oben dargestellt – lediglich Indizwirkung. Es gibt Ausnahmen. Es kann sich nämlich auch um zwei Taten im prozessualen Sinn handeln, wenn im Rahmen einer Dauerstraftat – quasi bei Gelegenheit – andere Straftaten begangen werden.[33] Dies ist insbesondere dann anzunehmen, wenn diese anderen Straftaten das strafrechtliche Gewicht der Dauerstraftat erheblich übersteigen, wenn das Angriffsziel ein anderes ist und wenn außer dem zufälligen zeitlichen Zusammentreffen kein sonstiger innerer Zusammenhang besteht. Der obige Fall kann auf zwei verschiedene Arten gelöst werden: Zum einen kann argumentiert werden, dass gar keine materiell-rechtliche Tateinheit vorliegt. Ob eine Dauerstraftat zwei sonst selbstständige Taten verfahrensrechtlich zu einer Tat verbinden kann, ist im Einzelfall nach natürlicher Betrachtung zu entscheiden. Die Frage ist jedenfalls dann zu verneinen, wenn die Dauerstraftat im Vergleich zu den anderen Straftaten minderschwerer Art ist.[34] Somit bietet sich als Lösungsmöglichkeit an, entweder die materiell-rechtliche Tateinheit zu verneinen, oder aber – wie zB vom OLG Hamburg[35] vorgeschlagen – sich darauf zu besinnen, dass die materiell-rechtliche Einordnung lediglich Indizwirkung hat und auch bei materiell-rechtlicher Tateinheit zwei prozessuale Taten vorliegen können. Wie man es dreht und wendet: Ein Strafklageverbrauch ist nicht eingetreten.

> **Beispiel:** A ist wegen sieben Einbruchstaten angeklagt. Die Aufklärung zweier Taten gestaltet sich schwierig. Das Gericht kann feststellen, dass die Tatbeute der beiden am selben Tag begangenen Einbrüche im Wagen des A aufgefunden wurde. Er wird allerdings nicht von Zeugen wiedererkannt, weitere Beweismittel finden sich nicht. Möglicherweise hatte A das Fahrzeug kurz nach den Einbrüchen von einem anderen unbekannt gebliebenen Täter übernommen. Der Vorsitzende ist der Auffassung, A sei von dem Vorwurf des Wohnungseinbruchsdiebstahls in diesen zwei Fällen freizusprechen. Zu Recht?

Die Einbruchstaten können A nicht nachgewiesen werden. Maßgebend ist, ob die sich aus § 264 StPO ergebende Kognitionspflicht des Gerichts dieses dazu zwingt, auch andere Beteiligungsformen zu prüfen, mögen sie in der Anklageschrift auch nicht explizit erwähnt worden sein. Das wäre der Fall, wenn zwischen den in Betracht kommenden Verhaltensweisen ein enger sachlicher Zusammenhang besteht; ein zeitliches Zusammentreffen der einzelnen Handlungen ist nicht erforderlich. Ein solch enger Zusammenhang, der eine einheitliche prozessuale Tat iSd § 264 StPO begründet, besteht nicht nur zwischen verschiedenen Formen der Beteiligung an einer materiell-rechtlichen Tat, sondern grundsätzlich auch zwischen Hehlerei oder Begünstigung und dem Vordelikt, jedenfalls wenn kein längerer zeitlicher Abstand zwischen den einzelnen Handlungen gegeben ist. Damit sind auch die in Betracht kommenden Vorwürfe der Beihilfe, Begünstigung oder Hehlerei Gegenstand der richterlichen Kognitionspflicht. Nach einem entsprechenden rechtlichen Hinweis nach § 265 StPO wäre eine Verurteilung, gegebenenfalls im Wege der echten Wahlfeststellung, möglich. Für einen (Teil-)Freispruch ist kein Raum.[36]

32 BGH NStZ 1997, 508.
33 BVerfGE 45, 434 = NJW 1978, 414.
34 Meyer-Goßner/Schmitt/Schmitt StPO § 264 Rn. 6b aE.
35 NStZ-RR 1999, 247 (248).
36 BGH BeckRS 2017, 107288.

2. Offizialprinzip

Der nächste Grundsatz, der zu nennen ist, ist das **Offizialprinzip,** welches seine gesetzliche Regelung in § 152 I StPO gefunden hat. Hiernach ist zur Erhebung der öffentlichen Klage die Staatsanwaltschaft berufen. Also besagt das Offizialprinzip, dass nur der Staat und dieser nur durch die Staatsanwaltschaft anklagen kann. 54

Doch dieses Prinzip wird durchbrochen mit der Möglichkeit des Privatklageverfahrens gem. §§ 374 ff. StPO. Betrifft eine prozessuale Tat ausschließlich die in § 374 StPO genannten Delikte, verfolgt die Staatsanwaltschaft diese gem. § 376 StPO nur dann, wenn die Strafverfolgung ein gegenwärtiges Anliegen der Allgemeinheit darstellt, also wenn ein öffentliches Interesse an der Strafverfolgung besteht. Ansonsten kann sie das Verfahren einstellen und den Antragsteller auf den Privatklageweg verweisen. Hierdurch wird er berechtigt, selbst (auf einem vergleichsweise komplizierten Weg, vgl. §§ 377 ff. StPO) die öffentliche Klage zu betreiben.

3. Legalitäts- und Opportunitätsprinzip

Nun zum **Legalitätsprinzip.** Gemäß § 152 II StPO ist die Staatsanwaltschaft verpflichtet, wegen aller verfolgbaren Straftaten einzuschreiten, wenn zureichende tatsächliche Anhaltspunkte hierfür vorliegen, sofern nicht gesetzlich ein anderes bestimmt ist. Das Legalitätsprinzip verpflichtet den Staatsanwalt somit zum Tätigwerden. 55

Doch auch dieses Prinzip wird durchbrochen, und zwar durch das **Opportunitätsprinzip.** Dass die Staatsanwaltschaft nicht jeden noch so kleinen und unbedeutenden Fall ausermitteln muss, ist unabdingbar, um eine Lähmung der Strafjustiz durch massenhaft auftretende Kleinstverfahren zu verhindern. Das Gesetz weicht daher das Legalitätsprinzip durch verschiedene Vorschriften auf, die der Staatsanwaltschaft und dem Gericht gestatten, von der Verfolgung an sich strafbarer Sachverhalte abzusehen. Die wichtigsten gesetzlichen Ausprägungen des Opportunitätsprinzips sind die §§ 153 ff. StPO. Aber auch das JGG und das BtMG enthalten Vorschriften, die in die gleiche Richtung zielen. Ihnen gemeinsam ist, dass unter bestimmten Voraussetzungen von der Verfolgung von Straftaten abgesehen werden kann, sei es, dass Schaden und Schuld gering sind, sei es, dass Auflagen und Weisungen ein öffentliches Interesse an der Strafverfolgung zu kompensieren vermögen. Die einzelnen Vorschriften werden später besprochen werden. Ihnen gemeinsam ist das Credo, dass die Strafjustiz sich auf die Verfolgung *wesentlicher* Straftaten beschränken soll.

4. Untersuchungs- und Ermittlungsgrundsatz

Der nächste anzusprechende Verfahrensgrundsatz ist der **Untersuchungsgrundsatz.** Er besagt, dass Staatsanwaltschaft und Gericht von Amts wegen die Wahrheit erforschen sollen. Eine Ausprägung des Untersuchungsgrundsatzes enthält § 160 StPO. Der Untersuchungsgrundsatz besagt weiter, dass es dem Geschädigten oder Opfer einer Straftat nicht aufgebürdet werden kann, die Beweise hierfür selbst zu sammeln und vor Gericht vorzutragen (vom Privatklageverfahren einmal abgesehen). Den Gegenbegriff bildet das Parteiverfahren, wie es in der ZPO beschrieben ist. Dort bestimmen die Prozessgegner den Prozessstoff und bringen die Beweise selbst vor. 56

Eine weitere Ausprägung des Untersuchungsgrundsatzes enthält § 244 II StPO. Hiernach hat das Gericht zur Erforschung der Wahrheit die Beweisaufnahme von Amts wegen auf alle Tatsachen und Beweismittel zu erstrecken, die für die Entscheidung von Bedeutung sind. Aus § 244 II StPO folgt aber auch der sog. **Ermittlungsgrundsatz,** der praktisch deckungsgleich mit dem Untersuchungsgrundsatz ist, aber als Beweisgrundsatz und nicht als Verfahrensgrundsatz angesehen wird. Daher bin ich auch der oben beschriebenen Auffassung, dass eine strikte Trennung zwischen Verfahrens- und Beweisgrundsätzen nicht möglich ist.

5. Unmittelbarkeitsgrundsatz

57 Neben dem Ermittlungsgrundsatz ist als weiterer Beweisgrundsatz der **Unmittelbarkeitsgrundsatz** zu nennen. Dieser besagt, dass sich das Gericht bei der Wahrheitsfindung möglichst des sachnächsten Beweises bedienen soll. So formuliert § 250 StPO, dass eine Person in der Hauptverhandlung zu vernehmen ist, wenn der Beweis einer Tatsache auf ihrer Wahrnehmung beruht. Die Vernehmung darf grundsätzlich nicht durch die Verlesung eines Protokolls über eine frühere Vernehmung oder eine schriftliche Erklärung ersetzt werden. Mit anderen Worten: Geht es um das, was ein Zeuge gesehen hat, soll er persönlich hierüber vernommen werden. Niederschriften über frühere Vernehmungen oder sonstige schriftliche Erklärungen sind zwar auch als Beweismittel geeignet, aber nicht authentisch genug.

Allerdings gibt es auch Ausnahmen. So dürfen unter den Voraussetzungen des § 251 StPO Niederschriften über frühere richterliche und sonstige Vernehmungen verlesen werden. Nach hM enthält auch § 253 StPO eine Möglichkeit, Zeugenaussagen im Urkundsbeweis einzuführen.[37] Eine weitere Ausnahme findet sich bezüglich Behörden- und Ärzteerklärungen, Gutachten und ähnlichem in § 256 StPO.

6. Grundsatz der freien Beweiswürdigung

58 Ein weiterer Beweisgrundsatz ist der **Grundsatz der freien Beweiswürdigung** gem. § 261 StPO. Hiernach entscheidet das Gericht über das Ergebnis der Beweisaufnahme nach seiner freien, aus dem Inbegriff der Verhandlung geschöpften Überzeugung. Das bedeutet kurz gefasst Folgendes: Die den Schuld- oder Freispruch tragenden Gründe müssen im Urteil in nachvollziehbarer Weise erläutert werden. Auch existieren keine gesetzlichen Beweisregeln. So ist der Richter zB nicht an ein Geständnis gebunden, auch bedeutet „Aussage gegen Aussage" nicht, dass nicht dem einen oder dem anderen Zeugen mehr Glauben geschenkt werden kann. Die Grenze der freien Beweiswürdigung ist dort zu ziehen, wo Rechtsfehler (an denen auch die Bewertung der Beweise leiden kann) auftreten oder gar die Willkür beginnt. Ferner ist der Zweifelssatz „in dubio pro reo" zu beachten.

7. Mündlichkeitsgrundsatz

59 Aus den Vorschriften über die Hauptverhandlung (§§ 226 ff. StPO) folgt ferner der **Grundsatz der Mündlichkeit.** Er besagt, dass die zu einem Urteil führenden Untersuchungen des Gerichts mündlich zu erfolgen haben. Dies erhöht die Transparenz für etwaige Zuschauer und beugt dem Eindruck der „Mauschelei" vor, der unter Umständen entstehen könnte, wenn nicht über alles im Gerichtssaal mündlich verhandelt worden ist. Es gibt aber noch einen weiteren Grund für die Mündlichkeit: Im Schöffen- oder Strafkammerprozess wird das erkennende Gericht nicht nur von Berufs-, sondern auch von zwei Laienrichtern gebildet. Diesen ist der Akteninhalt nicht bekannt. Sie sind darauf angewiesen, alle relevanten Tatsachen zu hören. Auch die Anklageschrift liegt ihnen nicht vor. Nur in begrenzten Ausnahmefällen können umfangreiche Verlesungen dadurch ersetzt werden, dass den Schöffen eine Ablichtung zur Lektüre übergeben wird, sog. Selbstleseverfahren (vgl. § 249 II StPO).

Der Mündlichkeitsgrundsatz wird außerdem im Strafbefehlsverfahren gem. §§ 407 ff. StPO durchbrochen.

8. Öffentlichkeitsgrundsatz

60 Ein weiterer Grundsatz, der hier zu erwähnen ist, ist der **Grundsatz der Öffentlichkeit** gem. § 169 GVG. Hiernach ist die Verhandlung vor dem erkennenden Gericht einschließlich der Verkündung der Urteile und Beschlüsse öffentlich. Aber auch hier gibt es Ausnahmen. In

37 S. zu den Voraussetzungen und zum Meinungsstand Meyer-Goßner/Schmitt/Schmitt StPO § 253 Rn. 1 ff.

Unterbringungssachen kann die Öffentlichkeit ganz oder für einen Teil der Hauptverhandlung ausgeschlossen werden, § 171a GVG. Auch ist gem. § 48 I JGG die Verhandlung in Jugendsachen nichtöffentlich. Gemäß § 109 I JGG ist § 48 JGG jedoch nicht in Verfahren gegen Heranwachsende anzuwenden. Ist der Angeklagte also zum Zeitpunkt der Tat zwischen 18 und 21 Jahre alt gewesen, ist die Verhandlung öffentlich. Was aber gilt, wenn einer der Angeklagten jugendlich ist, ein anderer aber Heranwachsender oder – was ebenfalls möglich ist – Erwachsener? Dann ist die Verhandlung trotz des jugendlichen Alters des einen Angeklagten gem. § 48 III JGG öffentlich. Hieraus folgt klar die Wertung des Gesetzes, dass der Grundsatz der Öffentlichkeit schwerer wiegen kann als der Schutz des jugendlichen Angeklagten vor Stigmatisierung durch den Prozess. Dies wird allerdings durch § 109 I 4 JGG abgemildert, wonach die Öffentlichkeit ausgeschlossen werden kann, wenn dies im Interesse des Heranwachsenden geboten ist.

9. Beschleunigungsgrundsatz

Der – besonders in Haftsachen[38] bedeutsame – **Beschleunigungsgrundsatz** besagt schließlich, dass sich Gericht und Staatsanwaltschaften bei der Verfolgung von Straftaten und der Behandlung von Strafverfahren sputen sollen. In der Praxis ist dies der am häufigsten verletzte Grundsatz, was in aller Regel an der permanenten und ansteigenden Überlastung der Justizbehörden liegt. 61

38 Unter Haftsachen sind noch nicht abgeschlossene Strafsachen zu verstehen, bei denen die Be- oder Angeschuldigten sich noch ohne rechtskräftige gerichtliche Entscheidung aufgrund eines Haftbefehls in Untersuchungshaft befinden. Vgl. in diesem Zusammenhang auch §§ 121, 122 StPO. Auch wenn der Haftbefehl gem. § 116 StPO außer Vollzug gesetzt worden ist, ist Eile geboten, mag sich der Beschuldigte auch auf freiem Fuß befinden.

D. Der Staatsanwalt und seine Tätigkeit

So viel zum theoretischen Überbau. Kommen wir nun zu den praktischeren Fragen der Arbeit eines Staatsanwalts. 62

I. Aufgaben und Möglichkeiten des Staatsanwalts

Der Staatsanwalt hat gem. § 160 I StPO den Sachverhalt zu erforschen, sobald er durch eine Anzeige oder auf anderem Wege von dem Verdacht einer Straftat Kenntnis erhält. Ziel seiner Ermittlungen ist die Beantwortung der Frage, ob die öffentliche Klage erhoben werden soll. Er hat nicht nur belastende, sondern auch entlastende Umstände zu ermitteln und Beweise zu sichern, falls Beweismittelverlust droht (Abs. 2). Im Strafverfahren ist die Staatsanwaltschaft übrigens auch für die Verfolgung der Tat unter dem rechtlichen Gesichtspunkt einer Ordnungswidrigkeit zuständig (§ 40 I OWiG). Der Staatsanwalt hat das Ermittlungsverfahren zu leiten und zu führen (§ 160 StPO) und ist dabei weitgehend frei. Zur Erfüllung seiner Aufgaben hat er gegenüber der Polizei Weisungsbefugnisse (§ 152 I GVG). Er ist der *„Herr des Ermittlungsverfahrens"*. Er hat schließlich über die Erhebung der öffentlichen Klage zu entscheiden (§ 170 I StPO). 63

Die StPO enthält eine Vielzahl weiterer Vorschriften, die diese Aufgaben näher regeln. 64

Einige Beispiele: Der Staatsanwalt ist zur Entgegennahme von Strafanzeigen und Strafanträgen zuständig (§ 158 StPO). Er ist bei Gefährdung des Untersuchungserfolges durch Verzögerung befugt, die körperliche Untersuchung eines Beschuldigten bzw. eine Blutprobe anzuordnen (§ 81a II StPO). Ferner kann er unter den gleichen Voraussetzungen die Untersuchung anderer Personen anordnen (§ 81c V StPO). Weitere mögliche Anordnungen bei Gefahr im Verzug sind die vorläufige Festnahme (§ 127 II StPO), die Beschlagnahme (§ 98 I StPO), die Postbeschlagnahme (§§ 99, 100 I StPO) und die Durchsuchung (§§ 102 ff. StPO), um nur einige zu nennen.

Grundsätzlich bestehen für den Staatsanwalt drei verschiedene Wege, Ermittlungen durchzuführen: Er kann selbst ermitteln, Ermittlungsaufträge gegenüber Polizeibehörden oder anderen Ermittlungspersonen iSd § 152 GVG[39] aussprechen oder ermittlungsrichterliche Untersuchungshandlungen beantragen. 65

Ein Beispiel für Ermittlungstätigkeiten, die der Staatsanwalt **selbst** ausführt, ist zB die Gewährung rechtlichen Gehörs. Näheres regelt § 163a III StPO. Hiernach ist der Beschuldigte verpflichtet, auf Ladung vor dem Staatsanwalt zu erscheinen (was er bei polizeilichen Ladungen nicht muss, so lange der Ladung nicht ein Auftrag der Staatsanwaltschaft zugrunde liegt, § 163 III 1 StPO). Erscheint der Beschuldigte auf eine Ladung des Staatsanwalts nicht, kann eine Zwangsmittelverfügung ergehen, zB die Vorführung angeordnet werden (§§ 163a III 2, 134 StPO). In einfachen Sachen wird der Staatsanwalt dem Beschuldigten im Schriftwege rechtliches Gehör anbieten (§ 163a I 3 StPO). 66

Erscheint der Beschuldigte zur polizeilichen Vernehmung nicht und liegt dieser ein Auftrag des Staatsanwalts zugrunde, ist die Verhängung eines Ordnungsgelds durch den Staatsanwalt möglich. Beim Ermittlungsrichter kann sogar Ordnungs- und Erzwingungshaft beantragt werden, §§ 163 IV Nr. 4, 51 StPO.

Häufig meldet sich für den Beschuldigten ein **Verteidiger,** der zunächst Akteneinsicht beantragt. Der Staatsanwalt muss dabei auf Folgendes achten: Der Beschuldigte darf bis zu drei Verteidiger beauftragen (sog. gewählte Verteidiger), § 137 I 2 StPO. Gemäß § 146 StPO

39 Der Begriff der Ermittlungspersonen ist durch das am 1.9.2004 in Kraft getretene 1. Justizmodernisierungsgesetz eingeführt worden. Bis dahin wurde der generell als unschön und nicht wirklich treffend empfundene Terminus „Hilfsbeamte der Staatsanwaltschaft" verwendet.

kann ein Verteidiger nicht mehrere derselben Tat Beschuldigte gleichzeitig verteidigen. Ihm ist ferner versagt, im Verfahren gleichzeitig mehrere verschiedener Taten Beschuldigte zu verteidigen. Sollte er sich daher für mehrere Beschuldigte gleichzeitig legitimieren (häufig, wenn Ehepartner beschuldigt werden), so ist der Verteidiger vor Gewährung der Akteneinsicht darauf hinzuweisen und gegebenenfalls aufzufordern, seine Prozessvollmacht zu beschränken, da er ansonsten als Wahlverteidiger zurückgewiesen werden kann (§ 146a StPO). In diesem Zusammenhang ist auch § 356 StGB zu beachten, der unter Umständen bereits durch ein Akteneinsichtsgesuch verwirklicht werden kann[40]

In den Fällen des § 140 StPO liegt ein Fall der notwendigen Verteidigung vor, der die Bestellung eines Pflichtverteidigers gebietet. Die diesbezüglichen Regeln sind durch das Gesetz zur Neuregelung des Rechts der notwendigen Verteidigung vom 10.12.2019 (BGBl. 2019 I 2128) geändert worden. Hier stichpunktartig die wichtigsten Fälle:

Ein Pflichtverteidiger muss nach der Neufassung des § 140 I 1 Nr. 1 StPO bestellt werden, wenn die Hauptverhandlung im ersten Rechtszug vor dem Oberlandesgericht, Landgericht oder dem Schöffengericht zu erwarten ist. Nach Nr. 2 ist ein Verteidiger notwendig, wenn dem Beschuldigten ein Verbrechen zur Last gelegt wird. Nach Nr. 4 muss ein Verteidiger bestellt werden, wenn der Beschuldigte einem Gericht zur Entscheidung über Haft oder einstweilige Unterbringung vorzuführen ist, nach Nr. 5 auch dann, wenn sich der Beschuldigte auf richterliche Anordnung oder mit richterlicher Genehmigung in einer Anstalt befindet. Gemäß Nr. 9 muss ein Verteidiger bestellt werden, wenn dem Nebenkläger ein Beistand beigeordnet worden ist, nach Nr. 10, wenn dies bei einer richterlichen Vernehmung zur Wahrung der Rechte des Beschuldigten geboten erscheint.[41] Schließlich führt auch eine kommunikative Behinderung zur Bestellung, Nr. 11. Als Generalklausel dient § 140 II StPO, wenn wegen der Schwere der Tat, der Schwere der zu erwartenden Rechtsfolge oder der Schwierigkeit der Sach- und Rechtslage die Mitwirkung eines Verteidigers geboten erscheint oder ersichtlich ist, dass der Beschuldigte sich nicht selbst verteidigen kann. Hieraus wird abgeleitet, dass zB die Straferwartung von über einem Jahr Freiheitsstrafe[42], der drohende Bewährungswiderruf[43] im Fall einer erneuten Verurteilung oder auch die Prüfung eines Beweisverwertungsverbots[44] eine Verteidigerbestellung erforderlich machen.

Es besteht auch die Möglichkeit der Bestellung zum Pflichtverteidiger schon im Ermittlungsverfahren. Bislang galt: Nach § 141 III 2 StPO aF beantragte die Staatsanwaltschaft die Bestellung eines Verteidigers im Ermittlungsverfahren, wenn nach ihrer Auffassung die Mitwirkung eines Verteidigers nach § 140 I oder II StPO notwendig sein wird. Nach hM konnte die Bestellung eines Pflichtverteidigers im Ermittlungsverfahrens nicht erzwungen werden[45]. Dies hat sich geändert. Gemäß § 141 I StPO nF wird im Falle der notwendigen Verteidigung auf Antrag dem Beschuldigten, dem der Tatvorwurf eröffnet worden ist und der noch keinen Verteidiger hat, unverzüglich ein Pflichtverteidiger bestellt. Hierüber ist spätestens vor einer Vernehmung des Beschuldigten oder einer Gegenüberstellung mit ihm zu entscheiden. Von Amts wegen wird ihm ein Verteidiger bestellt, wenn der Beschuldigte einem Gericht zur Entscheidung über Haft oder einstweilige Unterbringung vorgeführt werden soll, wenn er sich in einer Anstalt befindet, wenn er sich nicht selbst verteidigen kann oder wenn er bis zur Anklageerhebung keinen Antrag auf Beiordnung gestellt wird (Abs. 2). Die Zuständigkeiten werden in § 142 StPO nF geregelt nebst neu eingeführtem Rechtsbehelf (sofortige Beschwerde, Abs. 7 S. 1).

---

40 OLG Hamburg StV 2017, 184 = BeckRS 2016, 1418.

41 Das war bereits nach § 141 III 4 StPO aF der Fall, der 2017 geändert worden ist. Nach der seinerzeitigen Gesetzesbegründung (BT-Drs. 18/1277, 26) waren richterliche Zeugenvernehmungen gemeint, nicht jede richterliche Vernehmung (aA Meyer-Goßner/Schmitt/Schmitt StPO § 141 Rn. 5a). Da neuerdings bereits die Vorführung und nicht erst die Vollziehung der Haft die Bestellung eines Pflichtverteidigers notwendig macht, ist die Bedeutung dieser Frage kleiner geworden.

42 Meyer-Goßner/Schmitt/Schmitt StPO § 140 Rn. 23.

43 Meyer-Goßner/Schmitt/Schmitt StPO § 140 Rn. 26a.

44 Meyer-Goßner/Schmitt/Schmitt StPO § 140 Rn. 27a mwN.

45 BGH NStZ 2016, 114.

Dem Verteidiger ist gegebenenfalls Akteneinsicht zu gewähren (§ 147 I StPO). Ist dagegen der Abschluss der Ermittlungen (§ 169a StPO) noch nicht in den Akten vermerkt, kann dem Verteidiger die Einsicht in die Akten oder einzelne Aktenstücke pp. versagt werden, wenn sie den Untersuchungszweck gefährden kann (§ 147 II StPO). Gewisse Aktenbestandteile dürfen aber zu keiner Zeit zurückgewiesen werden (Abs. 3).

Merke: Es kann unklug sein, den Beschuldigten zu früh über die gegen ihn laufenden Ermittlungen in Kenntnis zu setzen, nicht nur, weil zB eine überraschende Durchsuchung geplant ist, sondern auch weil ein Verteidiger das Recht hat, gewisse Aktenbestandteile jederzeit einzusehen. Ebenso sollte der Abschluss der Ermittlungen mit Bedacht vermerkt werden, da von diesem Moment an uneingeschränkte Akteneinsicht gewährt werden muss.

Der Staatsanwalt kann auch Ermittlungen bei Zeugen durch Vernehmung (§ 161a StPO) 67
oder durch schriftliche Anfragen zB bei Banken und Versicherungen oder bei sonstigen Zeugen durchführen. Auch fernmündliche Anfragen sind möglich. Erscheint ein Zeuge trotz förmlicher Ladung nicht, so sind gegen ihn von der Staatsanwaltschaft Zwangsmittel anzuordnen, insbesondere Ordnungsgeld, nicht jedoch Ordnungshaft. Diese kann nur bei Ausbleiben zu einer richterlichen Vernehmung verhängt werden (§ 161a II 2 StPO) – ein gutes Argument bei der Beantragung von Vernehmungen durch den Ermittlungsrichter.

Außerdem kann der Staatsanwalt Sachverständige mit der Erstellung eines Gutachtens beauf- 68
tragen (§ 161a I StPO). Zu beachten ist, dass der Sachverständige sich gegen einen Auftrag des Staatsanwalts nicht wehren kann. Er *muss* sein Gutachten erstatten.

Oft zieht der Staatsanwalt weitere Akten bei und wertet deren Inhalt aus (Strafakten, 69
Zivilakten, Zwangsvollstreckungsakten, Ausländerakten, Insolvenzakten, Handelsregisterakten usw.).

Wie wir oben gesehen haben, ist der Staatsanwalt befugt, gewisse Anordnungen selbst zu 70
treffen, wenn ein Beweismittelverlust zu besorgen, also wenn Gefahr im Verzug gegeben ist. Das stellt aber den gesetzlichen Ausnahmefall dar. Der Regelfall ist die Anordnung durch den Richter. Damit kommen wir also zu denjenigen Untersuchungshandlungen, die beim gem. § 162 StPO zuständigen **Ermittlungsrichter** beantragt werden müssen. Hierzu zählen zB der Erlass eines Haftbefehls (§§ 112 ff. StPO), die Durchsuchung (§§ 102 ff. StPO), die Beschlagnahme (§ 98 StPO), die körperliche Untersuchung (§ 81a StPO), die Unterbringung des Beschuldigten zur Beobachtung (§ 81 StPO), die vorläufige Entziehung der Fahrerlaubnis (§ 111a StPO), Beschlüsse gem. §§ 100a ff. StPO usw. Die entsprechende Anordnung ergeht durch Beschluss.

Ist der Ermittlungsrichter einmal mit dem Antrag befasst, erlischt die Möglichkeit einer Eilanordnung wegen Gefahr im Verzuge durch den Staatsanwalt oder die Ermittlungspersonen, auch wenn sich der Richter aus welchen Gründen auch immer momentan außer Stande sieht, eine Entscheidung zu treffen. Diese lebt erst dann wieder auf, wenn nach Befassung des Richters neue Umstände eintreten oder bekannt werden, die eine sofortige Anordnung nötig machen.[46]

Der Gerichtsbeschluss muss aber auch umgesetzt werden. Zwar besteht grundsätzlich die 71
Möglichkeit, dass der Staatsanwalt dies selbst durchführt, jedoch wäre er, wenn er stets in allen denkbaren Fällen selbst tätig werden würde, in praktischer Hinsicht blockiert. Mit anderen Worten: Er würde in Akten ertrinken, weil er nicht mehr mit der Bearbeitung nachkommt. Der Staatsanwalt wird daher soweit wie möglich die Ermittlungen durch die **Polizei** durchführen lassen. Das kann er im Verfügungswege durch Übersendung der Akten an die jeweils zuständige Polizeistelle erreichen, aber auch durch separate Anschreiben oder fernmündlich.

46 BVerfG NStZ 2015, 529.

II. Verfügungstechnik

72 Jetzt kennen wir das *Was,* wenn auch nur in Grundzügen. Kommen wir nun zum *Wie.*

Nehmen wir an, Sie sind Staatsanwalt und bekommen Akten vorgelegt, die noch nicht abschlussreif sind, bei denen also die Entschließung gem. § 170 StPO, ob das Ermittlungsverfahren einzustellen oder aber öffentliche Klage zu erheben ist, noch nicht getroffen werden kann. Nehmen wir weiter an, Sie haben sich für eine weitere Ermittlungshandlung entschieden. Wie bewerkstelligen Sie, dass Ihre Entscheidung umgesetzt wird? Die Antwort: Sie schreiben eine Verfügung.

1. Was sind Verfügungen?

73 Verfügungen sind schriftliche Arbeitsanweisungen an die Geschäftsstelle. Sie werden in den Akten niedergelegt und anschließend von Dritten umgesetzt. Hierdurch kommuniziert der Staatsanwalt in tatsächlicher Hinsicht mit der Geschäftsstelle,[47] mag auch der gedankliche Adressat ein anderer sein. Dass der Inhalt der Verfügungen auch Wirkung gegenüber Dritten entfaltet, ist ein lediglich mittelbarer, wenn auch beabsichtigter Effekt.

74 Sie selbst werden als Referendar bei der Staatsanwaltschaft und wahrscheinlich auch im schriftlichen Examen Verfügungen schreiben müssen. Den besten Erfolg werden Sie dabei erzielen, wenn Sie sich auf den gedanklichen Standpunkt stellen, eine Verfügung sei ein Computerprogramm. Ein Computer, der ein Programm ausführt, fragt nicht nach dessen Sinn. Er interessiert sich nicht für frühere Schritte und achtet nicht darauf, was gleich kommt. Er führt das jeweilige Kommando aus, nicht mehr und nicht weniger. Sie sollten vom schlimmstmöglichen Fall ausgehen, dass die Verfügung von jemandem ausgeführt wird, der nicht mitdenkt und stumpf nur das ausführt, was in den Akten steht. Natürlich denken fast alle Geschäftsstellenbeamten und Servicekräfte mit, trotzdem sollten Verfügungen mit Bedacht formuliert werden.

Verfügungen sollten daher durchnummeriert sein, jeder einzelne Punkt sollte aus sich heraus verständlich sein. Sie sollten in sich logisch sein. Sich ausschließende Verfügungspunkte sollten vermieden werden, ebenso „Wenn-Dann-Verfügungen“:

75 Viele Referendare machen den Fehler, etwa folgende Verfügung zu formulieren: „Schriftliche Anfrage an die Kriminalpolizei in X, ob neue Ermittlungsverfahren gegen den Beschuldigten dort anhängig sind. Falls nicht, beim folgenden Verfügungspunkt fortfahren.“ Dies ist eine Wenn-Dann-Verfügung. Das wird so nicht funktionieren. Mein Rat lautet: Stellen Sie es sich praktisch vor. Der Geschäftsstellenbeamte formuliert die schriftliche Anfrage und verschickt sie mit der Post. Da die Akten bis zum Eingang der Antwort nicht einfach auf der Fensterbank liegen können, hängt er sie zurück ins Regal. Zwei Wochen später ist die Antwort da. Der Beamte legt den Eingang in die Akten, die er zuvor aus dem Regal herausgeholt hat. Dabei liest er die Verfügung – also den Dann-Teil – nicht noch mal, sondern legt Ihnen die Akten erneut vor. Merke: Nur so viel in die Verfügung schreiben, wie sinnig auf einmal erledigt werden kann.[48]

76 Wie sind Verfügungen aufgebaut? Referendare schreiben Verfügungsentwürfe am besten auf losen Blättern. Damit diese dem Verfahren zugeordnet werden können, falls sie mal aus den Akten herausfallen, ist die Verfügung oben links mit dem **Aktenzeichen** zu beginnen. Dann folgt die **Überschrift,** die Vfg. oder V. lautet und zentriert und unterstrichen wird. Die

---

47 Neuerdings wird aus verwaltungstechnischen Gründen zT nicht mehr die Bezeichnung Geschäftsstelle, sondern stattdessen „Serviceeinheit“ verwendet.

48 Falls Sie sich nicht die Mühe machen wollen, die Akten bei Rückkehr nochmals zu lesen – übrigens der Teil der Arbeit in der Justiz, der am meisten Zeit kostet und daher möglichst vermieden werden sollte –, können Sie schon jetzt Verfügungsentwürfe abfassen, die Sie in die Handakten heften und später benutzen können.

Verfügungspunkte werden gegliedert, also durchnummeriert. Jede Verfügung enthält eine **Frist,**[49] ein **Datum** und eine **Unterschrift.** Dies ist allen Verfügungen gleich.

Ich möchte zur Verdeutlichung folgende drei Arten von Verfügungen unterscheiden: die interne, die externe und die gemischte Verfügung.

2. Die interne Verfügung

Unter internen Verfügungen versteht man solche, die als gedanklichen Adressaten lediglich den Geschäftsstellenbeamten haben, unabhängig davon, ob die Akten das Haus verlassen (was aber bei internen Verfügungen in der Regel nicht der Fall ist). Die Verfügung des Dezernenten entfaltet lediglich Innenwirkung innerhalb der Behörde. Es handelt sich um reine Arbeitsanweisungen an die Geschäftsstelle. Sie enden **immer** mit einer Frist, dem Datum und der Unterschrift des Dezernenten. 77

Die kürzeste denkbare Verfügung ist eine interne Verfügung und sieht wie folgt aus:

– 572 Js 1234/23 –

Vfg.

1 Monat.

1.6.2023
Müll.

Hier hat der Dezernent, der anhand seiner Paraphe unterzeichnet hat, schlicht verfügt, dass die Akten für die Dauer von einem Monat auf der Geschäftsstelle verbleiben sollen. Eine derartige Verfügung heißt im Justizjargon „Schiebeverfügung", weil die Akten für einen Monat „weggeschoben" werden. Der Dezernent hätte auch „WVL nach 1 Monat" oder „Frist: 1 Monat" schreiben können. Das macht keinen Unterschied. Übrigens bedeutet die Frist nicht, dass die Akten auf den Tag genau nach einem Monat vorgelegt werden. Fristen sind sog. Längst-Fristen. Sollte also vor Ablauf der Frist sich etwas in der Sache tun, zB ein Posteingang, werden diese früher vorgelegt.

Ein weiteres Beispiel für eine interne Verfügung: 78

– 572 Js 1234/23 –

Vfg.

1. BZR für den Beschuldigten Bl. 6 d. A. erfordern.
2. 570 Js 4321/23 erfordern.
3. 572 Js 5678/23 beifügen.
4. Vermerk:
   Unterzeichner hat heute fernmündlich Kontakt mit der BKI Kiel aufgenommen. Gegen den Beschuldigten sind dort noch 3 weitere Verfahren anhängig. Diese sollen noch diese Woche abgeschlossen und an die StA übersandt werden.
5. 2 Wochen.

1.6.2023
Müll.

49 Lassen Sie sich nicht irritieren: Auch der Verfügungspunkt „Weglegen" ist eine Frist, denn nach Ablauf der gesetzlichen Aufbewahrungsfrist werden die weggelegten Akten vernichtet.

Sehen wir uns diese Verfügung einmal genauer an. Zunächst will der Dezernent den Bundeszentralregisterauszug des Beschuldigten, der auf Blatt (nicht etwa Seite) sechs der Akten (d. A.[50]) bezeichnet ist, haben. Gebräuchliche Abkürzung für den Auszug ist BZR oder auch nur R. Diese Abkürzungen sind übrigens auch im schriftlichen Examen erlaubt und erwünscht.

Dann will der Dezernent andere Akten haben, nämlich einmal von der Geschäftsstelle 570 und einmal von der 572. Warum schreibt er aber einmal „erfordern" und einmal „beifügen"? Ganz einfach: Die Geschäftsstelle kann nur das beifügen, was sich in seinem Machtbereich, also auf seiner Geschäftsstelle befindet. Beigefügt werden können also nur Akten, die von derselben Geschäftsstelle kommen wie das Verfahren, welches man gerade bearbeitet. Muss der Geschäftsstellenbeamte aber Dritte um die Übersendung bitten – hier bei der Geschäftsstelle 570 – muss er sie erfordern. Wie übrigens auch den BZR oder dem Fahreignungsregister (FAER).[51]

Schließlich schreibt der Dezernent einen Vermerk (dieses Wort wird üblicherweise unterstrichen). Ein Vermerk dient lediglich der Information des Lesers und hat gegenüber der Geschäftsstelle keinen Weisungscharakter. Der Vermerk wird also von dem Geschäftsstellenbeamten überlesen. Er ist eine reine Merkhilfe für Staatsanwaltschaft und unter Umständen für das Gericht.

Die Verfügung schließt mit einer Frist.

79 Mit internen Verfügungen kann ferner bewirkt werden, dass Ablichtungen aus anderen Akten gefertigt werden. Auch formlose schriftliche (oder auch telefonische) Anfragen durch die Geschäftsstelle sind möglich:

> Anfrage an den Antragsteller Bl. 6 d. A., ob der Beschuldigte mittlerweile den Schaden wieder gutgemacht hat.

80 Aber Vorsicht, falls Sie hier einen zweiten Satz an die Anfrage anhängen wollen. Würden Sie jetzt schreiben: „Falls nur Teilzahlungen erfolgt sind, bitte ich um Angabe der Höhe", so würde sich dieser zweite Satz an den Geschäftsstellenbeamten richten (der darüber natürlich nichts weiß). Wollen Sie, dass die Anfrage den zweiten Satz enthält, können Sie zwischen die Sätze „Zusatz:" einsetzen, um klarzumachen, dass die Anfrage aus mehreren Sätzen besteht. Dann können Sie so viel schreiben wie Sie wollen. Die Verfügung würde dann so aussehen:

> – 572 Js 1234/23 –
>
> Vfg.
>
> 1. Anfrage an den Antragsteller Bl. 6 d. A., ob der Beschuldigte mittlerweile den Schaden wieder gutgemacht hat. Zusatz: Falls nur Teilzahlungen erfolgt sind, bitte ich um Angabe der Höhe.[52]
> 2. 1 Monat.
>
> 1.7.2023
> *Müll.*

50 Diese Abkürzung erscheint auf den ersten Blick entbehrlich, ergibt aber dadurch Sinn, dass Strafakten nicht nur aus den Hauptakten bestehen müssen, sondern im weiteren Verlauf weitere Bestandteile bekommen können wie Sonderbände (SB), Vollstreckungshefte (VH) oder Bewährungshefte (BewH), um nur einige zu nennen. Wäre hinter der Blattzahl nicht angegeben, welcher Band oder welches Heft gemeint ist, könnte dies für Verwirrung sorgen. Steht dort „d. A.", ist klar gestellt, dass es um die Hauptakten geht.

51 Vielfach kann der Staatsanwalt den BZR an seinem Arbeitsplatz mittels des dort vorhandenen Rechners selbst abrufen und ausdrucken. UU werden die Akten schon mit einem BZR vorgelegt. Dann entfällt dieser Verfügungspunkt selbstverständlich.

52 Andere behelfen sich folgendermaßen: *Anfrage an Bl. 6 d. A., „ob der Beschuldigte den Schaden mittlerweile wieder gutgemacht hat. Falls nur Teilzahlungen erfolgt sind, bitte ich um Angabe der Höhe".* Durch die Anführungszeichen soll klargestellt sein, dass der folgende Text wörtlich in die Anfrage übernommen werden soll.

Hierdurch bewirkt der Dezernent ein Schreiben unter dem Briefkopf der Staatsanwaltschaft, das wie folgt aussieht und von ihm auch nicht mehr unterschrieben wird:

… Herrn Michael Mustermann
Musterstraße 1
99999 Musterhausen

Ermittlungsverfahren gegen Hans Meier in Kiel
wegen Betrug (§ 263 StGB) u. a.

Sehr geehrter Herr Mustermann
es wird angefragt, ob der Beschuldigte mittlerweile den Schaden wieder gutgemacht hat. Falls nur Teilzahlungen erfolgt sind, bitte ich um Angabe der Höhe.

Mit freundlichen Grüßen
Müller
Staatsanwalt

Auf Anordnung
Meier
Justizangestellter

Es kann aber Fälle geben, in denen solche einfachen Anfragen nicht förmlich genug sind. **81**
Wollen Sie einen richtigen Brief schreiben, müsste die Verfügung etwa lauten:

– 572 Js 1234/23 –

Vfg.

1. Zu schreiben an den Antragsteller Bl. 6 d. A.
   [Betreff:] Ermittlungsverfahren gegen Hans Meier in Kiel wegen des Verdachts des Betruges
   [Bezug:] Ihr Strafantrag vom 2.1.2023

   Sehr geehrter Herr Mustermann,
   …

   Mit freundlichen Grüßen
2. 1 Monat. (Antwort? Anklage?)

1.7.2023
Müll.

Der Text des Briefes wird also in die Verfügung hineingeschrieben. Teilweise wird der Brief auch als Anlage der Verfügung nachgeheftet. Sie sieht dann wie folgt aus:

– 572 Js 1234/23 –

Vfg.

1. Zu schreiben – siehe Anlage –
2. 1 Monat. (Antwort? Anklage?)

1.7.2023
Müll.

Auf dem nächsten Blatt der Hauptakten folgt dann das eigentliche Schreiben.

Früher wurden ferner die Worte „Betreff:“ und „Bezug:“ mitgeschrieben, mittlerweile ist dies unüblich geworden. Die Verfügung schließt wieder mit einer Frist. Bei der Klammer handelt es sich – ähnlich dem Vermerk – abermals um eine Merkhilfe des Dezernenten. Hier geht es darum, dass er erwägt, nach Eingang der Reaktion auf sein Schreiben Anklage zu erheben. Für die Geschäftsstelle hat dies keine Bedeutung. Sie achtet auf nichts, was in Klammern steht.

82 Einen Sonderfall möchte ich hier noch erwähnen: die Akteneinsicht an Verteidiger. Beantragt ein Verteidiger (mit schriftlicher Vollmacht) Akteneinsicht und soll diese gewährt werden, verfügt der Dezernent zB „AE an RA Bl. 12 d. A. für 3 Tage“, wobei AE natürlich für Akteneinsicht steht. Eine andere mögliche Formulierung ist „N. A. an RA Bl. 12 d. A. für 3 Tage“. N. A. steht hierbei für „Nach Antrag“. Zwar verlassen hier die Akten das Haus, die Verfügung bleibt jedoch intern, da der Adressat nur die Geschäftsstelle ist.

3. Die externe Verfügung

83 Kommen wir nun zu externen Verfügungen. Hierunter versteht man Verfügungen, die als Adressaten nicht nur die Geschäftsstelle haben und bei denen die Akten das Haus verlassen und Außenwirkung entfalten. Hier gelten dieselben Grundsätze, wie ich sie oben beschrieben habe. Die Besonderheit ist, dass sich die Verfügung nicht nur an die Geschäftsstelle richtet, sondern Außenwirkung entfaltet. Die Frist, die auch diese Verfügung enthält, ist eine sog. Handakten-Frist. Das bedeutet, die Handakten werden spätestens nach Ablauf der Frist zur Kontrolle durch den Dezernenten vorgelegt, wenn die Hauptakten bis dahin nicht wieder zurückgekehrt sind.

84 Den wesentlichen Unterschied zur internen Verfügung bildet dabei der letzte Verfügungspunkt. Dieser ist nicht etwa eine Frist – das ist der vorletzte Punkt –, vielmehr regelt der letzte Verfügungspunkt die Aktenversendung. Die Hauptakten versendet der Dezernent durch eine sog. U. m. A.-Verfügung, wobei diese Abkürzung für „Urschriftlich mit Akten“ steht. Ein Beispiel:

– 572 Js 12345/23 –

Vfg.

1. 1 Monat
2. U. m. A.
   der Bezirkskriminalinspektion Kiel
   mit der Bitte übersandt, den Zeugen Meier (Bl. 6 d. A.) zu folgenden Fragen zu vernehmen:
   ...

Kiel, 1.7.2023
Staatsanwaltschaft
bei dem Landgericht

Müller
Staatsanwalt

85 Das sieht jetzt völlig anders aus als eine interne Verfügung.

Warum steht die Frist nicht an letzter Stelle? Erinnern Sie sich an den Rat, den ich Ihnen oben gegeben habe, nämlich eine Verfügung wie ein Computerprogramm aufzufassen. Wenn die Akten mit dem vorletzten Punkt versandt worden wären, wüsste die Geschäftsstelle nicht, welche Frist sie notieren müsste (denn ein Computer hätte die letzte Zeile nicht vor

Ausführung der vorletzten gelesen). Zugegebenermaßen wird gerade diese Regel in der Praxis häufig missachtet.

Dann kommt der U. m. A.-Teil. Dieser sagt nicht nur der Geschäftsstelle, wohin sie die Akten versenden soll. Nach der Bezeichnung des Adressaten sprechen Sie in obigem Beispiel nämlich nicht mehr mit der Geschäftsstelle, sondern mit der Kriminalpolizei, der Sie Ermittlungsaufträge erteilen. Dies macht die Verfügung zu einer externen. **86**

Aus diesem Grund wird am Ende auch nicht nur kurz das Datum und eine Handparaphe gesetzt, sondern die Behörde, die die Akten übersendet, das Datum und für Außenstehende erkennbar der Verfasser. Das ist deshalb von Bedeutung, weil Akten in der Justiz grundsätzlich **von hinten** gelesen werden. Kommen die Akten daher bei der Polizei an, wird zunächst die letzte Seite aufgeschlagen. Hier kann der Polizeibeamte erkennen, wer die Akten aus welchem Grund übersandt hat. Diese verkürzte Form hat übrigens den Sinn, längere Anschreiben in Briefform zu vermeiden und dient damit der Vereinfachung und der Beschleunigung. Wenn Sie den U. m. A.-Teil rückwärts lesen, entspricht dieser einem verkürzten Briefkopf. U. m. A. bedeutet also: Briefkopf andersherum. **87**

In letzter Zeit wird teilweise von der eben beschriebenen Form abgewichen und die klassische Briefform verwendet. Der Absender erscheint dabei oben links auf der Verfügung, Ort und Datum oben rechts, sodass die externe Vfg. auch wie folgt aussehen kann:

Staatsanwaltschaft   Kiel, 1.7.2023
bei dem Landgericht
– 572 Js 12345/23 –

Vfg.

1. 1 Monat
2. U. m. A.
der Bezirkskriminalinspektion Kiel
mit der Bitte übersandt, den Zeugen Meier (Bl. 6 d. A.) zu folgenden Fragen zu vernehmen: …

Müller
Staatsanwalt

4. Die gemischte Verfügung

Es besteht aber auch die Möglichkeit der Kombination beider Verfügungsarten. Dabei wird der interne Teil naturgemäß zuerst behandelt, bevor der externe Teil kommt, mit dem die Verfügung abschließt. Hier sollte ein Beispiel reichen: **88**

– 572 Js 1234/23 –

Vfg.

1. R erfordern.
2. 572 Js 54321/23 beifügen.
3. Zu schreiben an Antragsteller Bl. 6. d. A.
   [Betreff:] …
   [Bezug:] …
4. 1 Monat

5. U. m. A. nebst Beiakten 572 Js 54321/23[53]
der BKI Kiel
mit der Bitte übersandt, den Zeugen Meier (Bl. 8 d. A.) zu folgenden Fragen ergänzend zu vernehmen: …

Kiel, 1.7.2023
Staatsanwaltschaft
bei dem Landgericht

Müller
Staatsanwalt

5. Die Handaktenverfügung

89 Wie ich bereits oben erwähnt habe, stellt die Frist bei einer U. m. A.-Verfügung eine Handaktenfrist dar. Die Handakten (HA) werden nach Ablauf dieser Frist vorgelegt, wenn die Hauptakten bis dahin nicht zurückgekehrt sind. Dann wird es erforderlich, Verfügungen in den HA zu treffen.

Die HA enthalten zunächst reine Interna, zB die Vorlage der Akten bei einem andern Dezernenten, die Umtragung innerhalb der Staatsanwaltschaft in ein anderes Dezernat usw. Auch finden sich zB Aufträge des Generalstaatsanwalts hier.[54] Weiterhin können Entwürfe zukünftiger Verfügungen, zB Begleitverfügung und Anklageschrift, hier „geparkt“ werden, wenn die Ermittlungen noch nicht abgeschlossen sind, aber eine Anklageerhebung zu erwarten ist.

Werden aber die HA vorgelegt, bevor die Hauptakten zurückgekehrt sind, bietet sich an zu verfügen „Hauptakten zurückfordern“ oder „Sachstandsanfrage“ oder Ähnliches. Wie immer gilt: Eine neue Frist darf nicht vergessen werden.

III. Die praktische Umsetzung bei Ermittlungen

90 Nun wissen wir theoretisch, wie Verfügungen geschrieben werden. Was wir noch nicht erarbeitet haben ist, wie man die beabsichtigten Ermittlungsschritte – von den oben beispielhaft dargestellten Zeugenvernehmungen durch die Polizei abgesehen – im Verfügungswege initiiert.

Da die Rechtsanwendung immer vom Gesetzeswortlaut auszugehen hat, sollten Sie sich zunächst die gesetzliche Vorschrift ansehen, auf der die von Ihnen beabsichtigte Maßnahme beruht. Hieran sollte sich alles Weitere orientieren. Idealerweise sollte die von Ihnen zu verfassende Verfügung alle in der Norm genannten Voraussetzungen begründen.

91 Nehmen wir an, Sie haben einen Fall zu bearbeiten, bei dem der Beschuldigte mittels eines Einbruchs in eine Wohnung ein iPad gestohlen haben soll. Ihnen schwebt vor, seine Wohnung und sonstigen Sachen durch die Polizei durchsuchen zu lassen. Die diesbezügliche Vorschrift ist § 102 StPO. Hiernach kann bei demjenigen, welcher als Täter oder Teilnehmer einer Straftat pp. verdächtig ist, eine Durchsuchung der Wohnung und anderer Räume sowie seiner Person und der ihm gehörenden Sachen sowohl zum Zweck seiner Ergreifung als auch dann vorgenommen werden, wenn zu vermuten ist, dass die Durchsuchung zur Auffindung von Beweismitteln führen wird. Zuständig für die Anordnung ist gem. § 105 StPO der

53 Ohne diesen Zusatz würden die Hauptakten ohne die Beiakten versendet werden. Üblicherweise wird von der U. m. A.-Verfügung eine Kopie bei den HA belassen. Geschieht dies im obigen Fall, kann später kontrolliert werden, wo sich die Beiakten befinden, auch ohne EDV-gestützte Aktenhaltung.

54 Vgl. § 49 I 2 AktO SchlH.

(Ermittlungs-)Richter, die örtliche Zuständigkeit richtet sich nach § 162 I StPO. Ein Ausnahmefall, der ausnahmsweise Sie als Staatsanwalt zur Anordnung berechtigen würde, soll hier nicht gegeben sein.

Somit steht fest, dass Ihre Verfügung einen Antrag an den Ermittlungsrichter enthalten muss, die Durchsuchung anzuordnen. Wie ist dies zu verfügen? Hier bietet sich eine Vorüberlegung an: interne oder externe Verfügung? Da der Adressat nicht nur die Geschäftsstelle ist und die Akten das Haus verlassen müssen, kommt nur eine externe Verfügung in Betracht. Die Akten müssen zum zuständigen Ermittlungsrichter, gegenüber dem wiederum ein Antrag gestellt werden muss. Dieser Antrag sollte sämtliche Voraussetzungen des § 102 StPO begründen (Tatverdacht, Beschuldigteneigenschaft des Betroffenen, Vermutung der Auffindung von Beweismitteln)[55]. Das könnte wie folgt aussehen: 92

– 572 Js 1234/23 –

Vfg.

1. 2 Wochen GENAU.
2. U. m. A.
   dem Amtsgericht
   – Ermittlungsrichter –
   in Kiel
   mit dem Antrag übersandt, gem. § 102 StPO die Durchsuchung der Wohn-, Geschäfts- einschließlich aller Nebenräume nebst Kfz des Beschuldigten
   Michael Mustermann, geb. 13.1.1969 in Hamburg,
   Musterstraße 14, 24109 Kiel
   anzuordnen.

Der Beschuldigte ist verdächtig, am 1.6.2023 in der Parkstraße 14 in Kiel einen Wohnungseinbruchsdiebstahl begangen und dabei ein iPad entwendet zu haben.
Die Durchsuchung dient der Auffindung von Beweismitteln, insbesondere des entwendeten Blu-Ray-Players.
Im Hinblick auf die Strafandrohung des § 244 StGB erscheint diese Maßnahme auch nicht als unverhältnismäßig.

Kiel, 1.7.2023
Staatsanwaltschaft
bei dem Landgericht

Schulze
Staatsanwalt

Ein weiteres Beispiel ist die Beantragung eines Untersuchungshaftbefehls. Unter bestimmten, sehr engen Voraussetzungen gestattet die Strafprozessordnung, den einer Straftat Beschuldigten in Untersuchungshaft zu nehmen, um sich seiner Person bis zur Rechtskraft eines diesbezüglichen Urteils zu versichern (im Fall der Flucht/Fluchtgefahr), um den Unter- 93

55 Es ist eine Unsitte, in dem Durchsuchungsbeschluss gleich die Beschlagnahme des/der Beweismittel/s gem. § 98 StPO anzuordnen bzw. dies zu beantragen. Dies ist rechtlich unter zwei Gesichtspunkten gar nicht möglich: Zum einen kann der in Beschlag zu nehmende Gegenstand (hier: mangels Seriennummer) noch gar nicht eindeutig bezeichnet werden. Zum anderen ist eine Beschlagnahme nur dann nötig, wenn der Betroffene mit der Wegnahme der Sache durch die Polizei nicht einverstanden ist. Ist er es doch, ist eine Sicherstellung gem. § 94 I StPO gegeben und die Beschlagnahmeanordnung schlicht und einfach überflüssig. Manche Rechtsanwender praktizieren dies aber oft trotzdem, vermutlich weil sie der Meinung sind, hierdurch eine erneute Wiedervorlage der Akten zur Bestätigung einer polizeilichen Beschlagnahme ohne vorherige richterliche Anordnung vermeiden zu können. Vgl. hierzu Meyer-Goßner/Schmitt/Köhler StPO § 98 Rn. 9 und § 105 Rn. 7 mwN.

suchungserfolg durch Einwirkung des Beschuldigten nicht zu gefährden (Verdunklungsgefahr) oder um die Allgemeinheit vor neuen Straftaten des Beschuldigten zu schützen (Wiederholungsgefahr).

94 Alle Untersuchungshaftbefehle haben drei Voraussetzungen, welche in § 112 I StPO beschrieben werden:

- Dringender Tatverdacht
- Haftgrund
- Keine Unverhältnismäßigkeit

Dringender Tatverdacht besteht, wenn nach dem bisherigen Stand der Ermittlungen die Wahrscheinlichkeit groß ist, dass der Beschuldigte Täter oder Teilnehmer einer Straftat ist.[56] Die Haftgründe können Sie zB §§ 112 II, III, 112a I und § 127b[57] StPO entnehmen. Der Grundsatz der Verhältnismäßigkeit findet sich auch in § 113 und § 116 StPO wieder.

95 Nehmen wir an, dem 25-jährigen A. (Deutscher) wird vorgeworfen, einen Rentner beraubt und so dessen Monatsrente in Höhe von 1.000 EUR erbeutet zu haben. Das Opfer, der Zeuge Hoffmann, hat den Tathergang gegenüber der Polizei glaubhaft geschildert und den Beschuldigten anhand einer sequenziellen Wahllichtbildvorlage[58] identifiziert. Der Beschuldigte ist bereits zweimal strafrechtlich in Erscheinung getreten, die letzte Verurteilung (Geldstrafe iHv 90 Tagessätzen zu je 10 EUR wegen Diebstahls in einem besonders schweren Fall) ist ein knappes Jahr alt. Es ist bekannt, dass der Beschuldigte über einen großen Bekannten- und Verwandtenkreis in der Türkei (oder einem anderen beliebigen Land, in dem er nicht ohne Weiteres greifbar sein wird) verfügt, bereits mehrfach dorthin telefoniert und Geld überwiesen hat. Der Beschuldigte spricht fließend die dortige Landessprache und hat in Deutschland keine ausgeprägten familiären Bindungen. Die Polizei befürchtet, der Beschuldigte, der von den Ermittlungen weiß, könnte sich ins Ausland absetzen, um sich der Strafverfolgung zu entziehen. Die Polizei ruft Sie als Staatsanwalt an und bittet Sie um Beantragung eines Haftbefehls beim zuständigen Ermittlungsrichter.

96 Gehen wir wieder wie oben beschrieben vor: Die Voraussetzungen der Untersuchungshaft und woraus sie entnommen werden können habe ich bereits beschrieben. Zuständig für ihre Anordnung ist gem. § 114 I StPO der Ermittlungsrichter. Im Haftbefehl sind gem. § 114 II StPO anzuführen der Beschuldigte, die Tat, derer er dringend verdächtig ist, Zeit und Ort ihrer Begehung, die gesetzlichen Merkmale der Straftat und die anzuwendenden Strafvorschriften, der Haftgrund sowie die Tatsachen, aus denen sich der dringende Tatverdacht und der Haftgrund ergeben.[59] Der dem Haftbefehl zugrunde liegende Antrag sollte daher idealerweise denselben Anforderungen genügen. Das könnte im obigen Beispiel wie folgt aussehen:

– 572 Js 1234/23 – EILT! VON HAND ZU HAND

Vfg.

1. 3 Tage GENAU.

---

56 Meyer-Goßner/Schmitt/Schmitt StPO § 112 Rn. 5.

57 In § 127b StPO wird die sog. Hauptverhandlungshaft beschrieben. Nach ganz hM stellt diese einen eigenständigen Haftgrund dar.

58 Früher hielt der BGH es für ausreichend, Zeugen eine Lichtbildmappe vorzulegen, die auf zwei einander gegenüberliegenden Seiten Aufnahmen von mehreren Personen in Front-, Seitenansicht und Halbprofil enthielt. Um Suggestivwirkungen weitgehend auszuschließen, muss nunmehr eine sog. sequenzielle Lichtbildvorlage erfolgten, wobei die einzelnen Fotostrecken der abgebildeten Personen den Zeugen auf separaten Blättern nacheinander präsentiert werden und nicht alle auf einen Blick. Hat der Zeuge den Täter wiedererkannt, ist die Präsentation gleichwohl fortzusetzen, auch wenn ihm bis dahin noch nicht alle Fotos gezeigt worden sind.

59 Wenn Sie unten die Ausführungen zu dem notwendigen Inhalt der Anklageschrift gelesen haben, werden Sie feststellen, dass die Inhalte von Anklageschrift und Haftbefehl sich weitgehend decken. Es spricht nichts dagegen, den Haftbefehlsantrag (und praktisch jeden anderen Antrag an das Gericht auch) wie eine Anklageschrift zu formulieren. Die Ausführungen kann der Staatsanwalt später ggf. immer wieder verwenden, bis hin zur Anklageschrift.

2. U. m. A.
dem Amtsgericht
– Ermittlungsrichter –
in Kiel
mit dem Antrag übersandt, gegen den Beschuldigten
A., geb …
Rendsburger Allee 22
24109 Kiel
Untersuchungshaft anzuordnen.

Der Beschuldigte ist dringend verdächtig,
in Kiel
am 1.6.2023
mit Gewalt gegen eine Person eine fremde bewegliche Sache einem anderen in der Absicht weggenommen zu haben, die Sache sich rechtswidrig zuzueignen.

Am 1.6.2023 gegen 17 Uhr entriss der Beschuldigte dem Zeugen Hoffmann in der Holstenstraße in Kiel trotz dessen heftiger Gegenwehr die Brieftasche. Hierin befand sich die vollständige Rente des Geschädigten in Höhe von 1.000,– EUR, die dieser kurz zuvor von der Bank abgehoben hatte. Der Beschuldigte handelte, um den Geldbetrag für sich zu behalten.
Anzuwendende Strafvorschrift: § 249 I StGB

Der Beschuldigte ist der oben beschriebenen Tat dringend verdächtig aufgrund der Bekundungen des Zeugen Hoffmann. Dieser hat die Tat vor der Polizei in glaubhafter Weise beschrieben und den Beschuldigten im Rahmen einer sequenziellen Wahllichtbildvorlage sicher wieder erkannt.
Es besteht der Haftgrund der Fluchtgefahr (§ 112 II Nr. 2 StPO). Obwohl der Beschuldigte deutscher Staatsangehöriger ist, verfügt er über starke familiäre und freundschaftliche Kontakte in die Türkei. Es ist bekannt, dass der Beschuldigte, der von den gegen ihn geführten Ermittlungen Kenntnis hat, in der Zeit nach der Tat diverse Male Telefongespräche in die Türkei führte und Geld dorthin überwies. Er verfügt über keine nennenswerten hiesigen familiären oder sozialen Bindungen. Es ist zu befürchten, dass der Beschuldigte die Zeit bis zur Hauptverhandlung nutzen wird, um sich den deutschen Strafverfolgungsbehörden zu entziehen und sich im Ausland eine neue Existenz aufzubauen. Zu erwähnen bleibt, dass der Beschuldigte bereits zweimal strafrechtlich unter anderem wegen Vermögensdelikten in Erscheinung getreten ist und diesmal mit einer erheblichen Freiheitsstrafe zu rechnen hat, was ebenfalls für den Haftgrund der Fluchtgefahr spricht.
In Anbetracht des Verbrechenscharakters der Tat und der zu erwartenden Strafe ist die Anordnung der Untersuchungshaft auch nicht unverhältnismäßig.

Kiel, 3.6.2023
Staatsanwaltschaft
bei dem Landgericht

Müller
Staatsanwalt

Wie Sie sehen, werden die Akten von Hand zu Hand überbracht werden und nicht etwa auf dem Postweg verschickt. Nach dem U. m. A.-Teil folgt der von § 114 II StPO geforderte Inhalt. Dieser schließt mit den anzuwendenden Strafvorschriften. Anschließend kommen die Voraussetzungen gem. § 112 I StPO.

Auf diese Weise wird der Ermittlungsrichter in die Lage versetzt, den Antrag Punkt für Punkt zu überprüfen. Gelangt er zu dem Schluss, dass der Antrag zu Recht gestellt worden ist, kann er dessen Inhalt sogar übernehmen (entweder elektronisch durch „copy and paste“ oder analog durch sog. klammern, wodurch in den Akten abzuschreibende Stellen markiert werden). Je besser ein Antrag formuliert ist, desto schneller wird darüber entschieden und desto eher hat er Aussicht auf Erfolg.[60]

97 Anhand dieser beiden Beispiele wollte ich demonstrieren, dass es nicht nur unnötig, sondern auch unsinnig ist, an dieser Stelle alle möglichen Antragsarten durchzuspielen. Zwar existieren bei Staatsanwaltschaften eine Vielzahl von Formularen (heutzutage meist in digitaler Form) für alle möglichen Arten von Anträgen, jedoch sollten Referendare auf darauf so wenig wie möglich zurückgreifen. Hierdurch lernen sie nichts. Außerdem ist ein dem Einzelfall angepasster Antrag in jedem Fall einem Formular vorzuziehen. Wenn Sie einmal einen Ihnen bis dahin unbekannten Antrag formulieren müssen, sollten Sie lieber das Gesetz zu Rate ziehen. Solange ein Antrag dem entspricht, was dort steht, kann er kaum unzulässig sein.

Höchstens unbegründet.

IV. Die Einstellung des Ermittlungsverfahrens

98 Dass nicht jedes Ermittlungsverfahren mit der Erhebung der öffentlichen Klage enden kann, liegt auf der Hand und muss nicht weiter erklärt werden. In diesem Fall muss das Verfahren eingestellt werden, so will es § 170 StPO.

1. Tatsächliche Gründe der Verfahrenseinstellung

99 Zunächst könnte der Beschuldigte schlicht unschuldig oder die Tat nicht nachweisbar sein. Außerdem könnte der Sachverhalt, der ihm vorgeworfen ist, keinem Strafgesetz unterfallen, also nicht strafbewehrt sein. Der Beschuldigte könnte gerechtfertigt gehandelt haben oder entschuldigt gewesen sein. Er könnte auch schuldunfähig gewesen sein. Die Straftat könnte verjährt sein. Der für die Strafverfolgung erforderliche Strafantrag könnte nicht gestellt worden sein. Die Sache könnte schon einmal Gegenstand einer strafgerichtlichen oder staatsanwaltschaftlichen Untersuchung gewesen sein (ne bis in idem). Es könnte sich um ein Privatklagedelikt handeln, bei dem das öffentliche Interesse an der Strafverfolgung fehlt. Außerdem könnte sonst ein Verfahrenshindernis bestehen. Schließlich könnte der Beschuldigte verstorben sein.

Das sind die wichtigsten Gründe, warum es an einem hinreichenden Tatverdacht fehlen mag.

Exkurs: Die Verdachtsarten

100 Grundsätzlich kennt das Strafrecht drei verschiedene Arten von Tatverdacht.
Die geringste Stufe bildet dabei der *Anfangsverdacht* iSd §§ 152 II, 160 StPO. Ist ein solcher Anfangsverdacht gegeben, ist die Staatsanwaltschaft zur Aufnahme der Ermittlungen verpflichtet. Welche Anforderungen an den Anfangsverdacht gestellt werden, ist im Gesetz legaldefiniert. Es müssen zureichende tatsächliche Anhaltspunkte für Straftaten vorliegen. Zureichende tatsächliche Anhaltspunkte sind dann gegeben, wenn die Möglichkeit einer strafbaren Handlung besteht, was aus kriminalistischer Sicht zu beurteilen ist. Damit ist ein gewisser Beurteilungsspielraum zugunsten der Ermittlungsbehörden eröffnet. Die Grenze ist dort zu ziehen, wo die bloße Vermutung beginnt.[61]

60 Die positive Feststellung der Verhältnismäßigkeit ist nicht selten sprachlich schwierig und/oder aufwendig und sollte verwaltungsrechtlichen Aufgabenstellungen vorbehalten bleiben. Wesentlich einfacher ist die Feststellung, dass etwas *nicht un*verhältnismäßig ist. Oft genügt der obige Satz.

61 Meyer-Goßner/Schmitt/Schmitt StPO § 152 Rn. 4 mwN.

Die nächste Stufe bildet der *hinreichende Tatverdacht*. Er ist gegeben, wenn die Verurteilung des Beschuldigten in einer Hauptverhandlung nach Aktenlage wahrscheinlich ist. Mathematisch ausgedrückt: größer als 50 %. Der hinreichende Tatverdacht ist Voraussetzung der Erhebung der öffentlichen Klage (§§ 170 I, 203 StPO).
Die höchste Stufe bildet der *dringende Tatverdacht*. Er ist Voraussetzung für einen Untersuchungshaftbefehl.[62] Der dringende Tatverdacht ist gegeben, wenn die Wahrscheinlichkeit groß ist, dass der Beschuldigte Täter oder Teilnehmer einer Straftat gewesen ist.
Ganz so einfach wie eben dargestellt, ist die Rechtslage aber nicht. Wenn es sich so verhält, dass 101
beim *dringenden* Tatverdacht die Täterschaft sehr wahrscheinlich sein muss, für die Anklageerhebung aber der „nur" *hinreichende* Tatverdacht ausreicht, stellt sich die Frage, ob dies in Konsequenz nicht dazu führen muss, dass jedes Mal mit Beantragung eines U-Haftbefehls auch die öffentliche Klage zu erheben wäre, und sei es, um dem Beschleunigungsgrundsatz Genüge zu tun. Dem ist natürlich nicht so.
Die Entscheidung, ob die eine oder andere Verdachtsart gegeben ist, erfolgt nämlich auf verschiedenen Tatsachengrundlagen. Zwar ist es durchaus möglich, gleichzeitig Anklage zu erheben und U-Haft zu beantragen. Das geht aber nur dann, wenn die Sache zum Zeitpunkt des U-Haft-Antrags abschlussreif ist. Das ist aber in der Regel nicht der Fall. Die Frage, ob U-Haft zu beantragen ist, ist typischerweise in einem frühen Stadium der Ermittlungen zu entscheiden, und zwar aufgrund der bis dahin ermittelten Tatsachen. Selbst wenn wegen dringenden Tatverdachts ein Haftbefehl ergehen sollte, heißt das noch lange nicht, dass auch Anklage erhoben werden wird. UU können die weiteren Ermittlungen ergeben, dass trotz der U-Haft kein hinreichender Tatverdacht gegeben ist. Das bedeutet nicht, dass der Haftbefehl zu Unrecht ergangen ist. Es zeigt vielmehr, dass der dringende Tatverdacht zwar ein Mehr gegenüber dem hinreichenden Tatverdacht darstellt, jedoch anhand weniger umfangreicher Ermittlungen festgestellt werden muss.[63]

Nun zurück zur Ausgangsfrage, warum ein Ermittlungsverfahren nicht der öffentlichen Klage zugeführt werden könnte. Aus den oben genannten Gründen fehlt der für die Erhebung der Klage nötige hinreichende Tatverdacht, weil eine Verurteilung nicht wahrscheinlich ist. In diesem Fall sind die Ermittlungen einzustellen. Die Norm, die diese Form der Einstellung zulässt, ist **§ 170 II StPO.** 102

Was aber, wenn keiner dieser Gründe einschlägig ist, die Tat aber so **geringfügig** ist, dass sich eine Strafverfolgung „nicht lohnt"? Wenn der Antragsteller das **Interesse** an der Strafverfolgung **verloren** hat? Wenn der eingetretene **Schaden minimal** ist? In diesen Fällen ist zwar ein hinreichender Tatverdacht gegeben, jedoch scheint die Verfolgung aus Opportunitätsgesichtspunkten entbehrlich. Diesen Fall regelt **§ 153 StPO.** 103

Es sind aber auch Konstellationen denkbar, in denen zwar der Schaden gering ist, man den Beschuldigten aber trotzdem nicht ohne staatliche Sanktion davonkommen lassen will, ohne dass aber die Erhebung der öffentlichen Klage geboten ist. Erscheint vielmehr als Reaktion die Erteilung von **Auflagen oder Weisungen** als ausreichend, kann gem. **§ 153a StPO** das Verfahren eingestellt werden. 104

Möglicherweise sind gegen den Beschuldigten noch **weitere Verfahren** anhängig, die wesentlich schwerer wiegen als das vorliegende. In diesem Fall gestattet **§ 154 StPO,** das Verfahren im Hinblick auf die ausgesprochene oder erwartete Sanktion im anderen Verfahren einzustellen. 105

Für **Jugendliche und Heranwachsende** kommen mit **§§ 45 I–III, 47 JGG** weitere Einstellungsmöglichkeiten hinzu, die – in etwa – denen der §§ 153, 153a, 154 StPO entsprechen. 106

62 Auch die vorläufige Entziehung der Fahrerlaubnis gem. § 111a StPO setzt einen dringenden Tatverdacht voraus (Meyer-Goßner/Schmitt/Köhler StPO § 111a Rn. 2). Dabei bezieht sich dieser nicht nur auf die Anlasstat, vielmehr muss auch die ganz überwiegende Wahrscheinlichkeit bestehen, dass im Urteil als Maßregel die endgültige Entziehung der Fahrerlaubnis ausgesprochen werden wird. Für § 111a StPO ist also in doppelter Hinsicht dringender Tatverdacht erforderlich.

63 Meyer-Goßner/Schmitt/Schmitt StPO § 112 Rn. 6.

107 Was ist, wenn der Beschuldigte zwar hinreichend verdächtig ist, das Gericht aber **von Strafe absehen** könnte? Das ist ein Fall von **§ 153b StPO.** Was, wenn die Frage nach dem hinreichenden Tatverdacht nicht ohne Weiteres beantwortet werden kann, sondern eine komplizierte **zivilrechtliche oder verwaltungsrechtliche Vorfrage** zu klären ist? Die Antwort enthält **§ 154d StPO.** Und was, wenn Antragsteller und Beschuldigter sich **gegenseitig** vorwerfen, einander **beleidigt** oder zu Unrecht **einer Straftat verdächtigt** zu haben? Das ergibt sich aus **§ 154e StPO.** Falls der Beschuldigte unbekannten Aufenthalts ist, kann darüber hinaus **§ 154f StPO** Anwendung finden.

Damit sind die wichtigsten Einstellungsmöglichkeiten kurz vorgestellt worden.

2. Näheres zu den verschiedenen Arten der Verfahrenseinstellung

108 Zunächst gilt es zu beachten, dass jeweils eine prozessuale Tat nur ein prozessuales Schicksal haben kann. Es ist nicht möglich, innerhalb derselben Tat iSd § 264 I StPO das Verfahren bezüglich eines Vorwurfs einzustellen, hinsichtlich eines anderen jedoch Anklage zu erheben. Es ist aber durchaus möglich, dass ein Ermittlungsverfahren mehrere prozessuale Taten zum Gegenstand hat und hinsichtlich einer oder mehrerer öffentliche Klage erhoben werden soll, der Rest jedoch – wie auch immer – eingestellt wird. Dies nennt man Teileinstellung. Wird dagegen das gesamte Ermittlungsverfahren eingestellt, spricht man schlicht von einer Einstellung. Davon ist der Fall zu unterscheiden, dass das Verfahren, welches sich gegen mehrere Beschuldigte richtet, hinsichtlich eines Beschuldigten eingestellt, bezüglich des anderen jedoch der öffentlichen Klage zugeführt wird. In diesem Fall geht es nicht um eine Teileinstellung, sondern das Verfahren wird bezüglich des einen Beschuldigten komplett eingestellt.

Merke: Spricht man von Teileinstellung, meint man immer einen Teil der Taten, nicht der Beschuldigten.[64]

109 Einstellen kann man darüber hinaus nur dann, wenn es tatsächlich Ermittlungen gegeben hat, sei es durch die Polizei oder die StA. Anderes gilt, wenn zB ein Strafantrag bei der StA eingeht und dem zuständigen Staatsanwalt vorgelegt wird, ohne dass zuvor Ermittlungen durchgeführt worden sind. In diesem Fall prüft der Staatsanwalt die Frage, ob zureichende tatsächliche Anhaltspunkte iSd §§ 152 II, 160 StPO vorgetragen werden, die einen Anfangsverdacht begründen. Verneint er diese Frage, stellt er nicht etwa das Ermittlungsverfahren ein, sondern sieht davon ab, ein förmliches Ermittlungsverfahren einzuleiten.

Nun nochmals zu den einzelnen Einstellungsmöglichkeiten:

a) § 170 II StPO

110 Gemäß § 170 II StPO stellt die Staatsanwaltschaft das Verfahren ein, wenn die Ermittlungen keinen genügenden Anlass zur Erhebung der öffentlichen Klage geben. Das ist gem. § 203 StPO dann der Fall, wenn das Gericht aller Voraussicht nach das Hauptverfahren nicht eröffnen würde, weil der – dann – Angeschuldigte (vgl. § 157 StPO) einer Straftat nicht hinreichend verdächtig ist, also eine Verurteilung nicht wahrscheinlich ist. Die tatsächlichen Gründe, die § 170 II StPO unterfallen, habe ich oben bereits kurz vorgestellt.

111 Einen Sonderfall im Rahmen des § 170 II StPO bilden die Privatklagedelikte. § 374 StPO enthält einen umfangreichen Katalog von Delikten, bei denen der Gesetzgeber davon ausgegangen ist, dass die Staatsanwaltschaft nur dann öffentliche Klage zu erheben hat, wenn dies gem. § 376 StPO im öffentlichen Interesse liegt.[65] Fehlt ein derartiges öffentliches Verfolgungsinteresse, ist ein Verfahrenshindernis gegeben und der Antragsteller gegebenenfalls

64 Um die Verwirrung komplett zu machen: Teilweise werden statt dieser Unterscheidung auch die Begriffe „subjektive" und „objektive Teileinstellung" verwendet.

65 Zum Begriff des öffentlichen Interesses gleich mehr.

auf den Privatklageweg zu verweisen. In diesem Fall erfolgt die Einstellung gem. § 170 II iVm §§ 374, 376 StPO. Aber Vorsicht: Treffen innerhalb einer prozessualen Tat Privatklage- mit Offizialdelikten zusammen, ist eine Verweisung auf den Privatklageweg nicht mehr möglich. In diesem Fall muss die Einstellung auf eine andere Vorschrift gestützt werden, da eine prozessuale Tat ja nur ein prozessuales Schicksal haben kann und nicht teilbar ist.

Wird das Verfahren eingestellt, ist der Antragsteller gem. § 171 S. 1 StPO unter Angabe der Gründe zu bescheiden. Ist er darüber hinaus auch Verletzter, ist er gem. S. 2 über die Möglichkeiten der Anfechtung und die dafür vorgesehene Frist zu belehren. Mit anderen Worten: Er ist über die Möglichkeit des Klageerzwingungsverfahrens gem. § 172 StPO zu unterrichten. Dabei ist der Verletztenbegriff nicht zu eng auszulegen. Gemeint ist jeder, der durch die behauptete Straftat negativ beeinträchtigt zu sein meint, also zB bei Körperverletzungsdelikten gegenüber Kindern oder Jugendlichen nicht nur die unmittelbaren Opfer, sondern auch ihre Eltern. Dabei ist nicht auf das Ergebnis der Ermittlungen abzustellen, sondern auf die Sicht des Verletzten. Falsch ist es also, dem Antragsteller die Verletzteneigenschaft abzusprechen, weil sich im Ermittlungsverfahren herausgestellt hat, dass die behauptete Tat gar nicht begangen worden ist und der Antragsteller damit gar nicht Verletzter sein kann. 112

Einer solchen Belehrung bedarf es natürlich nur dann, wenn das **Klageerzwingungsverfahren** auch **statthaft** ist: 113

Ist der Antragsteller zugleich der Verletzte, steht ihm gegen den Bescheid gem. § 170 II 1 StPO binnen zwei Wochen nach der Bekanntmachung die Beschwerde an den vorgesetzten Beamten der Staatsanwaltschaft – also den Generalstaatsanwalt – zu. Diese Beschwerde ist Zulässigkeitsvoraussetzung für das Klageerzwingungsverfahren und wird daher auch als Vorschaltbeschwerde bezeichnet. Hilft der Generalstaatsanwalt der Beschwerde nicht ab, kann der Beschwerdeführer gem. § 172 II StPO binnen eines Monats nach der Bekanntmachung die gerichtliche Entscheidung beantragen. Hierüber ist er wiederum im Bescheid des Generalstaatsanwalts zu belehren. Dieses Verfahren ist aber nicht bei jeder Einstellung durch die StA zulässig. § 172 II 3 StPO bestimmt, dass der Klageerzwingungsantrag dann nicht zulässig ist, wenn das Verfahren ausschließlich eine Straftat zum Gegenstand hat, die vom Verletzten im Wege der Privatklage verfolgt werden kann[66] oder wenn die StA nach § 153 I, § 153a I 1, 7 oder § 153b I StPO von der Verfolgung der Tat abgesehen hat; dasselbe gilt in den Fällen der §§ 153c bis 154 I sowie der §§ 154b und 154c StPO. Mit anderen Worten: Das Klageerzwingungsverfahren ist nur bei einer Einstellung wegen fehlenden hinreichenden Tatverdachts zulässig, also bei einer Einstellung gem. § 170 II StPO.[67] Für die Praxis bedeutet dies, dass der Antragsteller, der zugleich der Verletzte ist, nur dann über die Möglichkeiten der Beschwerde belehrt werden muss, wenn die Einstellung gem. § 170 II StPO wegen eines Offizialdelikts erfolgt ist.

Aber auch dies gilt nicht in jedem Fall. Insbesondere bei Gefährdungsdelikten ist kommt eine Antragsbefugnis nur für die im Einzelfall gefährdete Person in Betracht. Hinzu kommt insbesondere bei der Gefährdung des Straßenverkehrs gem. § 315c StGB Folgendes: Wenn sich die Gefahr realisiert hätte und der dann eingetretene Erfolg würde sich als Privatklagedelikt darstellen (zB §§ 223, 303 StGB), kann wäre nach hM wegen der Sperrwirkung des § 172 II 3 StPO das Klageerzwingungsverfahren ebenfalls ausgeschlossen, denn für das

66 Vorsicht bei Verfahren gegen Jugendliche wegen Privatklagedelikten! In Verfahren gegen Jugendliche (nicht Heranwachsende) ist keine Verweisung auf den Privatklageweg möglich. Eine derartige Verfehlung verfolgt der Staatsanwalt auch dann, wenn Gründe der Erziehung oder ein berechtigtes Interesse des Verletzten, das dem Erziehungszweck nicht entgegensteht, es erfordern, § 80 I JGG. Andernfalls besteht ein Verfahrenshindernis, sodass die Einstellung gem. § 170 II StPO iVm § 80 JGG erfolgt – ohne Verweisung auf den Privatklageweg.

67 Eine Ausnahme bildet partiell eine Einstellung gem. § 154d StPO, vgl. Meyer-Goßner/Schmitt/Schmitt StPO § 154d Rn. 4. Bei Privatklagedelikten ist nach hM nie eine Belehrung zu erteilen, auch wenn es am hinreichenden Tatverdacht fehlt; vgl. Meyer-Goßner/Schmitt/Schmitt StPO § 170 Rn. 7, aber auch dagegen OLG Stuttgart NStZ 1989, 136.

Gefährdungsdelikt kann kein weiterer Schutz gelten als für das entsprechende Erfolgsdelikt.[68]

Zu beachten ist noch Folgendes: Gegen jede Art von Bescheiden ist natürlich die form- und fristlose Dienstaufsichtsbeschwerde möglich. Hierüber muss nicht besonders belehrt werden. Über diese Beschwerde entscheidet wiederum der Generalstaatsanwalt als dienstaufsichtsführende Behörde. Hieraus folgt, dass es praktisch keine unzulässigen Beschwerden gibt, denn eine als Vorschaltbeschwerde (zB wegen Fristablauf) unzulässige Beschwerde wird umgedeutet in eine stets zulässige Dienstaufsichtsbeschwerde.

Merke: Es gibt keine unzulässigen Beschwerden gegen Einstellungsverfügungen der StA (übrigens eine beliebte Examensfrage).[69]

b) § 153 StPO

114 § 153 I 1 StPO bestimmt, dass die Staatsanwaltschaft mit Zustimmung des für die Eröffnung des Hauptverfahrens zuständigen Gerichts von der Verfolgung der Tat absehen kann, wenn das Verfahren ein Vergehen zum Gegenstand hat, die Schuld des Täters als gering anzusehen wäre und kein öffentliches Interesse an der Strafverfolgung besteht.

Vorausgeschickt werden muss, dass eine Einstellung gem. § 170 II StPO einer Einstellung gem. § 153 I 1 StPO immer vorgeht. Fehlt es am hinreichenden Tatverdacht, sind §§ 153 ff. StPO niemals anwendbar.

Nun zu den einzelnen Voraussetzungen des § 153 I 1 StPO:

Von der Erläuterung des Vergehensbegriffs kann hier wohl Abstand genommen werden. Was aber bedeutet geringe Schuld? Die Schuld ist gering, wenn sie bei einem Vergleich mit Vergehen gleicher Art nicht unerheblich unter dem Durchschnitt liegt. Es muss eine (hypothetische) Strafe im untersten Bereich des in Betracht kommenden Strafrahmens angemessen sein. Bei der Beurteilung dieser Frage sind die verschuldeten Auswirkungen der Tat, das Maß der Pflichtwidrigkeit und andere, die Größe der Schuld des Täters bestimmende Gesichtspunkte zu berücksichtigen.[70] Dabei muss aber die Schuld des Beschuldigten nicht nachgewiesen sein. Zwar geht § 170 II StPO grundsätzlich vor, jedoch bedeutet dies nicht, dass der Staatsanwalt weiter ermitteln muss, wenn lediglich eine Einstellung gem. § 170 II StPO oder § 153 I StPO in Betracht kommt.[71] Es genügt für die Anwendung von § 153 I StPO, dass für die Schuld des Beschuldigten eine gewisse Wahrscheinlichkeit besteht. Ausreichend ist die Unwahrscheinlichkeit eines Freispruchs, falls das Verfahren durchgeführt werden würde. Das Gesetz verlangt damit eine nur hypothetische Schuldbeurteilung.[72] Es muss mit Wahrscheinlichkeit anzunehmen sein, dass die Schuld des Täters als gering anzusehen wäre. Die Strafsache muss damit nicht weiter aufgeklärt werden, als es für diese Prognose notwendig ist.

115 Nun zur Frage, wann das öffentliche Interesse an der Strafverfolgung fehlt. Dass die Schuld des Beschuldigten gering ist oder als gering anzusehen wäre, heißt noch lange nicht, dass die

68 MüKoStPO/Kölbel § 172 Rn. 24 mwN.

69 Die Grenze ist dort zu ziehen, wo der Beschwerdeführer mit seiner Beschwerde ein prozessual unmögliches Ziel verfolgt. Wegen des Umdeutungsgebotes wird übrigens in Schleswig-Holstein seit vielen Jahren aus Kostengründen darauf verzichtet, Bescheide mit Postzustellungsurkunde zu versenden, um den Zeitpunkt des Zugangs beweisen zu können. Dass damit uU zugunsten der jeweiligen Beschwerdeführer mangels Aufklärbarkeit einige Vorschaltbeschwerden als zulässig angesehen werden müssen, die es möglicherweise gar nicht sind, wird dabei hingenommen. Dabei mag eine Rolle spielen, dass Klageerzwingungsanträge ähnlich strengen formellen Voraussetzungen unterworfen sind wie Revisionsbegründungen wegen Verletzung formellen Rechts und häufig aus anderen Gründen erfolglos sind.

70 Meyer-Goßner/Schmitt/Schmitt StPO § 153 Rn. 4 mit umfangreichen weiteren Nachweisen.

71 Meyer-Goßner/Schmitt/Schmitt StPO § 153 Rn. 3. AA, wenn auch völlig praxisfern: Vogler ZStW 89 (1977), 761 (785).

72 BVerfGE 82, 106 (116) = NJW 1990, 2741.

Tat nicht angeklagt werden könnte, zB aus Gründen der Spezial- oder Generalprävention.[73] Umgekehrt kann anerkanntermaßen das öffentliche Verfolgungsinteresse durch Zeitablauf zwischen der Tat und ihrer Entdeckung (oder ihrer Aburteilung) verringert werden.[74] Auch das fehlende Strafverfolgungsinteresse des Opfers der Tat kann sich entsprechend auswirken. Eine eindeutige Definition für das öffentliche Verfolgungsinteresse gibt es nicht. Die Frage ist immer einzelfallabhängig zu entscheiden.

Stimmt das für die Eröffnung des Hauptverfahrens zuständige Gericht – also regelmäßig der Strafrichter und nicht etwa der Ermittlungsrichter – zu, kann das Verfahren eingestellt werden. Zuvor müssen die Akten also dem Gericht mit dem Antrag zugesandt werden, „der hier beabsichtigten Einstellung gem. § 153 I 1 StPO aus folgenden Gründen zuzustimmen: …“. Erst wenn das Gericht dem zustimmt, gestattet § 153 I 1 StPO die Einstellung des Ermittlungsverfahrens. **116**

Die Einholung der gerichtlichen Zustimmung ist aber nicht immer nötig. § 153 I 2 StPO bestimmt, dass es der Zustimmung des Gerichtes nicht bedarf bei einem Vergehen, das nicht mit einer im Mindestmaß erhöhten Strafe bedroht ist und bei dem die durch die Tat verursachten Folgen gering sind. Kommen also zu den aus S. 1 bekannten Voraussetzungen Vergehen, geringe Schuld und fehlendes Verfolgungsinteresse nun noch das Fehlen einer im Mindestmaß erhöhen Strafe[75] und geringe Folgen hinzu, ist eine Zustimmung des Gerichtes vor der Einstellung entbehrlich. **117**

Ob die durch die Tat verursachten Folgen gering sind, richtet sich in erster Linie nach dem real entstandenen Schaden. Die Grenze wird meist bei ca. 50 EUR gezogen.[76] Bei abstrakten Gefährdungsdelikten ist die Beurteilung schwieriger, da hier oft kein materieller Schaden entstanden ist. Hier hilft nur eine genaue Prüfung am Einzelfall.

§ 153 I 2 StPO ist damit die zweite Einstellungsmöglichkeit, die § 153 StPO bietet. Da beide Varianten verschiedene Voraussetzungen haben, sollten Sie stets genau zitieren, um Missverständlichkeiten aus dem Weg zu gehen.

Exkurs: Öffentliches und besonderes öffentliches Interesse an der Strafverfolgung

§ 153 I 2 StPO ist häufig bei Bagatellfällen des Diebstahls, der Unterschlagung, des Betruges, der Leistungserschleichung und der Untreue zu prüfen. Hier liegt eine gedankliche Falle, die es zu meistern gilt. Sie ergibt sich aus § 248a StGB, der in all diesen Fällen anwendbar ist. Nach dieser Vorschrift werden diese Gesetzesverletzungen nur auf (Straf-)Antrag verfolgt, es sei denn, dass die Strafverfolgungsbehörde wegen des besonderen öffentlichen Interesses an der Strafverfolgung ein Einschreiten von Amts wegen für geboten hält. **118**

Wird durch diese Taten also ein Schaden verursacht, der (im Unterschied zu der Wertgrenze bei § 153 StPO) unter 25 EUR liegt,[77] ist ein schriftlicher Strafantrag Verfahrensvoraussetzung. Die oben genannten Vermögensdelikte werden damit zu Antragsdelikten. Im Unterschied zu echten Antragsdelikten wie zB der Beleidigung oder des Hausfriedensbruches kann hier der fehlende Strafantrag durch die Bejahung des besonderen öffentlichen Interesses an der Strafverfolgung überwunden werden. Ist dies möglich, spricht man von einem relativen Antragsdelikt. **119**

73 Meyer-Goßner/Schmitt/Schmitt StPO § 153 Rn. 7; aM K. Meyer GA 1997, 404 (414 f.).

74 BGH NStZ 1997, 543 (544).

75 Eine Strafe ist im Mindestmaß erhöht, wenn ein Strafrahmen vorgeschrieben ist, der über den Mindeststrafrahmen der §§ 38 II, 40 I StGB liegt. Im Mindestmaß erhöht ist die Strafe zB bei § 243 StGB („Freiheitsstrafe von drei Monaten bis zu zehn Jahren“), nicht dagegen bei § 242 StGB („Freiheitsstrafe bis zu fünf Jahren oder Geldstrafe“).

76 Dem liegt der Gedanke zugrunde, dass die Grenze der Geringfügigkeit ungefähr dem Netto-Tagesverdienst eines durchschnittlichen Arbeiters entsprechen soll (!), vgl. Meyer-Goßner/Schmitt/Schmitt StPO § 153 Rn. 17.

77 Hier wird zurzeit etwa die Grenze der Geringwertigkeit gezogen, vgl. BGH BeckRS 2016, 10103 Rn. 3. Fischer StGB § 248a Rn. 3 a.

120 Ist also bei einem relativen Antragsdelikt Strafantrag gestellt worden, kommt es auf das besondere öffentliche Interesse nicht an. Fehlt umgekehrt in diesem Fall das („einfache") öffentliche Interesse an der Strafverfolgung, kommt eine der Formen des § 153 StPO in Betracht (sofern es sich nicht um ein Privatklagedelikt handelt). Was aber, wenn kein Strafantrag gestellt worden ist? Dann stellt sich die Frage, ob ein besonderes öffentliches Interesse an der Strafverfolgung besteht. Dabei gilt der Grundsatz, dass das öffentliche Interesse im besonderen öffentlichen Interesse enthalten ist, dass Letzteres über das einfache öffentliche Interesse hinausgeht und ein Mehr darstellt. Das bedeutet, dass es widersprüchlich wäre, auf der einen Seite wegen des besonderen öffentlichen Interesses ein Einschreiten vom Amts wegen für geboten zu erachten, auf der anderen Seite aber wegen fehlendem öffentlichen Interesse an der Strafverfolgung eine Einstellung gem. § 153 StPO zu erwägen. Fehlt also das besondere öffentliche Interesse und ist auch kein Strafantrag gegeben, kann die Tat nicht verfolgt werden. Es besteht ein Verfahrenshindernis. Die Verurteilung in einer Hauptverhandlung ist damit nicht möglich und die korrekte Einstellungsnorm wäre § 170 II StPO, nicht etwa § 153 StPO.

121 Wonach bestimmt sich nun, ob ein besonderes öffentliches Interesse an der Strafverfolgung besteht? Meyer-Goßner/Schmitt verweisen bei § 248a StGB auf § 230 StGB, worin eine entsprechende Regelung für Körperverletzungsdelikte enthalten ist. Der dortigen Kommentierung kann man entnehmen, dass das besondere öffentliche Interesse nach Auffassung der Strafverfolgungsbehörden vorliegen muss und dass das Gericht das besondere öffentliche Interesse nicht seinerseits nachprüfen darf (mit der Folge, dass bei dessen Bejahung durch die Staatsanwaltschaft, aber Verneinung durch das Gericht kein Einstellungsurteil wegen Verfahrenshindernisses gem. § 260 III StPO möglich ist). Auch muss die StA sein Vorliegen nicht ausführlich begründen, es genügt die formlose Erklärung. Diese ist auch im Verwaltungsrechtsweg nicht überprüfbar. Nach der Rspr. wird durch die Anklageerhebung wegen eines relativen Antragsdelikts konkludent sowohl das öffentliche als auch das besondere öffentliche Interesse bejaht, auch wenn es an einer ausdrücklichen Erklärung fehlt.[78]

Aber wie definiert sich das besondere öffentliche Interesse nun? Die Kommentierung scheint hierzu zu schweigen. Nähere Ausführungen sind aber auch nicht nötig, denn hierzu gibt es die RiStBV.

122 • **Die RiStBV**

Sehen Sie sich einmal die Kommentierung im Fischer zu § 230 StGB an. Schlagen Sie den Gesetzestext auf. Die Überschrift lautet „Strafantrag". Jetzt schauen Sie in derselben Zeile einmal auf den rechten Rand. Ist Ihnen schon mal aufgefallen, was dort steht? Da steht „RiStBV 234".

Die Abkürzung steht für „Richtlinien für das Strafverfahren und das Bußgeldverfahren". Es handelt sich um untergesetzliche Vorschriften, die für den Bund und die einzelnen Länder einheitlich von den Justizministern/-senatoren und den Innenministern/-senatoren erlassen worden sind und die Grundsätzliches zur Bearbeitung von Straf- und Bußgeldsachen regeln. Sie sind im Anhang des Meyer-Goßner/Schmitt abgedruckt. Machen Sie sich die Mühe, schlagen Sie diese auf und sehen Sie sich die Regelungen einmal genauer an.

123 Nr. 234 I RiStBV erklärt, dass ein besonderes öffentliches Interesse an der Verfolgung von Körperverletzungen dann anzunehmen ist, wenn der Täter einschlägig vorbestraft ist, roh oder besonders leichtfertig gehandelt hat, durch die Tat eine erhebliche Verletzung verursacht wurde oder dem Opfer wegen seiner persönlichen Beziehung zum Täter nicht zugemutet werden kann, Strafantrag zu stellen und die Strafverfolgung ein gegenwärtiges Anliegen der Allgemeinheit ist. Andererseits soll Beachtung finden, wenn der Verletzte auf Bestrafung keinen Wert legt. Hier wird also für den Bereich der Körperverletzung das besondere öffentliche Interesse legal definiert.

Verweise auf die RiStBV wie bei § 230 StGB sind sowohl im Fischer als auch im Meyer-Goßner/Schmitt bei einer Vielzahl von Vorschriften zu finden. Wenn Sie mal nicht weiter wissen, lohnt in jedem Fall ein Blick in die RiStBV. Sie können, dürfen und sollen sogar im schriftlichen Examen zitiert werden, was dort eine besondere Praxisnähe des Prüflings demonstrieren kann.

---

78 BGH BeckRS 2016, 07303; maßgebend ist, ob sich aus dem Verfahrensverlauf ergibt, ob die StA das besondere öffentliche Interesse mitgeprüft hat. Das ist nicht der Fall, wenn sich das Erfordernis des besonderen öffentlichen Interesses erst nach Anklageerhebung ergibt oder die StA das Erfordernis möglicherweise übersehen hat, vgl. BGH NStZ-RR 2013, 349; BeckRS 2016, 10103. S. für die konkludente Bejahung durch Beantragung eines Strafbefehls OLG Düsseldorf BeckRS 2003, 30311729; für die konkludente Bejahung durch Antrag auf Verurteilung im Schlussvortrag BayObLG NJW 1990, 461.

• **Privatklagedelikte** 124

Im Zusammenhang mit dem öffentlichen Interesse an der Strafverfolgung sind noch die Privatklagedelikte zu nennen. Um welche Delikte es sich dabei handelt, ergibt sich aus § 374 StPO. Hier sehen Sie, dass es sich bei dieser Art von Delikten nicht etwa um etwas anderes als Antragsdelikte handelt, sondern dass dort sowohl absolute (Abs. 1 Nr. 1) als auch relative (Abs. 1 Nr. 4) Antragsdelikte aufgeführt sind. Bei dieser Art von Straftaten hat der Gesetzgeber entschieden, dass es grundsätzlich dem Verletzten zuzumuten ist, sein Interesse an der Bestrafung des Täters selbst im Wege der Privatklage durchzusetzen. Die Staatsanwaltschaft soll dagegen die öffentliche Klage gem. § 376 StPO nur dann erheben, wenn dies im – Sie haben es erraten – öffentlichen Interesse liegt.

Wann dies der Fall ist, ergibt sich unter anderem aus Nr. 86, 87, 172, 229–235 RiStBV (auf die Meyer-Goßner/Schmitt wieder verweisen). Verneint der Staatsanwalt das öffentliche Interesse an der Strafverfolgung und stellt damit ein Verfahrenshindernis fest, stellt er das Verfahren gem. § 170 II iVm §§ 374, 376 StPO ein und verweist den Antragsteller auf den Privatklageweg. Sollte kein Strafantrag gestellt worden sein, ist dies natürlich nicht nötig und es bleibt bei der Einstellung wegen eines Verfahrenshindernisses.

Zusammenfassend zum Themenkreis „öffentliches Interesse und besonderes öffentliches Interesse" ist festzustellen:

Fehlt bei Offizialdelikten das öffentliche Interesse an der Strafverfolgung, kommt § 153 StPO in 125
Betracht. Handelt es sich dagegen um ein Privatklagedelikt, ist der Antragsteller auf den Privatklageweg zu verweisen und das Verfahren gem. § 170 II iVm §§ 374, 376 StPO einzustellen. Geht es dagegen um ein relatives Antragsdelikt und fehlt der Strafantrag, ist nach dem besonderen öffentlichen Interesse zu fragen. Fehlt dieses, besteht ein Verfahrenshindernis, was zu einer Einstellung gem. § 170 II StPO führt. In jedem Fall gilt: Nähere Auskünfte erteilen die RiStBV.

Zurück zu § 153 StPO. Diese Norm enthält noch eine weitere Einstellungsmöglichkeit, und 126
zwar in Abs. 2. Ist hiernach die Klage bereits erhoben, kann das Gericht in jeder Lage des Verfahrens unter den Voraussetzungen des Abs. 1 mit Zustimmung der Staatsanwaltschaft und des Angeschuldigten das Verfahren einstellen. Der diesbezügliche Einstellungsbeschluss ist (durch den Verletzten) nicht anfechtbar.

Ist also die öffentliche Klage erhoben und befindet sich die Strafsache im Zwischen- oder im Hauptverfahren, kann immer noch eine Einstellung gem. § 153 II StPO erfolgen.

Insbesondere in der Hauptverhandlung wird von dieser Möglichkeit gern Gebrauch ge- 127
macht, wenn sich erhebliche Zweifel hinsichtlich eines Schuldspruchs ergeben. Gericht und StA flüchten sich dann gerne in eine Einstellung gem. § 153 II StPO, um einem Freispruch zu entgehen. Dass dies nicht richtig sein kann, ergibt sich daraus, dass § 153 StPO in jeder Form zumindest die Möglichkeit des Schuldspruchs voraussetzt. Grundsätzlich sollte nach Erhebung der öffentlichen Klage von § 153 II StPO nur dann Gebrauch gemacht werden, wenn weitere Anhaltspunkte zu Tage treten, die bei Klageerhebung noch nicht bekannt gewesen sind und die nunmehr die Einstellung gebieten, denn der Verfasser der Anklageschrift wird im Rahmen der Entschließung gem. § 170 StPO in der Regel auch die Frage einer Opportunitätsentscheidung geprüft – und verneint – haben.[79]

Weitere Voraussetzungen dieser Einstellungsform sind die Zustimmung der Staatsanwalt- 128
schaft und des Angeschuldigten/Angeklagten. Dass die Staatsanwaltschaft zustimmen muss, ist klar und rechtfertigt sich aus der Unanfechtbarkeit des gerichtlichen Einstellungsbeschlusses. Aber auch der Angeschuldigte/Angeklagte muss zustimmen. Mit Erhebung der öffentlichen Klage und entsprechender Eröffnung des Hauptverfahrens durch das Gericht hat er nämlich den Anspruch auf ein gegebenenfalls freisprechendes Urteil erworben. Da einer

79 Nach der Rspr. führt eine Einstellung gem. § 153 II StPO entsprechend dem Rechtsgedanken des § 153a I 5 StPO (dazu gleich) zu einem beschränkten Strafklageverbrauch, sodass ein erneutes Aufgreifen des Verfahrens nur dann gerechtfertigt ist, wenn sich die Tat nachträglich als Verbrechen darstellt: BGH NStZ 2004, 2018; aA Meyer-Goßner/Schmitt/Schmitt StPO § 153 Rn. 37f.

Einstellung gem. § 153 II StPO häufig der *Hautgout* eines Freispruchs zweiter Klasse anhaftet, kann er auf einem Sachurteil bestehen, das ihn von den Anklagepunkten freispricht.

Zusammenfassend ist festzustellen, dass § 153 StPO drei verschiedene Einstellungsmöglichkeiten beinhaltet. Die beiden in Abs. 1 enthaltenen Möglichkeiten betreffen Einstellungen im Ermittlungsverfahren, Abs. 2 dagegen Einstellungen nach Erhebung der öffentlichen Klage.

c) § 153a StPO

129 Nun zu § 153a StPO. Gemäß Abs. 1 kann die StA mit Zustimmung des für die Eröffnung des Hauptverfahrens zuständigen Gerichts und des Beschuldigten bei einem Vergehen vorläufig von der Erhebung der öffentlichen Klage absehen und dem Beschuldigten zugleich Auflagen und Weisungen erteilen, wenn diese geeignet sind, das öffentliche Interesse an der Strafverfolgung zu beseitigen und die Schwere der Schuld nicht entgegensteht.

Als Auflagen und Weisungen werden beispielhaft aufgezählt („kommen insbesondere in Betracht") die Wiedergutmachung des Schadens, die (praktisch häufigste Form) Zahlung eines Geldbetrages zugunsten einer gemeinnützigen Einrichtung oder der Staatskasse, Erbringung gemeinnütziger Leistungen, Zahlung von Unterhalt (bedeutsam insbesondere bei § 170 StGB), die Durchführung eines Täter-Opfer-Ausgleichs oder dessen Erstreben sowie das Besuchen eines Aufbauseminars gemäß dem StVG.

130 Bei Lichte betrachtet hat § 153a I StPO fast die gleichen Voraussetzungen wie § 153 I StPO, wobei hinsichtlich der Schuld hier auch gewichtigere Fälle in Betracht kommen.[80] Ein Unterschied ist, dass bei § 153 StPO das öffentliche Interesse an der Strafverfolgung fehlt, welches in Fällen des § 153a StPO gegeben ist, aber durch die Erfüllung von Auflagen/Weisungen kompensiert werden kann. Hinzu kommt: § 153a StPO setzt im Gegensatz zu § 153 StPO („wäre") einen hinreichenden Tatverdacht voraus.

Dass die Kompensation des öffentlichen Interesses an der Strafverfolgung durch Erfüllung von Auflagen oder Weisungen nicht ohne die Mitwirkung des Beschuldigten oder gar gegen dessen Willen durchgesetzt werden kann, versteht sich von selbst, weshalb seine Zustimmung unabdingbar ist. Auch die Notwendigkeit der gerichtlichen Zustimmung kennen wir bereits aus § 153 I 1 StPO.

Der Staatsanwalt muss also, will er den Weg des § 153a I 1 StPO beschreiten, im Schriftwege die Zustimmung des Gerichts und des Beschuldigten einholen. Liegen beide Zustimmungen vor, stellt er das Ermittlungsverfahren **vorläufig** ein und setzt dem Beschuldigten zur Erfüllung der Auflagen/Weisungen eine Frist, die sechs Monate nicht überschreiten darf, soweit es sich nicht um die Auflage der Unterhaltszahlung handelt. Die Frist darf in letzterem Fall ein Jahr betragen. Die nachträgliche Aufhebung oder Änderung der Auflagen/Weisungen ist möglich, ebenso eine einmalige Verlängerung der Frist um 3 Monate.

131 Das Besondere an dieser Vorschrift zeigt sich in Abs. 1 S. 5 StPO. Erfüllt nämlich der Beschuldigte die Auflagen und Weisungen, stellt die Staatsanwaltschaft das Verfahren **endgültig** ein. Die Tat kann dann nicht mehr als Vergehen verfolgt werden. Es tritt damit ein partieller Strafklageverbrauch bezüglich aller weiteren Vergehen innerhalb dieser prozessualen Tat ein. Etwas anderes gilt nur dann, wenn sich später herausstellt, dass dieselbe prozessuale Tat ein Verbrechen darstellt. In diesem Fall können trotz endgültiger Einstellung des Verfahrens die Ermittlungen wieder aufgenommen und der öffentlichen Klage zugeführt werden.

Ein Beispiel: A und B sind hinreichend verdächtig, gemeinsam auf den C eingeschlagen zu haben (§§ 224 I Nr. 4, 25 II StGB). Da sie bislang nicht strafrechtlich in Erscheinung getreten sind, wird das Verfahren mit Zustimmung der Beschuldigten und des Gerichtes gem. § 153a I 1 StPO gegen Zahlung einer Geldauflage endgültig eingestellt. Zwei Jahre später stellt sich heraus, dass infolge der Misshandlungen der rechte Arm des C gelähmt bleiben wird. Die Tat stellt nun ein Verbrechen dar (§§ 226 I Nr. 2, 25 II StGB). Trotz

80 Meyer-Goßner/Schmitt/Schmitt StPO § 153a Rn. 7.

der endgültigen Einstellung können die Ermittlungen wieder aufgenommen werden. A und B werden angeklagt und zu Bewährungsstrafen verurteilt, wobei die zuvor gezahlten Geldauflagen strafmildernd berücksichtigt werden.

§ 153a I StPO enthält aber noch mehr. Am Ende des Absatzes ist nämlich erwähnt, dass in den Fällen des S. 2 Nr. 1–5 die Vorschrift des § 153 I 2 StPO entsprechend gilt. Wir erinnern uns: Die Staatsanwaltschaft benötigt die Zustimmung des Gerichtes nicht, wenn es um eine Straftat geht, die nicht mit im Mindestmaß erhöhter Strafe bedroht ist und die durch die Tat verursachten Folgen gering sind. Gleiches gilt also auch bei § 153a I StPO. 132

Doch nicht genug der Parallelen: Ist gem. Abs. 2 der Vorschrift die Klage bereits erhoben, kann das Gericht mit Zustimmung der StA und des Angeschuldigten/Angeklagten das Verfahren bis zum Ende der Hauptverhandlung, in der die tatsächlichen Feststellungen letztmals geprüft werden können, vorläufig einstellen und die Auflagen und Weisungen iSd Abs. 1 aussprechen. Die Entscheidung ergeht durch unanfechtbaren Beschluss. § 153a StPO kann also wie § 153 StPO auch nach Anklageerhebung angewandt werden. 133

Wir können festhalten: Wie bei § 153 StPO ergeben sich aus § 153a StPO drei verschiedene Einstellungsmöglichkeiten. Der Unterschied zu § 153 StPO ist das Vorliegen des hinreichenden Tatverdachts und das – hier – gegebene öffentliche Interesse an der Strafverfolgung, welches durch die Erfüllung von Auflagen/Weisungen kompensiert wird. 134

d) § 153b StPO

Gemäß § 153b StPO kann die StA mit Zustimmung des für die Hauptverhandlung zuständigen Gerichts von der Erhebung der öffentlichen Klage absehen, wenn die Voraussetzungen vorliegen, unter denen das Gericht von Strafe absehen kann. Der häufigste Anwendungsfall dieser Vorschrift ergibt sich dabei aus § 60 StGB. Das Gericht sieht hiernach von Strafe ab, wenn die Folgen der Tat, die den Täter getroffen haben, so schwer sind, dass die Verhängung einer Strafe offensichtlich verfehlt wäre und der Täter nicht eine Freiheitsstrafe von mehr als einem Jahr verwirkt hat. 135

Hierzu ein Beispielsfall, der sich so tatsächlich zugetragen hat: A ist 21 Jahre alt und stolzer Besitzer eines 8 Jahre alten BMW. Da A Geldsorgen plagen, beschließt er, sich von seinem Auto, welches von ihm liebevoll getunt worden ist, zu trennen. Dummerweise erfolgen auf seine Inserate keine Anfragen potentieller Käufer. Darauf beschließt A, seinen Wagen auf andere Weise zu Geld zu machen. Er fährt mit dem Pkw auf einen einsamen Feldweg und schlägt sein Auto mittels eines von ihm mitgebrachten Vorschlaghammers selbst zusammen, sodass an dem Wagen Totalschaden entsteht. Anschließend meldet er das Gefährt fälschlich als gestohlen und zeigt den Fall seiner Versicherung an, um von dieser den Zeitwert des Wagens zu erschwindeln. Dummerweise hatte er vergessen, dass sein Wagen über eine Wegfahrsperre verfügte, an der ersichtlich nicht manipuliert worden war. Auch unterließ er es, sonstige Aufbruchspuren zu fingieren. Kurz gesagt, der Schwindel fliegt auf. A ist bald darauf geständig. Er ist jetzt endgültig mittellos und hat auch noch seinen Wagen eingebüßt. Mehr noch, es kommen jetzt die Entsorgungskosten auf ihn zu.

In diesem Fall, der ein eindrucksvoller Beleg dafür ist, wie dumm manche Straftäter vorgehen können, hatte sich der Beschuldigte derart selbst geschädigt, dass mit Zustimmung des Strafrichters guten Gewissens eine Einstellung gem. § 153b StPO iVm § 60 StGB hat erfolgen können.

Besonders häufig kommt § 153b StPO zur Anwendung, wenn durch die Tat des Beschuldigten ausschließlich enge Angehörige in Mitleidenschaft gezogen wurden. 136

Hierzu ein weiterer Original-Beispielsfall: A ist Landwirt und Vater eines siebenjährigen Jungen namens B. Zur Zeit der Heuernte versucht der kleine Junge, seinem Vater auf dem Feld zu helfen, wohin beide mit dem Traktor nebst Anhänger gefahren waren. Auf dem Rückweg fährt der Junge wieder auf dem Anhänger und den darauf gestapelten Heuballen mit. Weil der Untergrund auf dem Feld holprig ist, fällt der Junge vom Anhänger herunter und zwischen Traktor und Hänger hindurch auf die Erde. Das rechte hintere Rad des Anhängers überrollt den Kopf des Jungen, der hierdurch einen schweren Schädelbruch erleidet. Das Kind fällt in ein siebenwöchiges Koma, aus dem er aber wie durch ein Wunder wieder erwacht. B erholt sich vollständig von den Verletzungen. Das Ermittlungsverfahren wegen fahrlässiger Körperverletzung ist gem. § 153b StPO eingestellt worden. Zwar wäre hier auch die Verneinung des besonderen öffentlichen Interesses[81] an der Strafverfolgung denkbar gewesen, infolge der grob fahrlässigen Handlungsweise des A ist dessen Fehlen aber schwerlich zu begründen gewesen.

Eine vergleichbare Vorschrift für Fälle tätiger Reue stellt übrigens § 153e StPO dar.

e) § 154 StPO

137 Neben § 153 StPO und § 153a StPO stellt § 154 StPO den dritten „klassischen" Fall der Opportunitätseinstellung dar. Etwas ungelenk wird in Abs. 1 bestimmt, dass die Staatsanwaltschaft von der Verfolgung einer Tat absehen kann, wenn die Strafe oder Maßregel der Besserung und Sicherung, zu der die Verfolgung führen kann, neben einer Strafe oder Maßregel der Besserung und Sicherung, die gegen den Beschuldigten wegen einer anderen Tat rechtskräftig verhängt worden ist oder die er wegen einer anderen Tat zu erwarten hat, nicht beträchtlich ins Gewicht fällt (Nr. 1). Entsprechendes gilt (Nr. 2), wenn ein Urteil wegen dieser Tat in angemessener Frist nicht zu erwarten ist und eine Strafe oder Maßregel der Besserung und Sicherung, die gegen den Beschuldigten rechtskräftig verhängt worden ist oder die er zu erwarten hat, zur Einwirkung auf den Täter und zur Verteidigung der Rechtsordnung ausreichend erscheint.

138 Damit ist Folgendes gemeint: Ist gegen den Beschuldigten ein anderes Ermittlungs- oder Strafverfahren anhängig oder ist er sogar bereits verurteilt worden, kann das Ermittlungsverfahren eingestellt werden, wenn ein nennenswertes Mehr gegenüber der anderen Strafe oder Maßregel nicht zu erwarten ist. Umgangssprachlich formuliert: Die hiesige Sache darf den „Kohl nicht fett machen". Ist der Beschuldigte also einer Körperverletzung verdächtig, in anderer Sache wird aber wegen eines Verbrechens gegen ihn ermittelt (oder er ist sogar rechtskräftig verurteilt worden), kann gem. § 154 I StPO eingestellt werden. Anders als §§ 153 ff. StPO ist § 154 StPO nicht auf Vergehen beschränkt. Auch Verbrechen können gem. § 154 StPO behandelt werden, auch wenn dies selten in Erwägung gezogen werden wird.

139 Gemäß Abs. 2 kann auch nach Erhebung der öffentlichen Klage das Verfahren in jeder Lage eingestellt werden. Hier ergibt sich im Vergleich mit den anderen Einstellungsvorschriften §§ 153 f. StPO ein Muster: Abs. 1 betrifft immer das Ermittlungsverfahren, Abs. 2 die späteren Verfahrensstadien.[82] Im Unterschied zu § 153 II StPO ist hier jedoch die Einstellung nicht an eine Zustimmung des Angeschuldigten/Angeklagten gebunden. Dieser kann sich gegen die Entscheidung nicht wehren. Die Möglichkeit der Wiederaufnahme des Verfahrens und die hierfür geltende Frist sind in Abs. 4 geregelt.

140 Natürlich hat auch § 154 StPO seine Grenzen. Nehmen wir an, A ist wegen Körperverletzung (Ohrfeige) angezeigt worden, angeblich begangen am 1.4.2023. Es stellt sich heraus, dass A am 2.5.2023 wegen gefährlicher Körperverletzung zu einer Freiheitsstrafe von einem Jahr verurteilt worden ist, bei der die Vollstreckung der Strafe zur Bewährung ausgesetzt worden ist. Die neue Sache fällt bezüglich der bereits rechtskräftig entschiedenen nicht beträchtlich ins Gewicht, sodass das Verfahren gem. § 154 I StPO eingestellt werden könnte. Was aber, wenn die Ohrfeige nicht am 1.4., sondern am 1.6.2023 stattfand? Zwar ergibt noch immer ein Vergleich der ausgesprochenen mit der zu erwartenden Strafe ein Ungleichgewicht, jedoch könnte eine neue Verurteilung dazu führen, dass die Bewährung in der alten

81 Ein Strafantrag ist nicht gestellt worden und es handelt sich bei der fahrlässigen Körperverletzung um ein relatives Antragsdelikt, vgl. § 230 I StGB.

82 Auch die Einstellung nach § 154 II StPO führt nach der Rspr. wie bei § 153a I 5 StPO zu einem partiellen Strafklageverbrauch: BGHSt 54, 1 = NJW 2009, 2548.

Sache verlängert oder widerrufen werden wird. In diesem Fall wäre ein Vorgehen gem. § 154 I StPO verfehlt.

Unrichtig ist es übrigens, ein Verfahren gem. § 154 I StPO vorläufig im Hinblick auf ein noch offenes Verfahren einzustellen, um nach dessen Abschluss das Verfahren dann endgültig einzustellen. Vorläufige und endgültige Einstellungen gem. § 154 StPO kennt das Gesetz nicht.[83] Es gibt sie nur bei § 153a StPO. Zwar wird in § 154 II und III StPO das Wort „vorläufig" verwendet, dies meint jedoch nur „vor rechtskräftiger Entscheidung durch Urteil". Außerdem wird hierdurch ausgedrückt, dass das Verfahren wieder aufgenommen werden kann (vgl. Abs. 3).[84] Enthalten Sie sich also jeder Formulierung, die im Zusammenhang mit § 154 StPO das Wort „vorläufig" verwendet. 141

f) § 154d StPO

Nicht immer ist die Rechtslage, die einem Strafverfahren zugrunde liegt, offensichtlich. Manchmal kann es so kompliziert werden, dass sich der Dezernent mit der rechtlichen Einordnung verschiedener Sachverhalte überfordert fühlt. Hier kann § 154d StPO helfen. Hängt hiernach die Erhebung der öffentlichen Klage wegen eines Vergehens von der Beurteilung einer Frage ab, die nach bürgerlichem Recht oder nach Verwaltungsrecht zu beurteilen ist, so kann die Staatsanwaltschaft zur Austragung der Frage im bürgerlichen Streitverfahren oder im Verwaltungsverfahren eine Frist bestimmen. Hiervon hat sie den Antragsteller zu benachrichtigen. Nach fruchtlosem Ablauf kann sie dann das Verfahren einstellen. 142

Das bedeutet aber noch lange nicht, dass jedes Verfahren sofort eingestellt werden kann, wenn sich Antragsteller und Beschuldigter zB über Eigentumsverhältnisse uneins sind. Nicht jede offene extern-rechtliche Frage rechtfertigt eine Einstellung gem. § 154d StPO.[85] Der Sinn der Vorschrift ist Folgender: Die Staatsanwaltschaft soll nicht durch Strafanträge gezwungen werden, über komplizierte Vorgänge, die in erster Linie zivil- oder verwaltungsrechtliche Bedeutung haben, schwierige Beweiserhebungen durchzuführen, wenn es dem Antragsteller in erster Linie darauf ankommt, das Strafverfahren als Druckmittel auf einen Gegner oder zur Vorbereitung eines anderen Verfahrens zu benutzen.[86] Dabei ist der Anwendungsbereich des § 154d StPO nicht nur auf zivil- und verwaltungsrechtliche Vorfragen beschränkt. Stellen sich schwierige entscheidungsrelevante Vorfragen aus anderen Rechtsgebieten, ist § 154d StPO auch analog anwendbar. In geeigneten Fällen darf die Staatsanwaltschaft ihre Entscheidung gem. § 170 StPO (ob öffentliche Klage zu erheben ist oder nicht) bis zum rechtskräftigen Abschluss eines anderen Verfahrens zurückstellen.[87] 143

Dem Antragsteller wird aufgegeben, binnen einer Frist die Rechtsfrage gerichtlich klären zu lassen. Kommt er dem nach, kann das dadurch gewonnene Ergebnis im Ermittlungsverfahren fruchtbar gemacht werden, nachdem die Ermittlungen wieder aufgenommen worden sind. Anderenfalls ist es gestattet, das Verfahren einzustellen. 144

In praktischer Hinsicht stellt übrigens § 154d StPO einen „kleinen § 170 II StPO" dar. Unproblematisch sind die Fälle, in denen trotz Aufforderung durch die StA keine Klage erhoben wird. Wird sie es aber doch, so enden die wenigsten Fälle mit einem Anerkenntnisurteil. Nur dann kann im Ernstfall die Klage für das Strafverfahren nutzbar gemacht werden. Meist werden sich die Parteien aber gerade über die Frage streiten, um die es auch im Strafverfahren geht. Dabei wird der Beklagte, der in der Regel auch Beschuldigter ist, sich gegen den Sach- und Rechtsvortrag des Antragstellers eingehend verteidigen. Hieraus kann der Staatsanwalt entnehmen, dass sich der Beschuldigte subjektiv im Recht wähnte, mag er es

83 Meyer-Goßner/Schmitt/Schmitt StPO § 154 Rn. 17.

84 S. auch Meyer-Goßner/Schmitt/Schmitt StPO § 154 Rn. 15.

85 Zumal es sich bei Staatsanwälten um Beamte mit Befähigung zum Richteramt handelt, also um Juristen mit vollumfänglicher Ausbildung auch im Zivil- und Verwaltungsrecht. Niemand hindert sie daran, derartige Fragen selbst einer Prüfung zu unterziehen.

86 Meyer-Goßner/Schmitt/Schmitt StPO § 154d Rn. 1.

87 § 154d StPO setzt damit nicht voraus, dass ein Streitverfahren zwischen Antragsteller und Beschuldigtem durchgeführt werden muss. Auch Rechtsstreite Dritter können für die Entscheidung von Bedeutung sein.

letztlich auch nicht gewesen sein. Das – insbesondere – bürgerliche Streitverfahren mag dann zwar die Klärung der offenen Rechtsfrage bringen, führt aber meist zu der Feststellung, dass der Beschuldigte unvorsätzlich handelte, weil er sich ja im Recht glaubte. Ergeht dagegen nur ein Versäumnisurteil, hilft dies letztlich gar nicht, da es sich nur um ein summarisches Streitverfahren handelt, bei dem der Sachvortrag des Klägers als wahr unterstellt wird. Hierdurch wird letztlich objektiv nichts geklärt.

g) § 154e StPO

145 Gemäß § 154e I StPO soll von der Erhebung der öffentlichen Klage wegen einer falschen Verdächtigung oder Beleidigung abgesehen werden, solange wegen der angezeigten oder behaupteten Handlung ein Straf- oder Disziplinarverfahren anhängig ist.

Der Sinn ist Folgender: Nehmen wir an, A stellt Strafantrag gegen B wegen Diebstahls. B erhält durch die Polizei rechtliches Gehör und weist brüsk alle Vorwürfe von sich. Er stellt vielmehr Gegenstrafantrag[88] wegen falscher Verdächtigung oder Beleidigung. Dieses zweite Verfahren kann gem. § 154e StPO bis zum Ausgang des Ursprungsverfahrens eingestellt werden, um Doppelermittlungen zu vermeiden.

Auch diesen Verfahren ist meist keine große Zukunft beschieden. Wie auch bei § 154d StPO kommt es in den seltensten Fällen tatsächlich zu einer Anklage. Endet das Ursprungsverfahren mit einer Verurteilung, sind die Ermittlungen in der neuen Sache wieder aufzunehmen und das Verfahren sodann gem. § 170 II StPO einzustellen. Wird das Ursprungsverfahren dagegen eingestellt, kommt es meist zu keiner vertieften Aufklärung der Tat. Dann wird man in der neuen Sache berücksichtigen müssen, dass sich der Beschuldigte bei der Stellung des Ursprungsstrafantrages im Recht wähnte, also unvorsätzlich handelte. Etwas anderes gilt in aller Regel nur dann, wenn die Ursprungssache mit einem Freispruch endet, denn dann hat der neue Strafantrag unter Umständen tatsächlich Aussicht auf Erfolg.

h) § 154f StPO

146 Nicht selten ist vom Beschuldigten keine ladungsfähige Anschrift bekannt oder er ist erkrankt und aus diesem Grund verhandlungsunfähig. Diese Fälle regelt § 154f StPO. Steht hiernach der Eröffnung oder Durchführung des Hauptverfahrens für längere Zeit die Abwesenheit des Beschuldigten oder ein anderes in seiner Person liegendes Hindernis entgegen, so kann die Staatsanwaltschaft das Verfahren durch Beschluss vorläufig einstellen, nachdem sie den Sachverhalt so weit wie möglich aufgeklärt und die Beweise gesichert hat.

Im Falle der Unauffindbarkeit wird sie meist daneben den Beschuldigten zur Aufenthaltsermittlung ausschreiben und einen entsprechenden Suchvermerk beim Bundeszentralregister niederlegen. Auch wird sie die Möglichkeiten eines Haftbefehls unter dem Gesichtspunkt des Haftgrundes der Flucht oder den hilfsweise anwendbaren § 132 StPO[89] (Sicherheitsleistung) prüfen.

i) §§ 45, 47 JGG

147 Die §§ 45, 47 JGG enthalten Einstellungsvorschriften, die in Verfahren gegen Jugendliche und Heranwachsende zusätzlich anwendbar sind.

Gemäß § 45 I JGG kann der Staatsanwalt ohne Zustimmung des Richters von der Verfolgung absehen, wenn die Voraussetzungen des § 153 StPO gegeben sind.

88 Oft fälschlicherweise als Gegenanzeige bezeichnet, da es dem Beschuldigten/Antragsteller anders als bei einer bloßen Strafanzeige gerade auf die Bestrafung des anderen ankommt.

89 In der Rechtsprechung wird übrigens uneinheitlich beurteilt, ob § 132 StPO auch für Deutsche ohne Wohnsitz im Inland oder nur für Ausländer gilt. ME ist nicht einzusehen, wieso man von dem ausländischen Beschuldigten Geld zur Sicherheit fordern kann, während man bei Deutschen auf den invasiveren Haftbefehl beschränkt ist, dessen Voraussetzungen aber seltener vorliegen. Hierdurch wird der Ausländer gegenüber dem Deutschen benachteiligt. AA LG Erfurt NStZ-RR 1996, 180.

Abs. 2 der Vorschrift bestimmt, dass von der Verfolgung abgesehen werden kann, wenn eine erzieherische Maßnahme bereits durchgeführt oder eingeleitet worden ist und der Staatsanwalt weder eine Beteiligung des Richters noch die Erhebung der Anklage für erforderlich hält. Dem steht das Bemühen des Jugendlichen gleich, einen Ausgleich mit dem Verletzten zu erreichen.

Gemäß Abs. 3 kann der Staatsanwalt aber auch die Erteilung einer Ermahnung, von Weisungen oder Auflagen durch den Jugendrichter anregen, wenn der Beschuldigte geständig ist (oder ein Geständnis zu erwarten ist) und der Staatsanwalt die Anordnung einer solchen Maßnahme für erforderlich hält, nicht aber die Erhebung der Anklage. Entspricht der Jugendrichter der Anregung, so sieht der Staatsanwalt (hinterher) von der Verfolgung ab.

Bei genauem Betrachten fällt auf, dass § 45 JGG viele Dinge regelt, die auch von §§ 153 ff., 148
154 StPO umfasst sind. Deutlich wird dies in Abs. 1, in dem direkt Bezug auf § 153 StPO genommen wird. Dagegen entspricht die Regelung in Abs. 3 (richterliche Ermahnung/Auflagen/Weisungen) in etwa dem Regelungsgehalt von § 153a StPO. Die bereits eingeleitete oder durchgeführte anderweitige erzieherische Maßnahme gem. Abs. 2 entspricht prinzipiell § 154 StPO.[90]

Ist bereits Anklage erhoben worden, gestattet § 47 I JGG dem Gericht, unter den gleichen Voraussetzungen das Verfahren einzustellen. § 47 I JGG entspricht damit den Abs. 2 der §§ 153 ff., 154 StPO.

Somit stellt sich die Frage des Verhältnisses der §§ 153 ff., 154 StPO und des §§ 45, 47 JGG 149
zueinander. Gehen die §§ 45, 47 JGG den Regeln der StPO als *leges speciales* vor?

Die Frage ist nicht etwa akademisch, sondern hat durchaus praktische Relevanz. Diese liegt im BZRG begründet. Nach den dortigen Vorschriften sind nämlich nicht nur rechtskräftige Verurteilungen in das Erziehungsregister aufzunehmen, sondern auch Einstellungen nach dem JGG. Dies kann dazu führen, dass ein jugendlicher Straftäter bereits mehrere Eintragungen im Erziehungsregister hat, von denen er aber nichts weiß, weil eine Einstellung gem. § 45 I JGG nicht voraussetzt, dass er von den Ermittlungen gegen ihn Kenntnis hat. Man könnte die Auffassung vertreten, dass die JGG-Vorschriften denen der StPO vorgehen. Die Praxis handhabt dies jedoch zum Teil anders.[91] Häufig wird diesem Problem so begegnet, dass insbesondere bei Ersttätern und bei leichten Straftaten, bei denen ein Eintrag in das Erziehungsregister vermieden werden sollte, § 153 StPO vorzuziehen ist. Erst im Wiederholungsfall sollte auf § 45 I JGG zurückgegriffen werden. Entsprechendes gilt für die übrigen Einstellungsmöglichkeiten.[92]

j) Der Sonderfall: § 154a StPO

Wie bereits oben habe, kann eine prozessuale Tat nur ein prozessuales Schicksal haben, 150
woraus sich ergibt, dass eine Teileinstellung innerhalb der prozessualen Tat nicht möglich ist.

Es kann aber durchaus sein, dass innerhalb einer prozessualen Tat mehrere Gesetzesverletzungen stattgefunden haben, die schwerere bereits durchermittelt ist, jedoch Zweifel an den übrigen leichteren Begleittaten bestehen.

> **Beispiel:** A und B begehen gemeinsam einen Wohnungseinbruchsdiebstahl. Dabei entwenden sie gemeinsam ein wertvolles Bild. Hinreichender Tatverdacht ist diesbezüglich gegeben. Im Laufe der Tat ist in der Wohnung aber auch diverses (herkömmliches) Porzellan zerschlagen worden, wobei nicht feststeht, welcher von beiden Beschuldigten hierfür verantwortlich ist.

90 Auf Abs. 1 und insbesondere Abs. 2 wird in letzter Zeit eine neue Einwirkungsmöglichkeit auf den jugendlichen Straftäter gestützt, die sich *Diversion* nennt, s. Eisenberg/Kölbel JGG § 45 Rn. 17 ff. Schulbuchfall ist der jugendliche Ladendieb, der auf frischer Tat gestellt und vom Polizisten nach Rücksprache mit dem zuständigen Jugendstaatsanwalt dazu angehalten wird, einen Tag lang den Laden des Verletzten auszufegen, um eine schnelle staatliche Reaktion zu zeigen.

91 Vgl. Eisenberg/Kölbel JGG § 45 Rn. 9.

92 Durch immer häufiger durchgeführte Diversionen scheint sich aber der Schwerpunkt in Richtung § 45 JGG zu bewegen.

Dass der Staatsanwalt in einem solchen Fall nicht weiterermitteln, sondern Anklage erheben will, liegt auf der Hand. § 154a I StPO hilft weiter. Fallen hiernach einzelne abtrennbare Teile einer Tat oder einzelne von mehreren Gesetzesverletzungen, die durch dieselbe Tat begangen worden sind, für die zu erwartende Strafe oder Maßregel der Besserung und Sicherung oder neben einer Strafe oder Maßregel der Besserung und Sicherung, die gegen den Beschuldigten wegen einer anderen Tat rechtskräftig verhängt worden ist oder die er wegen einer anderen Tat zu erwarten hat, nicht beträchtlich ins Gewicht, so kann die Verfolgung auf die übrigen Teile der Tat oder die übrigen Gesetzesverletzungen beschränkt werden. Die Beschränkung ist aktenkundig zu machen.

151 Gemäß Abs. 2 der Vorschrift kann dies – hier wieder die Parallele zu den übrigen zweiten Absätzen – auch nach Einreichung der Anklageschrift mit Zustimmung der Staatsanwaltschaft (nicht des Angeschuldigten/Angeklagten) geschehen. Sind Teile der Tat auf diese Weise ausgeschieden worden, kann das Gericht dies gem. Abs. 3 S. 1 wieder rückgängig machen und sie wieder mit einbeziehen. Einem diesbezüglichen Antrag der Staatsanwaltschaft ist zu entsprechen. Im Falle eines Falles (also zB wenn die Beweislage bezüglich der schwereren Tat sich nicht als tragfähig genug für einen Schuldspruch erweisen sollte) hat die StA damit die Möglichkeit, das Gericht zur Wiedereinbeziehung der ausgeschiedenen Taten zu zwingen.

152 Man spricht hier nicht von einer Einstellung[93], sondern von einer Beschränkung der Strafverfolgung. Ein Bescheid ist nicht zu fertigen, denn dem Strafantrag des Antragstellers wird ja entsprochen (wenn auch möglicherweise nicht unter allen rechtlichen Gesichtspunkten) und nur eine Einstellung löst gem. § 171 S. 1 StPO die Pflicht zur Bescheidung aus.

Die Frage nach der **praktischen Umsetzung** einer Beschränkung – insbesondere im wichtigsten Fall der Beschränkung im Zusammenhang mit der Anklageerhebung – wird sehr uneinheitlich beantwortet. § 154a I 3 StPO spricht nur davon, dass die Beschränkung aktenkundig zu machen ist. Nr. 101a III RiStBV lautet: „Beschränkungen nach § 154a StPO werden aktenkundig gemacht; erfolgt die Beschränkung vor Erhebung der öffentlichen Klage, so wird in der Anklageschrift darauf hingewiesen." Nr. 110 II e) RiStBV bestimmt, dass die Anklageschrift Hinweise auf Verfolgungsbeschränkungen enthalten muss.

Darüber, ob bei Anklageerhebung ein zusätzliches Aktenkundigmachen erforderlich ist, kann man geteilter Meinung sein. Es wird vertreten, dass es ausreicht, wenn sich aus dem Akteninhalt ergibt, dass eine Beschränkung vorgenommen worden ist. Wird hiernach die Beschränkung im Zusammenhang mit der Anklageerhebung vorgenommen, reicht es hiernach aus, dass sich die Beschränkung aus dem Inhalt der Anklageschrift ergibt. Andere sind der Auffassung, dass die Beschränkung auch im Falle der Anklageerhebung aktenkundig zu machen sei, und zwar zumindest in Form eines erklärenden Vermerks. Wieder andere halten dies nicht für ausreichend und fordern neben einem Vermerk, der Grund und Umfang der Beschränkung nennt, einen zusätzlichen Verfügungspunkt, der die Beschränkung umsetzt. Letzteres erscheint mir überflüssig, denn ein separater Verfügungspunkt „Beschränkung der Strafverfolgung gem. § 154a I StPO aus den Gründen und in dem Umfang des vorstehenden Vermerks" oder ähnliches wird vom Gesetz nicht erwähnt und ist auch in praktischer Hinsicht entbehrlich. Damit verbleibt es bei der Frage, ob ein erläuternder Vermerk verfasst werden sollte, auch wenn eine Erwähnung in der Anklageschrift vorgeschrieben ist:

Das Aktenkundigmachen bezweckt die Unterrichtung aller Ermittlungsorgane und des Verteidigers.[94] Der konkret ausgeschiedene Tatteil muss umrissen werden, da anderenfalls jede Rechtssicherheit verlorenginge. Dies mag sich in einfachen Fällen von selbst ergeben, wenn ein entsprechender Hinweis in der Anklageschrift erscheint. Wird es aber komplizierter, etwa bei einer Vielzahl von Einzelfällen oder auszuscheidender Teile oder wenn vertiefende Erklärungen nötig werden, könnte hier die Klarheit leiden. Aus diesem Grund reicht auch die Formulierung, dass § 154a StPO angewandt werde, soweit nicht Anklage erhoben wurde, nicht aus.[95]

93 Auch wenn Nr. 101a RiStBV von der „Einstellung nach § 154a StPO" spricht.

94 Meyer-Goßner/Schmitt/Schmitt StPO § 154a Rn. 18.

95 KK-StPO/Diemer § 154a Rn. 9 mwN.

Ich befürworte daher hier die „Mittellösung", also die Erwähnung der Beschränkung in einem Vermerk und den Hinweis hierauf in der Anklageschrift, will aber nicht bestreiten, dass die puristische Lösung ebenso vertretbar ist.

Die oben beschriebenen Darlegungserfordernisse gelten natürlich entsprechend beim Hinweis in der Anklageschrift. Die oft zu lesende Formulierung „... unter Beschränkung gem. § 154a StPO ..." genügt nicht, weil hieraus nicht deutlich wird, welcher Rechtsaspekt ausgeschieden worden ist. Dies schmälert die Verteidigungsmöglichkeiten des Angeklagten, dem unter Umständen nur die Anklageschrift selbst vorliegt. Richtig wäre eine Formulierung wie:

> „Hinsichtlich der in Betracht kommenden Sachbeschädigung ist die Strafverfolgung in Fall 1 gem. § 154a I StPO auf die angeklagten Taten beschränkt worden."

Nochmals zur Erinnerung: Sollten Sie sich einmal über etwas nicht im Klaren sein, bietet sich ein Blick in die RiStBV an. Insbesondere bezüglich Einstellungen finden sich hier eine Vielzahl von Hilfestellungen (vgl. zB Nr. 86, 229, 233). **153**

3. Rechtsmittel gegen Einstellungen?

Ein in Bescheiden gem. § 170 II StPO oft zu lesender Fehler ist folgende Formulierung: **154**

„Zu schreiben: Bescheid mit Rechtsmittelbelehrung ..."

Oder auch:

„Im Übrigen gilt folgende Rechtsmittelbelehrung:"

Gegen Einstellungen gibt es **keine Rechtsmittel.** Bei gerichtlichen Einstellungsbeschlüssen ergibt sich dies schon aus dem Gesetz (vgl. nochmals zB § 153 II StPO). Aber auch staatsanwaltschaftliche Einstellungen können nicht mit Rechtsmitteln angegriffen werden.

Kennzeichen aller Rechtsmittel sind der Suspensiv- und der Devolutiveffekt. Unter Suspensiveffekt wird die Hemmung der Vollstreckbarkeit einer Entscheidung verstanden. Wird gegen ein Urteil Berufung eingelegt, ist der darin enthaltene Strafausspruch nicht vollstreckbar. Devolutiveffekt bedeutet, dass zwingend die nächsthöhere Instanz entscheidet. Beide Voraussetzungen sind bei Beschwerden gegen Einstellungen nicht gegeben.

Die Einstellung enthält keinen vollstreckbaren Inhalt. Ihre Wirksamkeit wird durch die Einlegung einer Beschwerde nicht gehemmt. Auch entscheidet der mit der Dienstaufsicht befasste Generalstaatsanwalt über die Beschwerde. Er ist nicht die nächste Instanz, sondern der vorgesetzte Beamte der Staatsanwaltschaft. Außerdem bleibt es dem StA unbenommen, der Beschwerde selbst abzuhelfen, was bei Rechtsmitteln nicht möglich ist.

Beschwerden gegen Einstellungsbescheide sind – unabhängig ob Vorschaltbeschwerde oder nicht – allenfalls Rechtsbehelfe, nicht aber Rechtsmittel. Verwenden Sie daher nie das Wort *Rechtsmittelbelehrung*, besser sind *Rechtsbehelfsbelehrung*, *Rechtsbelehrung* oder auch – schlicht aber schön – *Belehrung*.

V. Die Praxis der Einstellungsverfügungen

Was muss eine Einstellungsverfügung in praktischer Hinsicht alles enthalten? **155**

Zunächst sollte natürlich die Vorschrift genannt werden, nach der eingestellt wird. Der Einstellungsgrund muss ebenfalls ersichtlich sein. Gleiches gilt für die Reichweite der Einstellung (Teileinstellung?). Sie muss gegenüber dem Antragsteller und dem Beschuldigten bekannt gegeben werden. Möglicherweise sind noch Nebenentscheidungen zu treffen, zB über Asservate. Schließlich ist über eine Frist oder über das Weglegen der Akten zu entscheiden.

Wie wir vorhin gesehen haben, sind nicht alle Antragsteller in gleicher Weise zu bescheiden. **156**
Einige müssen über ihre Rechte belehrt werden, andere nicht. Die Antragsteller, die das

Recht des Klageerzwingungsverfahrens haben, werden belehrt. Die Beschuldigten sind ebenfalls über die Einstellung zu informieren, aber nur wenn sie von den Ermittlungen gegen sie Kenntnis genommen oder sonst ein besonderes Informationsinteresse haben. Mit anderen Worten: Nicht jede Einstellungsverfügung sieht gleich aus.

Im Folgenden möchte ich eine Checkliste entwickeln, die zu einer korrekten Form der Einstellungsverfügung führen soll.

1. Gedankengang bezüglich der Einstellungsverfügung

157 Zunächst muss man sich darüber klar werden, nach welcher Vorschrift eingestellt werden soll. Dann muss die Reichweite der Entscheidung klar sein. Gehen wir zunächst von einer **Kompletteinstellung** aus. Jetzt geht die eigentliche Prüfung los:

Ist ein Strafantrag gestellt oder von Amts wegen ermittelt worden?

§ 171 StPO bestimmt, dass der Antragsteller im Falle der Einstellung zu bescheiden ist. Ist dagegen kein Strafantrag gestellt worden, entfällt die Bescheidungspflicht.[96]

Ist kein Strafantrag – genauer: Antrag auf Erhebung der öffentlichen Klage – gestellt worden, sind die die Einstellung tragenden Gründe auch nicht in einem Bescheid mitzuteilen. Damit sie aber dennoch nachvollziehbar sind, sind sie in einem Vermerk aufzuführen.

– 572 Js 1234/23 –

<u>Vfg.</u>

1. <u>Vermerk:</u>
   Gegen den Beschuldigten besteht kein hinreichender Tatverdacht:
   [Gründe der Einstellung]
2. Einstellung des Verfahrens gem. § 170 II StPO aus den Gründen des vorstehenden Vermerks
   …

Falls ein Strafantrag gestellt worden ist, sollte die Einstellungsverfügung mit der Einstellung selbst beginnen, danach wird der Bescheid formuliert.

– 572 Js 1234/23 –

<u>Vfg.</u>

1. Einstellung des Verfahrens gem. § 170 II StPO aus den Gründen des folgenden Bescheides.
2. Zu schreiben: Bescheid …

Ein separater Vermerk wie im Beispiel 1 ist hier nicht nötig, weil die die Einstellung tragenden Gründe aus dem Bescheid heraus ersichtlich sind. Etwas anderes gilt nur dann, wenn die Einstellung darüber hinaus auf Gründen beruht, die dem Antragsteller nicht mitgeteilt werden sollen, zB bei querulatorischen Strafanträgen. Das ist aber der Ausnahmefall.

158 Ist ein Bescheid zu erteilen und ist die Einstellung gem. § 170 II StPO erfolgt (und damit das Klageerzwingungsverfahren prinzipiell zulässig), ist danach zu fragen, ob der Antragsteller

96 Der hier benutzte Terminus „Strafantrag" ist unscharf, denn das Gesetz spricht von dem „Antrag auf Erhebung der öffentlichen Klage". Unter Strafantrag im prozessualen Sinn ist nicht nur der Strafantrag, die Ermächtigung zur Strafverfolgung oder das Strafverlangen iSd §§ 77 ff. StGB zu verstehen, sondern jede Strafanzeige gem. § 158 I StPO mit dem erkennbaren Willen, die Strafverfolgung zu veranlassen. Er kann in einem Strafantrag pp. iSd StGB enthalten sein und setzt nicht voraus, dass der Antragsteller auch Verletzter ist, Meyer-Goßner/Schmitt/Schmitt StPO § 171 Rn. 1.

zugleich Verletzter ist. In diesem Fall ist ihm eine Rechtsbelehrung zu erteilen (§ 171 S. 2 iVm § 172 II aE StPO). Diese Rechtsbelehrung wird in der Praxis nicht ausformuliert. Früher wurde sie auf einem separaten Beiblatt mitgeschickt, heute bedient man sich dank der modernen EDV eines Textbausteines. Dieser lautet in Schleswig-Holstein wie folgt:

> Gegen diesen Bescheid steht Ihnen nach § 172 I StPO die Beschwerde an den Generalstaatsanwalt zu. Die Beschwerde kann binnen 2 Wochen nach der Bekanntgabe des Bescheides entweder bei der hiesigen Staatsanwaltschaft oder bei dem Generalstaatsanwalt in Schleswig eingelegt werden.

In Verfügungen wird die Belehrung in der Praxis nicht ausformuliert. Hier genügt der Hinweis „Belehrung". Der Belehrung bedarf es nicht bei Einstellungen aus Opportunitätsgesichtspunkten oder bei Privatklagedelikten, weil hier ja das Klageerzwingungsverfahren nicht zulässig ist. Vorsicht aber, wenn Offizialdelikte mit Privatklagedelikten in einer prozessualen Tat zusammentreffen. Da hier nicht separat auf den Privatklageweg verwiesen werden kann, muss im Falle einer Einstellung gem. § 170 II StPO eine Belehrung erfolgen.

– 572 Js 1234/23 –

<u>Vfg.</u>

1. Einstellung des Verfahrens gem. § 170 II StPO aus den Gründen des folgenden Bescheides.
2. Zu schreiben: Bescheid mit Belehrung an den Antragsteller Müller (Bl. 6 d. A.)
   ...
   Ich habe daher das Ermittlungsverfahren gem. § 170 II StPO eingestellt.
   – Belehrung –

   Mit freundlichen Grüßen
3. ...

Die nächste Frage, die zu stellen ist, ist die, ob der Beschuldigte vernommen worden ist, ein **159**
Haftbefehl gegen ihn erlassen war, er um einen Bescheid gebeten hat oder ob sonst ein besonderes Interesse an der Bekanntgabe ersichtlich ist. In diesen Fällen muss die Staatsanwaltschaft den Beschuldigten gem. § 170 II 1 StPO über die Einstellung in Kenntnis setzen. Diese Mitteilung nennt man – entgegen der Formulierung im Gesetz – nicht Bescheid (einen Bescheid erhalten nur Antragsteller), sondern **Einstellungsnachricht.**

Die Einstellungsnachricht ist ein formularmäßiger Text, der in der Verfügung ebenfalls nicht ausformuliert werden muss und welcher von der Geschäftsstelle selbstständig erstellt und ohne Unterschrift des Dezernenten verschickt werden kann. Eine Einstellungsnachricht könnte wie folgt aussehen:

Frau
Karola Meier
Brauereistr. 14
24113 Kiel

Ermittlungsverfahren gegen Sie
Vorwurf: Betrug

Sehr geehrte Frau Meier,
das gegen Sie geführte Ermittlungsverfahren habe ich gem. § 170 II StPO eingestellt.

[oder:]
das gegen Sie geführte Ermittlungsverfahren habe ich mit Zustimmung des Gerichts gem. § 153 I 1 StPO eingestellt.

[oder:]
das gegen Sie geführte Ermittlungsverfahren habe ich gem. § 154 I StPO eingestellt, weil die Strafe oder Maßnahme, zu der die Verfolgung führen kann, neben der Strafe oder Maßnahme, die Sie in dem Verfahren ... zu erwarten haben, nicht beträchtlich ins Gewicht fallen würde.

Mit freundlichen Grüßen
Name
Staatsanwalt
[Beglaubigungsvermerk]

Dies muss aber in der Verfügung nicht ausformuliert werden. Hier genügt als Verfügungspunkt „Einstellungsnachricht an Beschuldigten Bl. 6 d. A.“[97].

– 572 Js 1234/23 –

Vfg.

1. Einstellung des Verfahrens gem. § 170 II StPO aus den Gründen folgenden Bescheides.
2. Zu schreiben: Bescheid – ohne Belehrung – an den Antragsteller Bl. 5 d. A. ...
3. Einstellungsnachricht an den Beschuldigten Bl. 6 d. A.

160 Im Beispiel oben ist der Antragsteller nicht zugleich Verletzter gewesen, was daran zu erkennen ist, dass er nicht belehrt worden ist. Was aber, wenn eine Belehrung zu erteilen ist? Dann stellt sich folgendes Problem: Nehmen wir an, die Verfügung lautet wie oben, nur dass der Antragsteller belehrt worden ist. Nehmen wir weiter an, er macht von seinem Beschwerderecht Gebrauch und die Akten werden dem Generalstaatsanwalt vorgelegt. Nehmen wir schließlich an, es tritt der schlimmstmögliche Fall ein und der Generalstaatsanwalt weist die Staatsanwaltschaft an, die Ermittlungen wieder aufzunehmen und die öffentliche Klage zu erheben. Im obigen Beispiel wäre dem Beschuldigten aber bereits mitgeteilt worden, dass die Ermittlungen eingestellt wurden. Jetzt müsste ihm erklärt werden, dass die Ermittlungen wieder aufgenommen worden sind – und gegebenenfalls warum. Das ist unschön. Dieses Problem löst man wie folgt: Ist dem Antragsteller, der zugleich Verletzter ist, eine Rechtsbelehrung zu erteilen, wird zunächst eine Frist von einem Monat verfügt. Nach Wiedervorlage der Akten wird dem Beschuldigten dann die Einstellungsnachricht übersandt, wenn bis dahin keine Beschwerde eingegangen ist und mit ihr auch nicht mehr gerechnet werden muss.

161 Nochmals zur Klarstellung: Ist ein Bescheid mit Belehrung zu erteilen, sollte eine Frist abgewartet werden, bevor die Einstellungsnachricht verfügt wird. Ist dagegen keine Einstellungsnachricht zu erteilen, etwa weil der Beschuldigte keine Kenntnis von den gegen ihn geführten Ermittlungen hat, gibt es keinen Grund zuzuwarten. Die Akten können dann gleich weggelegt werden, ohne dass eine Frist abgewartet werden müsste. Geht dennoch eine Beschwerde ein, werden die Akten dann gegebenenfalls vom Archiv vorgelegt und nicht von der Geschäftsstelle, was weder theoretisch noch praktisch einen Unterschied ergibt.

162 Was noch fehlt, sind die Nebenentscheidungen und das Weglegen.

Unter Nebenentscheidungen sind solche zu verstehen, die nicht das prozessuale Schicksal der Sache selbst betreffen, sondern verwaltungstechnische Fragen. Müssen Beiakten getrennt werden? Ist der Verfahrensausgang zu einem anderen Aktenzeichen mitzuteilen? Müssen Asservate wieder herausgegeben werden? Muss die Entscheidung an das BZR mitgeteilt werden? Schließlich werden die Akten weggelegt. Früher wurde vom Dezernenten noch ein

97 Beachten Sie Nr. 88 RiStBV. In der „Mitteilung an den Beschuldigten“ sind die Gründe der Einstellung nur auf Antrag und dann auch nur insoweit bekannt zu geben, als kein schutzwürdiges Interesse entgegensteht. Hat sich herausgestellt, dass der Beschuldigte unschuldig ist oder dass gegen ihn kein begründeter Verdacht mehr besteht, so ist dies in der Mitteilung allerdings auszusprechen.

Aufbewahrungsdatum (nach der Aufbewahrungsordnung) bestimmt, das sich an der absoluten Verjährungsfrist der Sache orientiert, bei Vergehen meist 5 Jahre, bei Verbrechen länger. Mittlerweile werden die Aufbewahrungsfristen überwiegend automatisch bestimmt, sodass eine Frist nicht mehr extra festgelegt werden muss.

Die vollständige Einstellungsverfügung könnte dann wie folgt aussehen: **163**

– 572 Js 1234/23 –

<u>Vfg.</u>

1. Einstellung des Verfahrens gem. § 170 II StPO aus den Gründen des folgenden Bescheides.
2. Zu schreiben: Bescheid – ohne Belehrung – an den Antragsteller Müller Bl. 6 d. A. …
3. Einstellungsnachricht an Beschuldigten Bl. 7 d. A.
4. Beiakten trennen.
5. Mitteilung von 1. an 570 Js 5432/23.
6. Weglegen.

Kiel, 1.6.2023
Meier
Staatsanwalt

Ist dagegen eine Belehrung zu erteilen, sind gestaffelt zwei Verfügungen zu treffen: **164**

– 572 Js 1234/23 –

<u>Vfg.</u>

1. Einstellung des Verfahrens gem. § 170 II StPO aus den Gründen folgenden Bescheides.
2. Zu schreiben: Bescheid mit Belehrung an den Antragsteller Müller Bl. 6 d. A. …
3. 1 Monat (Beschwerde? EN an Besch. Bl. 6? BA trennen? Mitteilung von 1. an 570 Js 5432/23? Weglegen?)

Kiel, 1.6.2023
Meier
Staatsanwalt

In obigem Beispiel dient der Inhalt der Klammer nur als Merkhilfe, was geschehen soll, wenn keine Beschwerde eingeht. Natürlich ist die Verfügung ohne den Inhalt der Klammer ebenso richtig, aber dann müsste der Sachbearbeiter die Akten nochmals durchsehen, um die Entscheidungen treffen zu können, die noch nötig sind.

Es ist aber auch möglich, dass ein Ermittlungsverfahren verschiedene prozessuale Taten **165**
betrifft, die verschiedenen Einstellungsformen zugeführt werden. ZB könnte die erste Tat gem. § 170 II StPO eingestellt werden, die zweite Tat gem. § 153 I 2 StPO. Beides geht natürlich auf einmal und die Gründe können im selben Bescheid dargelegt werden. Die Frage ist nun, wie belehrt wird, denn die Rechtsbelehrung darf sich nur auf die erste Tat beziehen. Die diesbezügliche Einstellung könnte wie folgt aussehen:

– 572 Js 1234/23 –

<u>Vfg.</u>

1. Einstellung des Verfahrens gem. § 170 II StPO bezüglich des Diebstahls und gem. § 153 I 2 StPO im Übrigen aus den Gründen folgenden Bescheides.
2. Zu schreiben: Bescheid – mit Belehrung –
an den Antragsteller Müller, Bl. 6 d. A.

…
Ich habe das Ermittlungsverfahren hinsichtlich des Vorwurfs des Diebstahls vom 1.1.2023 gem. § 170 II StPO eingestellt.

…
Daher habe ich das Ermittlungsverfahren hinsichtlich der übrigen Tatvorwürfe gem. § 153 I 2 StPO ebenfalls eingestellt.
Bezüglich der Einstellung des Verfahrens hinsichtlich des Diebstahls gilt nachfolgende Rechtsbelehrung:
– Belehrung –

Mit freundlichen Grüßen
3. …

166 Nun zur Frage, was geschieht, wenn das Verfahren nicht vollständig, sondern nur **zum Teil** oder nur hinsichtlich **eines** Beschuldigten eingestellt wird.

Im Fall der Teileinstellung wird das Verfahren hinsichtlich einer prozessualen Tat iSd § 264 StPO eingestellt, im Übrigen aber der öffentlichen Klage zugeführt. Prinzipiell folgt diese Einstellungsart denselben Regeln wie sie oben dargestellt wurden. Zu beachten ist jedoch, dass sich aus der einstellenden Verfügungsziffer klar ergeben muss, dass die Einstellung nicht das gesamte Verfahren betrifft. Wichtig ist auch, dass die Akten natürlich nicht weggelegt werden, sondern sich an den Einstellungsteil die sog. Begleitverfügung anschließt. Weitere Besonderheit ist, dass dem Beschuldigten in diesem Fall keine Einstellungsnachricht übersandt wird. Der Grund dafür ist in der Automatisierung der Einstellungsnachrichten durch Mustertexte zu sehen. Würde dem Beschuldigten eine Einstellungsnachricht übersandt werden, müsste er davon ausgehen, dass die Sache für ihn beendet ist. Wird dann im Folgenden Anklage erhoben, wird ihm die Anklageschrift vom Gericht zugestellt. Der – nun – Angeschuldigte wäre zu Recht verwirrt. Die Staatsanwaltschaft teilt ihm zuerst mit, dass die Sache eingestellt ist, dann wird er trotzdem angeklagt. Die Zwischenzeit hätte er nutzen können, zB um mit seinem Verteidiger eine Verteidigungsstrategie aufzubauen. Natürlich wäre es möglich, ihm eine angepasste Einstellungsnachricht zu übermitteln, die die Einschränkung erhält, dass die Einstellung nur einen Teil der Vorwürfe betrifft und der Rest der öffentlichen Klage zugeführt wird. Wegen des damit verbundenen Aufwandes und des zweifelhaften Nutzens für den Beschuldigten kann hiervon aber Abstand genommen werden.

– 572 Js 1234/23 –

<u>Vfg.</u>

1. Einstellung des Verfahrens gem. § 170 II StPO aus den Gründen folgenden Bescheides und in dem dort bezeichneten Umfang.

   [oder:]
   Teileinstellung hinsichtlich des Vorwurfes des Betruges gem. § 170 II StPO aus den Gründen folgenden Bescheides.
2. Zu schreiben: Bescheid – ohne Belehrung – an den Antragsteller Müller Bl. 6.

   …
   Aus diesen Gründen habe ich das Verfahren hinsichtlich des Vorwurfes des Betruges gem. § 170 II StPO eingestellt. Im Übrigen habe ich mit Verfügung vom heutigen Tage Anklage erhoben.
   Mit freundlichen Grüßen
3. Keine Einstellungsnachricht, da Anklage im Übrigen.
4. …

Ganz ähnlich verhält es sich, wenn mehrere Personen beschuldigt werden, sich ein hinreichender Tatverdacht aber nicht gegen alle Personen ergeben hat. Da sich das Verfahren für denjenigen Beschuldigten, bezüglich dessen eingestellt werden soll, als Ganzes erledigt hat, ist ihm wiederum eine Einstellungsnachricht zu übersenden. 167

– 572 Js 1234/23 –

Vfg.

1. Einstellung des Verfahrens bezüglich des Beschuldigten Meier gem. § 170 II StPO aus den Gründen folgenden Bescheides.
2. Zu schreiben: Bescheid – ohne Belehrung – an den Antragsteller Müller Bl. 6 d. A.

   …
   Aus diesen Gründen habe ich das Ermittlungsverfahren bezüglich des Beschuldigten Meier gem. § 170 II StPO eingestellt, gegen den Beschuldigten Schulze dagegen Anklage erhoben.
   Mit freundlichen Grüßen
3. Einstellungsnachricht an den Beschuldigten Meier, Bl. 7 d. A.
4. …

Nun noch zu einer letzten Besonderheit: Nehmen wir an, Sie haben gegen zwei Beschuldigte ermittelt. Gegen den einen hat sich ein hinreichender Tatverdacht ergeben, gegen den anderen nicht. Es ist ein Bescheid mit Belehrung zu erteilen. Nehmen wir ferner an, Sie fertigen eine Einstellungsverfügung nebst Bescheid mit Belehrung und klagen dann den Rest mit derselben Verfügung an. Nun legt der Antragsteller Beschwerde ein. Die können Sie aber nicht bearbeiten, weil die Akten mit der Anklageschrift bei Gericht sind. Sie müssten erst die Akten erfordern und sie dann dem Generalstaatsanwalt zur Entscheidung über die Beschwerde übersenden. In dieser Zeit kann das Gerichtsverfahren nicht betrieben werden. Ein unschöner Zustand. Wie kann das vermieden werden? 168

Grundsätzlich gibt es folgende Möglichkeiten: Zunächst könnte man – wie meist in der Praxis – einen Monat abwarten, ob Beschwerde eingelegt wird. Dann wird die öffentliche Klage mit einer zweiten Verfügung erhoben. Dieses Vorgehen kollidiert aber mit dem Beschleunigungsgrundsatz. Die nächste denkbare Möglichkeit ist die Abtrennung des Verfahrens bezüglich eines der Beschuldigten. Damit würde man den Effekt erzielen, dass aus einem jetzt zwei Ermittlungsverfahren werden, die man beide separat auf herkömmlichem Wege erledigen kann.[98] Es gibt aber noch eine dritte Möglichkeit: Verfügen Sie „Aktendoppel fertigen und wegen der Beschwerdemöglichkeit bei den HA belassen". Dann haben Sie den gordischen Knoten durchtrennt. Sie können damit in derselben Verfügung einstellen und Anklage erheben, ohne dass die gerichtliche Strafverfolgung des einen durch die Einlegung einer Vorschaltbeschwerde hinsichtlich des anderen Beschuldigten gehemmt wird. Und das Beste: Alles geht auf einmal. Dies ist aber zugegebenermaßen nur bei überschaubarem Aktenumfang praktikabel, sonst würde die Geschäftsstelle lange mit unter Umständen unnötiger Ablichtungsarbeit beschäftigt sein. Ersatzweise ist es natürlich auch möglich, ohne Doppel zu arbeiten und im Beschwerdefall die Vorgänge vom Gericht zurückzufordern, um ein Aktendoppel erstellen zu können. Die hierdurch bei Gericht entstehende Zeitverzögerung ist gering.

Auf diese Art können Sie jede Einstellung meistern, unabhängig davon, auf welcher Vorschrift sie beruht.

98 Dabei gilt es aber zu beachten, dass allgemein bei den Staatsanwaltschaften Einstellungen zB nach § 170 II oder § 154 I StPO keinen sachlichen Grund für eine Abtrennung darstellen, nur weil dort ein Bescheid zu erteilen ist. Anders sieht es bei § 153a I oder § 154f StPO aus, denn hier muss anschließend mehr gemacht werden.

169 In der folgenden Abbildung ist der Gedankengang, der jeder Einstellungsverfügung zugrunde liegt, noch einmal grafisch dargestellt.

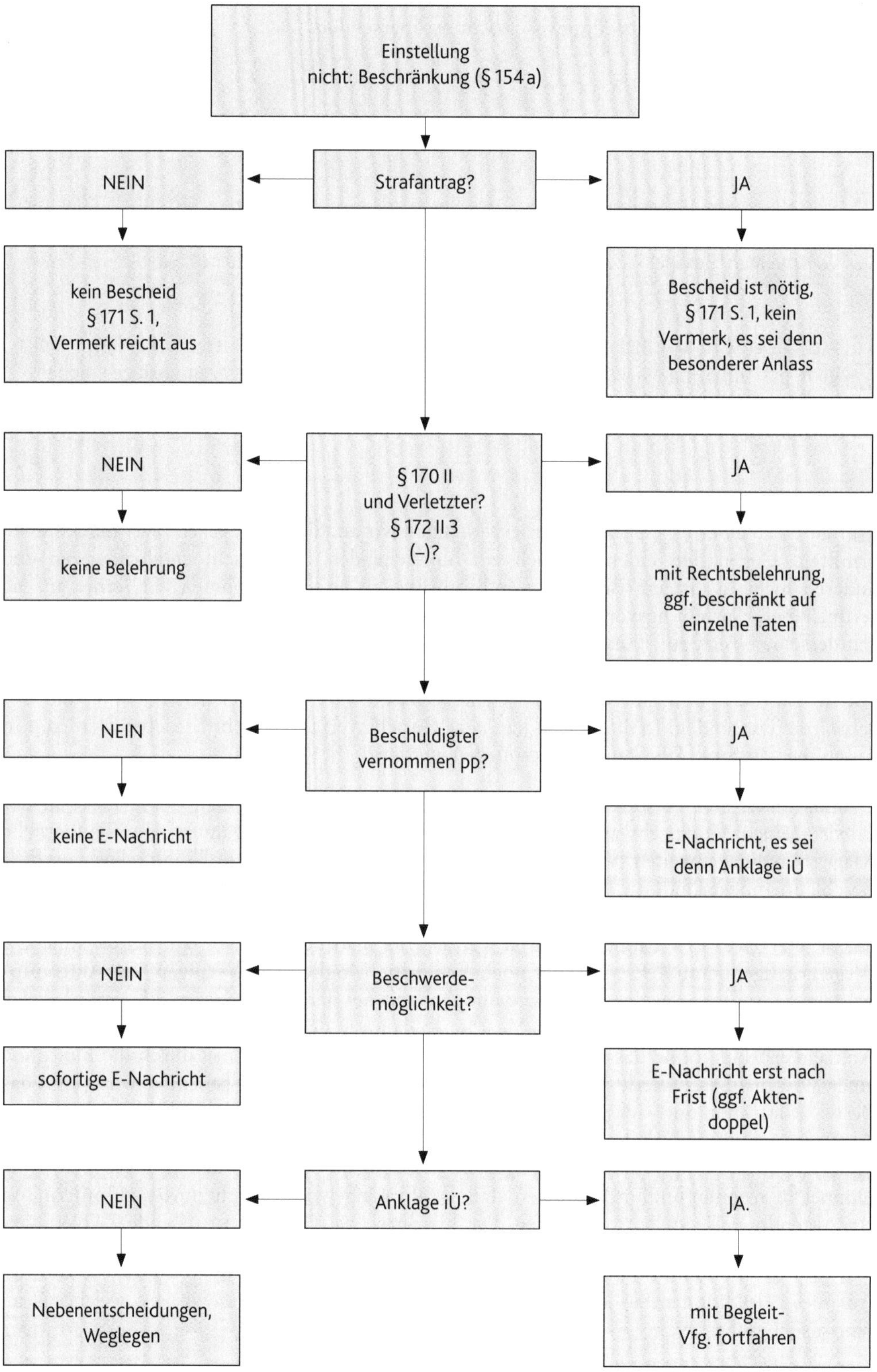

2. Die hohe Kunst des Bescheides

Ihnen wird aufgefallen sein, dass ich in den obigen Entwürfen etwas weggelassen habe, nämlich den Wortlaut der Bescheide. Die Bescheide sind das einzige an Einstellungsverfügungen, was wirklich zu Problemen führen kann. 170

Zunächst ist zu bemerken, dass nur dann ein Bescheid erteilt werden muss, wenn *wirklich* ein Antrag auf Erhebung der öffentlichen Klage vorliegt. Möglicherweise ist er zwischendurch (ausdrücklich oder gar schlüssig) zurückgenommen worden. Auch bei einer bloßen Strafanzeige, bei der augenscheinlich kein eigenes Interesse an der Strafverfolgung besteht, entfällt die Bescheidungspflicht. 171

Der Bescheid ist gem. Nr. 89 I RiStBV auch dann zu erteilen, wenn der Strafantrag nicht direkt bei der StA gestellt worden ist. Was den Inhalt des Bescheides angeht, schreibt Nr. 89 II RiStBV vor, dass sich die Begründung nicht auf allgemeine, nichts sagende Redewendungen beschränken darf. Vielmehr soll angegeben werden, aus welchen Gründen der Verdacht einer Straftat nicht ausreichend erscheint oder weshalb sich sonst die Anklageerhebung verbietet. Dabei kann es genügen, die Gründe anzuführen, die ein Eingehen auf Einzelheiten unnötig machen, zB dass die angezeigte Handlung unter kein Strafgesetz fällt, dass die Strafverfolgung verjährt oder aus anderen Gründen unzulässig ist oder dass kein öffentliches Interesse an der Strafverfolgung besteht. Dies gilt gem. Abs. 3 auch bei Opportunitätsentscheidungen. Abs. 4 stellt außerdem klar, dass der Staatsanwalt den Einstellungsbescheid so fassen muss, dass er auch dem rechtsunkundigen Antragsteller verständlich ist.

Exkurs: Zeitformen

Je eher Sie sich daran gewöhnen desto besser: In der Justiz werden die Zeitformen in einer ganz bestimmten Weise benutzt. Dies gilt nicht nur für die Strafjustiz, sondern auch für die Zivil- und die Verwaltungsgerichtsbarkeit. Insbesondere in der Zivilstation des Referendariats werden Sie mit diesem Problem konfrontiert werden, weil Urteile nur mit der korrekten Verwendung von Zeitformen richtig geschrieben werden können. Fehler in diesem Bereich werden Ihnen insbesondere im Examen angelastet werden. 172

Grundsätzlich gilt: Der zugrunde liegende Sachverhalt, also das, was dem Beschuldigten vorgeworfen wird, wird im Imperfekt geschrieben:

> Am Abend des 1.2.2023 begab sich der Beschuldigte in die Verkaufsräume der Firma X und entwendete dort sechs Packungen Zigaretten, um diese ohne dafür zu bezahlen für sich zu verwenden.

Die Prozessgeschichte wird dagegen im Perfekt geschrieben. Hierzu zählen auch Ermittlungshandlungen durch die Polizei:

> Strafantrag ist gestellt worden.
> Die Polizei hat am gleichen Abend die Wohnräume des Beschuldigten durchsucht.
> Die Staatsanwaltschaft hat Anklage erhoben.
> Das Gericht hat das Hauptverfahren eröffnet.

Gleiches gilt für Aussagen von Zeugen.

> Der Zeuge Meier ist polizeilich vernommen worden. Er hat bekundet, dass er den Beschuldigten am Tattage in München gesehen habe.

Auch zusammenfassende rechtliche Feststellungen werden im Perfekt geschrieben.

> Der Beschuldigte hat sich wegen Diebstahls in einem besonders schweren Fall hinreichend verdächtig gemacht.
> Der Beschuldigte hat damit eine Erschleichung von Leistungen begangen.

Einzige Ausnahme ist das Vorbringen des Beschuldigten. Hier wird das Präsens verwendet.

Der Beschuldigte lässt sich ein, am Tattage in München gewesen zu sein.
Er gibt an, gegen den Antragsteller seinerseits eine Forderung in gleicher Höhe zu haben.

Merksatz: Es wird ein Perfekt-Stil verwendet. Dieser wird nur durchbrochen bei der Schilderung der Tat und der Einlassung des Beschuldigten.
Und noch etwas: Vermeiden Sie ab jetzt die Worte *„strafbar"* und *„schuldig"*. Sie prüfen im Examen wie in der Praxis aus Sicht der Staatsanwaltschaft, und damit, ob hinreichender Tatverdacht besteht. Die Frage, ob sich der Beschuldigte strafbar gemacht hat oder einer Straftat schuldig ist, prüft das Gericht im Hauptverfahren. Fragen Sie also immer danach, ob der Beschuldigte einer Straftat *hinreichend verdächtig* ist.

173 Zurück zu den Bescheiden:

Es gibt prinzipiell zwei Arten von Bescheiden, mit denen man den obigen Grundsätzen gerecht werden kann: den einfachen Bescheid und denjenigen, den ich umgangssprachlich als „Luxusbescheid" bezeichnen möchte.

a) Der Luxusbescheid

174 Der Luxusbescheid ist ausführlich und umfasst jedes rechtliche und tatsächliche Detail, um das es in dem Verfahren geht. Neben dem einleitenden Betreff und Bezug werden

- der Inhalt des Strafantrages,
- die Norm, um die es geht,
- deren Tatbestandsmerkmale,
- die rechtlichen Ablehnungsgründe,
- die tatsächlichen Ablehnungsgründe nebst Beweiswürdigung und
- das Ergebnis

ausführlich(st) dargestellt.

Der Luxusbescheid hat durchaus seine Berechtigung, zB bei besonders wichtigen Sachen, politischen Verfahren, umfangreichen Ermittlungen, schwierigen Sach- und Rechtslagen oder wenn ein besonders hoher Schaden eingetreten ist. Ein solcher Luxusbescheid könnte in einer einfacher gelagerten Sache zB wie folgt aussehen:

Herrn Sven Meier
Mittelstraße 4
24109 Kiel

[Betreff]
Ermittlungsverfahren gegen Hartmut Schlegel in Kiel
wegen des Verdachts der Nötigung, der Gefährdung des Straßenverkehrs und weiterer Taten

[Bezug]
Ihr Strafantrag vom 1.2.2023

Sehr geehrter Herr Meier,
[Inhalt des Strafantrages]
in Ihrem o. g. Strafantrag werfen Sie dem Beschuldigten Schlegel vor, er sei am 1.2.2023 auf der BAB 215 von Neumünster in Richtung Kiel zunächst sehr dicht auf den von Ihnen gelenkten Pkw Opel Corsa aufgefahren, sodass Sie sein Nummernschild nicht mehr hätten erkennen können. Dies habe der Beschuldigte für eine Strecke von weiteren zwei Kilometern fortgesetzt. Erst nach einigen Minuten sei es Ihnen gelungen, eine Lücke auf dem rechten Fahrstreifen zum Einscheren zu nutzen, um den Beschuldigten vorbeizulassen. Anschließend habe der Beschuldigte seinen BMW vor Ihren Wagen gesetzt und eine unnötige Vollbremsung vollzogen, um auch Sie zum Bremsen zu verleiten.

Hieraus leiten Sie die Vorwürfe der Nötigung gem. § 240 I StGB und der Gefährdung des Straßenverkehrs gem. § 315c I Nr. 2b StGB ab.

[Tatbestandsmerkmale Nötigung]
Wegen Nötigung macht sich hinreichend verdächtig, wer einen Menschen rechtswidrig mit Gewalt oder durch Drohung mit einem empfindlichen Übel zu einer Handlung, Duldung oder Unterlassung nötigt. Die Richtigkeit Ihrer Bekundungen unterstellt, würde das dichte Auffahren auf den von Ihnen gelenkten Pkw diese Voraussetzungen erfüllen. Insbesondere stellt ein solches Fahrverhalten Gewalt im Sinne dieser Vorschrift dar.[99]

[Rechtliche Ablehnungsgründe Nötigung]
Allerdings muss die Tat als verwerflich anzusehen sein und von einem entsprechenden Nötigungsvorsatz getragen werden. Letzteres kann hier nur aufgrund äußerer Indizien beurteilt werden. Die Geschehnisse deuten nicht zwingend auf einen Nötigungsvorsatz hin, sondern mögen ebenso gut die Folge einer schlichten Unachtsamkeit sein.

[Tatbestandsmerkmale § 315c StGB]
Wegen Gefährdung des Straßenverkehrs macht sich verdächtig, wer im Straßenverkehr grob verkehrswidrig und rücksichtslos falsch überholt oder bei Überholvorgängen falsch fährt und dadurch Leib oder Leben eines anderen Menschen oder fremde Sachen von bedeutendem Wert gefährdet. Auch diese Voraussetzungen scheinen auf den ersten Blick erfüllt zu sein.
Allerdings setzt eine Gefährdung des Straßenverkehrs auch eine konkrete Gefahr voraus, also eine Lage, bei der der Eintritt des Schadens mindestens ebenso wahrscheinlich ist wie sein Ausbleiben und nur vom Zufall abhängt, ob es zu einer Schädigung der oben genannten Rechtsgüter kommt.[100]

[Rechtliche Ablehnungsgründe § 315c StGB]
Dies kann hier nicht mit der für eine Anklageerhebung erforderlichen Sicherheit festgestellt werden. Insbesondere ist nicht ersichtlich, dass es infolge des Bremsmanövers des Beschuldigten beinahe zu einem Zusammenstoß der Fahrzeuge gekommen wäre.

[Tatbestandsmerkmal § 315b und rechtliche Ablehnungsgründe]
Aus dem gleichen Grund scheidet auch ein – prinzipiell in Betracht kommender – gefährlicher Eingriff in den Straßenverkehr gem. § 315b I Nr. 3 StGB durch das Bremsmanöver aus. Diesbezüglich ist schon zweifelhaft, ob der Pkw durch den Beschuldigten gleichsam als Waffe zur Herbeiführung eines Unfalles benutzt werden sollte, was für eine Tat gem. § 315b StGB durch einen sog. Inneneingriff nötig wäre. Diese Frage kann aber dahinstehen, denn es fehlt wiederum an der Feststellung einer strafbewehrten Gefährdung. In Fällen des Unterschreitens des Sicherheitsabstands ist zwar grundsätzlich eine konkrete Gefährdung anderer möglich, diese kann aber nur festgestellt werden, wenn nachvollzogen werden kann, wie dicht der Beschuldigte für welche Dauer auf Ihren Wagen auffuhr. Der Tatnachweis scheitert regelmäßig, wenn als Beweismittel lediglich die Bekundungen des Geschädigten zur Verfügung stehen.[101]

[Tatsächliche Ablehnungsgründe/Beweiswürdigung]
Ich habe den Beschuldigten außerdem zu den ihm gemachten Vorwürfen, insbesondere zum Vorwurf der Nötigung, vernehmen lassen. Der Beschuldigte bestreitet die Tat. Er lässt sich ein, an besagtem Tag überhaupt nicht auf der BAB 215 unterwegs gewesen zu sein. Vielmehr habe er sich am Tattag in Süddeutschland aufgehalten. Hierfür benennt der Beschuldigte diverse Zeugen. Diese habe ich ebenfalls vernehmen lassen. Die Einlassung des Beschuldigten wird von den Bekundungen der Zeugen gestützt. Es wird mir daher aller Voraussicht nach nicht gelingen, dem Beschuldigten nachzuweisen, dass er der Fahrer des Pkw war, der Sie bedrängte.

---

99 Fischer StGB § 240 Rn. 27.
100 Vgl. Fischer StGB § 315c Rn. 15a mwN.
101 Vgl. zu den hohen Beweisanforderungen bezüglich der Feststellung konkreter Gefahr Fischer StGB § 315c Rn. 15 ff.

[Ergebnis]
Nach alledem besteht gegen den Beschuldigten kein hinreichender Tatverdacht, der die Erhebung der öffentlichen Klage rechtfertigt, mit anderen Worten, die Verurteilung in einer Hauptverhandlung ist nicht wahrscheinlich.

Ich habe daher das Ermittlungsverfahren gem. § 170 II StPO eingestellt.
– Belehrung –

Mit freundlichen Grüßen
Müller
Staatsanwalt

Wie Sie sehen, habe ich mich bemüht, in obigem Bescheid sämtliche rechtlichen und tatsächlichen Gründe aufzuführen, die der Einstellung zugrunde liegen. Nur zur Vermeidung von Missverständnissen: Die Anmerkungen in den eckigen Klammern erscheinen im Bescheid selbstverständlich nicht, sondern dienen nur der Veranschaulichung. Der obige Bescheid ist überoptimal. Das kann in geeigneten Fällen durchaus Sinn ergeben, denn ein sehr gut begründeter Bescheid minimiert das Risiko einer Beschwerde gegen die Einstellung (vgl. Nr. 89 II 2 RiStBV).

b) Der Normalbescheid

175 Bescheide sind so zu fassen, dass auch Rechtsunkundige sie verstehen können. Diese Grenze könnte mit dem obigen Bescheid möglicherweise schon überschritten sein. Außerdem sollten Sie die Problematik mit den Augen des Staatsanwalts sehen: Er muss täglich vier oder mehr Verfahren einer Entscheidung zuführen. Statistisch wird er etwa drei davon einstellen. In fast allen Fällen ist ein Bescheid zu erteilen. Würde er sich jedes Mal die Mühe machen, einen Luxusbescheid zu schreiben, wäre sein Dezernat möglicherweise bald notleidend. Gleiches gilt übrigens für Sie im schriftlichen Examen. Vielleicht haben Sie dort einen Fall zu bearbeiten, in dem eine Teileinstellung zu erfolgen hat und ein Bescheid zu erteilen ist. Ihnen wird schlicht die Zeit fehlen, einen Luxusbescheid zu erstellen, denn im Examen ist die Zeit das Hauptproblem.

176 Es gibt aber Möglichkeiten, Bescheide kürzer und prägnanter zu fassen, ohne dass der Inhalt leidet. Überlegen wir uns also, wo wir im obigen Beispiel Einsparungen vornehmen können.

177 Den Betreff werden Sie nicht kürzer fassen können. Auch der Bezug ist so kurz wie es geht. Dann kommt aber der Inhalt des Strafantrages. Sie können davon ausgehen, dass der Antragsteller den Inhalt seines Antrags und die Tat, um die es geht, genau kennt. Wieso also Bekanntes noch mal schreiben? Es reicht doch aus, die Tat kurz zu skizzieren, möglichst mittels eines Stichworts. Außerdem lassen sich so auch Missverständnisse vermeiden.

Zur Einsparung empfehle ich eine Ergänzung des Bezugs mittels einer Klammer. Das könnte hier folgendermaßen aussehen:

[Betreff]
Ermittlungsverfahren gegen Hartmut Schlegel in Kiel wegen des Verdachts der Nötigung und weiterer Taten
[Bezug]
Ihr Strafantrag vom 1.2.2023 (hier: Vorfall auf der BAB 215; dichtes Auffahren; Ausbremsen)

Dadurch leidet die Klarheit des Bescheides in keiner Weise.

178 Als Einleitungssatz verwende ich häufig die Formulierung „Ich habe Ihre Strafanzeige/Ihren Strafantrag geprüft". Das müssen Sie natürlich nicht nachmachen. Eine Alternative wäre: „Die Prüfung Ihrer Strafanzeige/Ihres Strafantrages hat Folgendes ergeben:" Andere beginnen sofort mit dem Ergebnis der Prüfung: „Den von Ihnen zur Anzeige gebrachten Sachverhalt habe ich nach Durchführung der gebotenen Ermittlungen geprüft, jedoch von weiterer Strafverfolgung gem. § 170 II StPO abgesehen." Hier gibt es keine festen Regeln.

Daran schließen sich in aller Kürze die rechtlichen und tatsächlichen Gründe an, aus denen die Einstellung erfolgt ist. Sie sollten sich auf das Wesentliche beschränken und vertiefende Rechtsausführungen weglassen, die den Laien überfordern könnten. Andere Maßstäbe können in geeigneten Fällen angelegt werden, etwa wenn der Antragsteller ein Rechtsanwalt ist. Auch die RiStBV formulieren keine höheren Anforderungen.

Worauf kommt es im obigen Beispiel an? Darauf, dass dem Beschuldigten nicht nachzuwei- 179
sen ist, dass er der Fahrer des BMW war. Dann könnte ein kürzerer Bescheid etwa wie folgt lauten:

Herrn Sven Meier
Mittelstraße 4
24109 Kiel

Ermittlungsverfahren gegen Hartmut Schlegel in Kiel
wegen des Verdachts der Nötigung und weiterer Taten

Ihr Strafantrag vom 1.2.2023 (hier: Vorfall auf der BAB 215; dichtes Auffahren; Ausbremsen)
Sehr geehrter Herr Meier,
ich habe Ihren Strafantrag geprüft.
Die Staatsanwaltschaft erhebt nur dann die öffentliche Klage, wenn der Beschuldigte einer Straftat hinreichend verdächtig ist, also wenn seine Verurteilung in einer möglichen Hauptverhandlung wahrscheinlich ist (§§ 170 I, 203 StPO). Dies ist hier nicht der Fall.
Zweifelhaft ist hier schon, ob eine Nötigung, eine Gefährdung des Straßenverkehrs oder ein – ebenfalls denkbarer – gefährlicher Eingriff in den Straßenverkehr tatbestandlich gegeben ist, weil aus dem äußeren Geschehen nicht auf ein vorsätzliches Verhalten des Beschuldigten geschlossen und auch der Grad der eingetretenen Gefahr nicht genau bestimmt werden kann.
Dies kann aber letztlich dahinstehen, weil dem Beschuldigten nicht nachzuweisen sein wird, dass er der Fahrer des BMW war, der Sie bedrängte. Der Beschuldigte lässt sich ein, am Tattage in Süddeutschland gewesen zu sein. Er benennt hierfür diverse Zeugen. Ich habe die Zeugen befragen lassen. Ihre Bekundungen haben die Einlassung des Beschuldigten gestützt. Weitere Ermittlungsansätze, die zum wahren Täter führen könnten, sind nicht ersichtlich.
Ich habe daher das Verfahren gem. § 170 II StPO eingestellt.

– Belehrung –

Mit freundlichen Grüßen
Müller
Staatsanwalt

Wie Sie sehen, ist der zweite Bescheid viel kürzer, aber es ist alles Wesentliche darin aufgeführt.

c) Nichteinleitung von Ermittlungen

Eigentlich gelten bezüglich Bescheiden in Vorprüfungs-/Anzeigensachen[102] genau dieselben 180
Grundsätze. Man nennt sie allerdings nicht Einstellungsbescheide, sondern Nichteinleitungsbescheide.

Naturgemäß wird in Nichteinleitungsbescheiden nicht auf tatsächliches Vorbringen des 181
Beschuldigten abgestellt, denn es ist nicht ermittelt worden, sodass diesem auch kein rechtliches Gehör angeboten worden ist. Vielmehr bietet der Strafantrag als solcher nicht genü-

102 Vgl. → Rn. 42.

gend tatsächliche Anhaltspunkte für Straftaten, sodass keine Ermittlungen aufgenommen werden. So könnte zB der vorgetragene Sachverhalt keinem Strafgesetz unterfallen oder es liegt auf der Hand, dass der mutmaßliche Täter/Angezeigte gerechtfertigt gehandelt hat.

182 Dementsprechend ist der Bescheid anzupassen. Der Betreff lautet daher nicht „Ermittlungsverfahren gegen ...", sondern „ schlicht „Ihre Strafanzeige/Ihr Strafantrag gegen ... wegen ...".

Natürlich endet der Bescheid auch nicht damit, dass das Ermittlungsverfahren eingestellt worden ist, sondern dass es nicht eingeleitet worden ist.

183 Ein dementsprechender Nichteinleitungsbescheid könnte wie folgt aussehen:

> Herrn Sven Meier
> Mittelstraße 4
> 24109 Kiel
>
> Ihr Strafantrag vom 1.2.2023 gegen Hartmut Schlegel in Kiel
> wegen des Verdachts der Gefährdung des Straßenverkehrs
> (hier: Vorfall vom 1.2.2023)
>
> Sehr geehrter Herr Meier,
> ich habe Ihren Strafantrag geprüft.
> Gemäß §§ 152 II, 160 I StPO leitet die Staatsanwaltschaft nur dann ein förmliches Ermittlungsverfahren ein, wenn zureichende tatsächliche Anhaltspunkte für Straftaten vorgetragen werden oder sonst ersichtlich sind. Diesen Anforderungen genügt Ihr Strafantrag – noch – nicht.
> Insbesondere ist der Tatbestand der Gefährdung des Straßenverkehrs gem. § 315c StGB nicht erfüllt.
> ...
> Aus diesen Gründen habe ich gem. § 152 II iVm § 170 II StPO davon abgesehen, ein förmliches Ermittlungsverfahren einzuleiten.[103]
>
> – Belehrung –
>
> Mit freundlichen Grüßen
> Müller
> Staatsanwalt

Übrigens muss in diesem Fall selbstverständlich nicht abgewartet werden, ob Beschwerde eingelegt wird. Da eine Einstellungsnachricht regelmäßig mangels Kenntnis des Beschuldigten von dem Strafantrag entbehrlich ist, können die Akten sofort weggelegt werden. Manche Staatsanwälte warten aber vorsichtshalber trotzdem noch einen Monat mit dem Weglegen.

d) Verweisung auf den Privatklageweg

184 Ich habe bereits wiederholt die Möglichkeit der Einstellung und Verweisung auf den Privatklageweg erwähnt. Diese Einstellung basiert zwar auf § 170 II StPO unter dem Gesichtspunkt des Verfahrenshindernisses wegen fehlenden öffentlichen Interesses an der Strafverfolgung (§ 376 StPO); da hier aber gem. § 172 II aE StPO das Klageerzwingungsverfahren ausgeschlossen ist, ist keine Belehrung zu erteilen. Die Einstellung folgt damit grundsätzlich den oben dargestellten Regeln einer Einstellung ohne Rechtsbelehrung. Allerdings muss der Antragsteller wiederum über die Möglichkeiten des Privatklageverfahrens in Kenntnis gesetzt werden. Das könnte wie folgt aussehen:

> Herrn Sven Meier
> Mittelstraße 4
> 24109 Kiel

103 Oder, wenn auch weniger verbindlich: „... *lehne ich die Aufnahme von Ermittlungen ab.*"

Ermittlungsverfahren gegen Hartmut Schlegel in Kiel
wegen des Verdachts der Sachbeschädigung
Ihr Strafantrag vom 1.2.2023
(hier: Eintreten der Tür Ihres Schrebergartens)

Sehr geehrter Herr Meier,
ich habe Ihren Strafantrag geprüft.
Einzig in Betracht kommendes verletztes Strafgesetz ist eine Sachbeschädigung gem. §§ 303, 303c StGB. Hierbei handelt es sich um ein Delikt, welches der Gesetzgeber als sog. Privatklagedelikt ausgestaltet hat (§ 374 I Nr. 6 StPO). Die Staatsanwaltschaft erhebt bei Privatklagedelikten nur dann die öffentliche Klage, wenn dies im öffentlichen Interesse liegt (§ 376 StPO). Das ist der Fall, wenn durch die Tat der Rechtsfrieden über den Lebenskreis des Verletzten hinaus gestört und die Strafverfolgung ein gegenwärtiges Anliegen der Allgemeinheit ist.[104] Diese Voraussetzungen liegen hier nicht vor. Das Ausmaß der Rechtsverletzung begründet vorliegend kein öffentliches Interesse an der Strafverfolgung. Ich habe daher gem. § 170 II iVm §§ 374, 376 StPO von der Erhebung der öffentlichen Klage abgesehen und stelle anheim, gegebenenfalls gegen den Beschuldigten auf dem dafür vorgesehenen Wege der Privatklage vorzugehen, falls Sie eine Bestrafung wegen des von Ihnen angezeigten Sachverhalts erreichen wollen.

Der Erhebung der Privatklage muss in aller Regel eine Sühneverhandlung vorausgehen. Nähere Auskünfte hierüber erteilt die Schiedsperson, in deren Bezirk der Beschuldigte wohnt. Etwaige zivilrechtliche Ansprüche werden durch diese Entscheidung nicht berührt.

Mit freundlichen Grüßen
Meier
Staatsanwalt

Auch hier kann sofort die Einstellungsnachricht verschickt werden, da eine Vorschaltbeschwerde nicht statthaft ist.

e) Übungsfälle

Anhand der folgenden Übungsfälle sollen Sie ein Gefühl dafür bekommen, welche Einstellungsnorm und -form jeweils richtig ist. Versuchen Sie, die Einstellungsverfügungen schriftlich zu skizzieren. Machen Sie sich ruhig die Mühe und schielen Sie nicht gleich auf die Lösungen. **185**

Fall 1: A stellt am 5.1.2023 bei der Polizei Strafantrag gegen Frau B in Kiel. Sie soll ihm am 24.12.2017 ein wertvolles Bild gestohlen haben. Zeuge ist sein damals 11-jähriger Sohn C. B bestreitet die Tat. Die Polizei übersendet die Akten ohne Vernehmung des C an die Staatsanwaltschaft. **186**

Fall 2: Gleicher Fall wie eben, nur nimmt A seinen Antrag vor Übersendung der Akten an die Staatsanwaltschaft zurück. **187**

Fall 3: A stellt am fristgerecht Strafantrag gegen Frau B. Sie soll ihn im Straßenverkehr absichtlich ausgebremst haben, sodass es beinahe zu einem Unfall gekommen sei. Ferner soll sie ihn beleidigt haben (Mittelfinger). Frau B bestreitet die Tat. Zeugen gibt es keine. **188**

Fall 4: A stellt wieder fristgerecht Strafantrag am. B soll ihm eine Tafel Schokolade weggenommen und gegessen haben. Als A den B zwei Stunden später zur Rede stellte, soll B dem A mit der flachen Hand ins Gesicht geschlagen haben. C kann den Schlag bezeugen, weiß aber nichts über den angeblichen Diebstahl. B bestreitet die Tat. **189**

104 Vgl. Nr. 86 II 1 RiStBV.

190 **Fall 5:** Wie Fall 4, nur findet die Auseinandersetzung unmittelbar nach dem angeblichen Schokoladendiebstahl statt. C hat wieder nur den Schlag gesehen.

191 **Fall 6:** Zu guter Letzt ein Originalfall: A ist Autohändler in Kiel und hat Strafantrag gegen B gestellt. Dieser nahm bei A einen Saab für eine Probefahrt für zwei Stunden mit. Zuvor hatte B – was A natürlich nicht wusste – die eidesstattliche Versicherung abgegeben. Nachdem die zwei Stunden verstrichen waren, rief A den B auf dessen Handy an, wo der Wagen bliebe. B befand sich zu diesem Zeitpunkt auf der Autobahn in Richtung Hamburg. B gab an, er leide unter einem „ärztlichen Notfall" und wolle sich zunächst von seinem Arzt in Berlin behandeln lassen. Deshalb würde er den Wagen für die Fahrt dorthin benutzen. A widersprach dem. B legte auf. Erst Tage später ist der Wagen bei B in dessen Wohnort Eisenhüttenstadt sichergestellt worden. B beharrt auf dem ärztlichen Notfall und gibt außerdem an, weitere wichtige Termine gehabt zu haben, die er hätte wahrnehmen müssen. Er habe von Anfang an die Absicht gehabt, den Wagen im Laufe der nächsten Tage zurückzubringen. Deshalb könne nicht – wie von A angenommen – Unterschlagung vorliegen.

192 **Lösung Fall 1:** Das Verfahren ist gem. § 170 II StPO mangels hinreichenden Tatverdachts wegen Verfolgungsverjährung (vgl. §§ 78 ff. StGB) einzustellen. Es ist ein Bescheid mit Belehrung zu erteilen. Da B Kenntnis von den Ermittlungen hat, ist ihr eine Einstellungsnachricht zu übersenden, allerdings erst nach Ablauf der Frist für die Vorschaltbeschwerde.

193 **Lösung Fall 2:** Abermals Einstellung gem. § 170 II StPO. Mangels Strafantrages ist hier aber kein Bescheid zu erteilen. Der Einstellungsgrund ist in Vermerkform festzuhalten. Die B kann sofort die Einstellungsnachricht erhalten. Dann muss noch „Weglegen" verfügt werden.

194 **Lösung Fall 3:** Die Bekundungen des Antragstellers und die Einlassung der Beschuldigten stehen einander gegenüber, wobei keine Anhaltspunkte ersichtlich sind, aus denen der einen oder der anderen Variante der Vorzug zu geben wäre. Aller Voraussicht nach wird im Rahmen der Hauptverhandlung der Zweifelssatz zum Tragen kommen. An diesen ist die Staatsanwaltschaft zwar nicht gebunden, jedoch kann sie ihn im Rahmen der Prognose bezüglich der Verurteilungswahrscheinlichkeit berücksichtigen. Daher besteht kein hinreichender Tatverdacht. Die Einstellung hat gem. § 170 II StPO mit Belehrung zu erfolgen. Die Einstellungsnachricht darf erst nach einer Frist verfügt werden.
Falsch wäre es hier gewesen, den Antragsteller bezüglich der Beleidigung auf den Privatklageweg zu verweisen. Es handelt sich um eine einzige Tat iSd § 264 StPO und neben der Beleidigung und Nötigung ist auch das Offizialdelikt der Gefährdung des Straßenverkehrs Gegenstand des Verfahrens.

195 **Lösung Fall 4:** Zunächst ist danach zu fragen, wie viele prozessuale Taten Gegenstand des Verfahrens sind. Hier sind es zwei, der Diebstahl und die Körperverletzung bilden jeweils eine Tat.
Der Diebstahl dürfte nicht beweisbar sein, sodass diesbezüglich eine Einstellung gem. § 170 II StPO zu erfolgen hat.
Die Körperverletzung ist dagegen beweisbar, womit § 170 II StPO ausscheidet. Man könnte hier aber an § 153 I 2 StPO denken. Allerdings ist die Körperverletzung ein Privatklagedelikt. Bei solchen Delikten gehen die Vorschriften über die Verweisung auf den Privatklageweg der Einstellung gem. § 153 StPO vor. Das öffentliche Interesse an der Strafverfolgung gem. § 376 StPO ist hier offenbar nicht gegeben. Damit ist der Antragsteller bezüglich dieser Tat auf den Privatklageweg zu verweisen. Vorsicht: Bezüglich der Einstellung gem. § 170 II StPO (Diebstahl) ist eine Teilbelehrung auszusprechen.

196 **Lösung Fall 5:** Dieser Fall ist komplizierter. Eine Teileinstellung gem. § 170 II StPO hinsichtlich des Diebstahls scheidet nun aus, weil es sich nur um eine prozessuale Tat handelt. Auch kann der Antragsteller ohne Weiteres nicht auf den Privatklageweg verwiesen werden, weil innerhalb

einer Tat Privatklage- und Offizialdelikt[105] zusammenfallen. Der Lösungsweg ist umstritten: Manche vertreten, der Verletzte habe hier die Wahl zwischen Privatklage und Klageerzwingungsverfahren.[106] Entscheidet er sich für einen Weg, wird der andere unzulässig. Andere vertreten, dass der fehlende hinreichende Tatverdacht in Vermerkform festzuhalten und der Antragsteller auf den Privatklageweg zu verweisen ist. In der Praxis wird in diesem Fall häufig – letztlich unrichtig – der Weg über § 153 I StPO gewählt.

Meines Erachtens ist die Entschließung auf § 170 II StPO zu stützen, und zwar wegen fehlenden hinreichenden Tatverdachts in Bezug auf das Offizialdelikt einerseits und iVm §§ 374, 376 StPO hinsichtlich des Privatklagedelikts andererseits. Damit ist nach dem Wortlaut des Gesetzes in § 172 II StPO der Klageerzwingungsweg eröffnet. Einer Verweisung auf den Privatklageweg bedarf es nicht. Im Rahmen der Vorschaltbeschwerde würde nicht nur die Frage des fehlenden hinreichenden Tatverdachts überprüft werden, sondern im Wege der Rechtsaufsicht auch die Verneinung des öffentlichen Interesses iSd § 376 StPO.

Lösung Fall 6: Die Rechtsauffassung des B, es könne keine Unterschlagung gegeben sein, ist zutreffend. Nötig für eine Unterschlagung ist, dass äußere Umstände vorliegen, aus denen geschlossen werden kann, dass B sich den Wagen zueignen, also sich auf Dauer als Eigentümer gerieren wollte. Die bloße Nichtrückgabe eines entliehenen oder gemieteten Wagens nach Ablauf der Leih- oder Mietfrist reicht dafür nicht aus.[107] Ob hier eine Sachwertzueignung wegen übermäßigen Gebrauchs in Betracht kommt, ist nicht mit der für eine Anklageerhebung erforderlichen Sicherheit festgestellt.[108] **197**

Das heißt aber nicht, dass das Verfahren einzustellen ist. B wollte nämlich ganz offensichtlich – seine Einlassung ist nämlich unglaubhaft – den Wagen unentgeltlich nutzen, um von Kiel über Berlin nach Eisenhüttenstadt zu fahren. Da er mittellos ist, war er weder Willens noch in der Lage, den Kaufpreis für den Saab zu bezahlen. Ihm ging es zwar nicht um den Wagen als ganzen, aber um den Besitz daran. Seine Tat ist als Besitzbetrug zu werten.[109]

Da der Betrug und die – angenommene – Unterschlagungshandlung ineinander übergehen und letztere sich als Materialisierung des Besitzschadens darstellt, ist nur eine einzige prozessuale Tat gegeben. Es kann ohne Teileinstellung Anklage erhoben werden. (B ist übrigens zu einer Geldstrafe jenseits von 90 Tagessätzen verurteilt worden.)

VI. Die Erhebung der öffentlichen Klage

Liegt hinreichender Tatverdacht vor und soll keine Kompletteinstellung vorgenommen werden, muss die öffentliche Klage – in welcher Form auch immer – erhoben werden. Dies geschieht in zwei Schritten: durch die Fertigung einer Begleitverfügung einerseits und einer Anklageschrift, eines Strafbefehles oder eines anderen entsprechenden Antrags andererseits. **198**

1. Die Begleitverfügung

Die Begleitverfügung[110] hat den Zweck, das Verfahren in das Zwischenverfahren zu bringen, vgl. §§ 169a, 199 StPO, und die Durchführung der Hauptverhandlung zu ermöglichen. Wie **199**

105 Vgl. BGH NStZ 2016, 680 = BeckRS 2016, 07303 Rn. 6.

106 Meyer-Goßner/Schmitt/Schmitt StPO § 374 Rn. 3.

107 Ganz hM, vgl. Fischer StGB § 246 Rn. 9; Lackner/Kühl/Heger/Heger StGB § 246 Rn. 4; MüKoStGB/Hohmann § 246 Rn. 19; Schönke/Schröder/Bosch StGB § 246 Rn. 11.

108 Vgl. Fischer StGB § 246 Rn. 9 mwN.

109 Nach ständiger Rechtsprechung des BGH stellt der Besitz eine selbstständige Vermögensposition dar, die ertrogen werden kann, wenn dem Besitz ein wirtschaftlicher Wert beikommt. Vgl. BGHSt 8, 254 (256) = NJW 1956, 151; BGHSt 14, 386 (389) = NJW 1960, 1729; BGHSt 16, 280 (281) = NJW 1962, 116; BGH NStZ 2012, 627 Rn. 5 zur Parallelfrage bei §§ 253, 255 StGB.

110 Da die Ermittlungen bei Anklageerhebung abgeschlossen sind (§ 169a StPO) ist auch der Begriff „Abschlussverfügung" gebräuchlich, wenn auch letztlich nicht präzise, da auch eine Einstellung des Ermittlungsverfahrens einen Abschluss darstellt.

geht das? Mein Rat zum wiederholten Male: Denken Sie ganz praktisch. Was ist nötig, damit die Hauptverhandlung stattfinden kann?

200 Zunächst einmal müssen die Akten dem Gericht übersandt werden. Natürlich muss die Anklageschrift (oder eine andere Form der Klageerhebung) dabei sein. Denken Sie dann an den Staatsanwalt, Amtsanwalt oder Referendar, der die Sache vor Gericht vertreten muss. Alle Informationen, die für die Sitzungsvertretung relevant sind, müssen sich aus den Handakten ergeben. Die hierfür nötigen Blätter müssen also in Ablichtung zu den Handakten genommen werden. Dazu gehört natürlich auch eine Ablichtung der Anklageschrift, denn die muss er ja verlesen. Dann ist daran zu denken, ob zuvor (Teil-)Einstellungen erfolgen müssen. Oder ist die Strafverfolgung zu beschränken? Sind nur die Akten zu übersenden oder auch Beiakten und Asservate? Sollten andere Stellen von der Klageerhebung Kenntnis nehmen? Sind Nebenanträge wie zB die Bestellung eines Pflichtverteidigers zu stellen?

Ich empfehle, sich die Begleitverfügung wie einen Baukasten vorzustellen. Dieser Baukasten besteht aus verschiedenen Teilen. Beginnen wir mit dem Grundgerüst, also der denkbar kürzesten Begleitverfügung.

a) Die Standard-Begleitverfügung

201 Ausnahmslos immer beginnt die Begleitverfügung mit dem Satz **„Die Ermittlungen sind abgeschlossen“**, so will es § 169a StPO. Durch diesen Verfügungspunkt wird der Ermittlungsteil vom Entschließungsteil getrennt.[111] Von jetzt an besteht für einen Verteidiger ein uneingeschränktes Akteneinsichtsrecht (§ 147 II StPO) und dem Staatsanwalt ist die unmittelbare Verfahrensherrschaft entzogen. Einstellungen können ohne Zurücknahme der Anklage nicht mehr durch die StA verfügt werden.

202 Dabei besteht Uneinigkeit darüber, ob dieser Satz in Vermerkform in der Verfügung verwendet werden muss oder nicht. Das Gesetz spricht davon, dass die Staatsanwaltschaft den Abschluss der Ermittlungen zu vermerken hat. Das bedeutet aber noch nicht zwangsläufig, dass dies auch wörtlich zu nehmen ist, zumal das Gesetz sonst an keiner Stelle von Vermerken spricht. Es ist auch systemwidrig, dass an einen (internen) Vermerk eine prozessuale Folge geknüpft wird. Dass die Formulierung im Gesetz unscharf ist, zeigt sich auch daran, dass nicht die Staatsanwaltschaft, sondern vielmehr der zuständige Staatsanwalt oder Amtsanwalt den Abschluss der Ermittlungen verfügt. Ähnliche Unschärfen sind auch bei anderen Vorschriften auszumachen, vgl. zB die Problematik um die „vorläufige“ Einstellung gem. § 154 StPO. Praktische Auswirkungen hat diese Streitfrage jedoch nicht, da der Abschlussvermerk keine Prozessvoraussetzung ist.[112]

203 Weiter ist unbedingt nötig, dass für die Sitzungsvertretung nötige Blätter in Ablichtung zu den **Handakten** genommen werden. Hierzu gehört neben dem Registerauszug selbstverständlich auch eine Ablichtung der Anklageschrift.

204 Die **Anklageschrift** muss natürlich zuvor geschrieben werden. Da das Gericht im Zwischenverfahren dem Angeklagten und unter Umständen auch anderen Personen eine Ablichtung der Anklageschrift übersenden wird, sind weitere Ablichtungen der Anklageschrift zu fertigen. Diese verbleiben – mit Ausnahme der Ablichtung für die Handakten – bei den Hauptakten. Hinsichtlich der Anzahl der Ablichtungen gilt: lieber zu viel als zu wenig. Nehmen Sie pro Angeschuldigtem ca. 6 Ablichtungen. Feste Regeln gibt es hier nicht. Mittlerweile setzt sich die Übung durch, die Geschäftsstelle die Zahl der erforderlichen Ablichtungen selbstständig bestimmen zu lassen. In diesem Fall ist ausreichend zu verfügen, die „erforderliche Anzahl von Ablichtungen“ fertigen zu lassen.

205 Ein oft zu beobachtender Fehler ist, dass verfügt wird, die Anklageschrift sechs Mal abzulichten und die Ablichtungen zu den HA zu nehmen. Wozu sollten sechs Ablichtungen

---

111 Vgl. Meyer-Goßner/Schmitt/Schmitt StPO § 169a Rn. 1: Hier wird vertreten, dass der Vermerk auch bei § 153a I StPO erforderlich sei, da es aber kein prozessuales Verfahrensstadium „Einstellungsverfahren“ gibt, erscheint dies als entbehrlich.

112 Meyer-Goßner/Schmitt/Schmitt StPO § 169a Rn. 1.

der Anklageschrift in den HA nötig sein? Putzigerweise machen das selbst Geschäftsstellenmitarbeiter mitunter falsch, selbst wenn etwas anderes verfügt worden ist. Oft erscheinen HA nur auf den ersten Blick als umfangreich, weil sie praktisch nur aus Ablichtungen der Anklageschrift bestehen.

Bevor die Hauptakten **dem Gericht übersandt** werden können (U. m. A.), ist – wie bei allen externen Verfügungen – eine **Frist** zu bestimmen, die nicht zu kurz bemessen sein sollte. Im Regelfall sollte hier eine (HA-)Frist von 3–4 Monaten verfügt werden. 206

Hieraus ergibt sich, dass die kürzeste denkbare Begleitverfügung **fünf Punkte** umfasst. Sie könnte wie folgt aussehen: 207

– 572 Js 12345/23 –

Vfg.

1. Die Ermittlungen sind abgeschlossen, § 169a StPO.
2. Ablichtungen von R und Bl. 1–4 d. A. fertigen und zu den HA nehmen.
3. Anklageschrift nach anliegendem Entwurf fertigen, 6 Ablichtungen herstellen, Entwurf und eine Ablichtung zu den HA nehmen.
4. Frist: 4 Monate
5. U. m. A.
   dem Amtsgericht
   – Strafrichter –
   in Kiel
   unter Hinweis auf anliegende Anklageschrift übersandt.

Kiel, 1.6.2023
Staatsanwaltschaft
bei dem Landgericht

Müller
Staatsanwalt

Fassen Sie diese Begleitverfügung als das zuvor erwähnte Grundgerüst auf. Abhängig davon, was sonst noch zu veranlassen ist, setzen Sie die nötigen Teile davor, dazwischen oder dahinter.

Falls nicht Anklage erhoben, sondern der Erlass eines Strafbefehls oder die Behandlung im beschleunigten Verfahren beantragt werden soll, weist man natürlich nicht auf „anliegende Anklageschrift" hin, sondern beantragt, „einen Strafbefehl gemäß dem anliegenden Entwurf zu erlassen"[113] oder weist schlicht auf „anliegende Antragsschrift" hin.

b) Weitere Bestandteile der Begleitverfügung

Beginnen wir mit den Teilen, die am besten vorangestellt werden. 208

aa) (Teil-)Einstellungen in der Begleitverfügung

Hierzu gehören insbesondere (Teil-)Einstellungen. Müssen die Ermittlungen hinsichtlich einzelner Teile oder Beschuldigter eingestellt werden, so sind diese Teile der oben dargestellten Verfügung voranzustellen. Dies folgt daraus, dass dem Staatsanwalt ab dem Punkt „Die

113 Teilweise wird in Staatsanwaltschaften ein Textbaustein verwendet, der außerdem den Antrag enthält, hilfsweise das Hauptverfahren zu eröffnen und bei Einspruch gegen den Strafbefehl Hauptverhandlungstermin anzuberaumen. Das sind Folgen, die kraft Gesetzes eintreten (§§ 408 III, 410, 411 StPO) und von der Staatsanwaltschaft nicht gesondert beantragt werden müssen.

Ermittlungen sind abgeschlossen" die unmittelbare Herrschaft über diese Entscheidung entzogen ist.[114]

Die Form der Einstellung entspricht exakt den oben dargestellten Grundsätzen hinsichtlich Einstellungsverfügungen. Der oben dargestellte Gedankengang (Norm? Bescheid? Mit oder ohne Belehrung? Einstellungsnachricht?) muss vorangehen. Mit dem Einstellungsteil wird begonnen, dann folgt die Begleitverfügung.

(1) Teileinstellung gem. § 154 I StPO

209 Nehmen wir an, es sollen nicht alle prozessualen Taten, die dem Beschuldigten vorgeworfen werden, angeklagt werden. Der einfachste und häufigste Fall ist eine Teileinstellung gem. § 154 I StPO. Hier ein Vorschlag, wie so eine Kombination aussehen könnte, wobei ich den Einstellungsteil zur Verdeutlichung optisch anders darstelle:

– 572 Js 12345/23 –

Vfg.

1. **Teileinstellung gem. § 154 I StPO aus den Gründen und in dem Umfang des Bescheides zu 2.**
2. **Zu schreiben Bescheid – ohne Belehrung – an den Antragsteller Sven Meier (Bl. 6 d. A.)**

   Ermittlungsverfahren gegen Max Müller in Kiel wegen des Verdachts der Körperverletzung und des Diebstahls
   (hier: Vorfall vom 2.1.2023; Entwenden von Schokolade, Ohrfeige)

   Sehr geehrter Herr Meier,
   ich habe Ihren Strafantrag geprüft.
   Die Strafe, die der Beschuldigte wegen des Diebstahls zu erwarten hätte, würde hinsichtlich der wegen der Körperverletzung zu erwartenden Strafe nicht beträchtlich ins Gewicht fallen. In Fällen dieser Art kann die Staatsanwaltschaft gem. § 154 I StPO von der Verfolgung der Tat absehen. Da dem Beschuldigten aller Voraussicht nach das hier schwerer wiegende Delikt der Körperverletzung nachzuweisen sein wird, der Nachweis des Diebstahls der Schokolade jedoch weitere Ermittlungen erfordern würde, habe ich zur Beschleunigung des Strafverfahrens von dieser Möglichkeit Gebrauch gemacht und das Verfahren, soweit es den Diebstahl angeht, eingestellt.
   Hinsichtlich der Körperverletzung habe ich die öffentliche Klage erhoben.

   Mit freundlichen Grüßen
3. **Vermerk:**
   Von einem Antrag im selbstständigen Einziehungsverfahren wird gem. § 435 I 2 StPO iVm § 76a I, III StGB abgesehen, weil das Erlangte einen geringen Wert hat.[115]
4. **Keine Einstellungsnachricht, da Anklage im Übrigen.**
5. Die Ermittlungen sind abgeschlossen, § 169a StPO.
6. Ablichtungen von R und Bl. 14 d. A. fertigen und zu den HA nehmen.
7. Anklageschrift nach anliegendem Entwurf fertigen, 6 Ablichtungen herstellen, Entwurf und eine Ablichtung zu den HA nehmen.
8. Frist: 4 Monate.
9. U. m. A.
   dem Amtsgericht
   – Strafrichter –

---

114 Allerdings kann der Staatsanwalt bis zum Eröffnungsbeschluss die Anklage zurücknehmen. Dann befindet sich das Verfahren wieder im Ermittlungsstadium. Nun können Einstellungen erfolgen und ggf. eine neue Anklage erhoben werden.

115 Dieser Vermerk betrifft die denkbare Einziehung des Wertes des Erlangten gem. §§ 73, 73c StGB. Zu den Regeln der Vermögensabschöpfung → Rn. 279b ff.

> in Kiel
> unter Hinweis auf anliegende Anklageschrift übersandt.
>
> Kiel, 1.6.2023
> Staatsanwaltschaft
> bei dem Landgericht
>
> Müller
> Staatsanwalt

Entsprechend kann bei allen (Teil-)Einstellungen verfahren werden, die nicht wegen fehlenden hinreichenden Tatverdachts erfolgen.

(2) Bescheid mit Belehrung und gleichzeitige Anklageerhebung?

Wie ist es aber, wenn im Fall des § 170 II StPO eine Belehrung zu erteilen ist und damit die Gefahr einer Vorschaltbeschwerde besteht? Um ein unnötiges Akten-Hin-und-Her zu vermeiden, sollte mE ein Aktendoppel angefertigt werden, das bei den HA verbleibt, sofern der Umfang nicht entgegensteht (s. oben). Dieser Weg sollte nur in Verfahren gewählt werden, in denen die Ablichtung der gesamten Hauptakten nicht zu aufwändig ist (wovon Sie im Examen aber nicht ausgehen müssen). Hilfsweise stehen ja noch die Möglichkeiten der Abtrennung[116] und des Abwartens zur Verfügung. Auch ein späterer Rückruf der Akten im Falle einer Beschwerde bleibt möglich.[117] 210

> – 572 Js 12345/23 –
>
> Vfg.
>
> 1. **Teileinstellung gem. § 170 II StPO aus den Gründen und in dem Umfang des Bescheides zu 2.**
> 2. **Zu schreiben Bescheid – mit Belehrung – an den Antragsteller Sven Meier (Bl. 6 d. A.)**
>
> **Ermittlungsverfahren gegen Max Müller in Kiel wegen des Verdachts der Körperverletzung und des Diebstahls**
> **(hier: Vorfall vom 2.1.2023; Entwenden von Schokolade, Ohrfeige)**
>
> **Sehr geehrter Herr Meier,**
> **ich habe Ihren Strafantrag geprüft.**
> **Insbesondere habe ich den Beschuldigten zu den ihm gemachten Vorwürfen vernehmen lassen. Der Beschuldigte bestreitet die Körperverletzung zu Ihrem Nachteil nicht, wohl aber den angeblich vorangegangenen Diebstahl der Schokolade. Hinsichtlich dieser Tat stehen sich Ihre Bekundungen und die Einlassung des Beschuldigten gegenüber, ohne dass Anhaltspunkte ersichtlich sind, aus denen der einen oder der anderen Version der Vorzug zu geben wäre. Aus diesen Gründen ist es nicht wahrscheinlich, dass der Beschuldigte in einer Hauptverhandlung wegen Diebstahls verurteilt werden wird. Ich habe das Verfahren daher bezüglich des Diebstahls gem. § 170 II StPO eingestellt.**
> ***Hilfsweise wäre auch eine Teileinstellung gem. § 154 I StPO gerechtfertigt gewesen. Die Strafe, die der Beschuldigte wegen des Diebstahls zu erwarten hätte, würde hinsichtlich der wegen der Körperverletzung zu erwartenden Strafe nicht beträchtlich ins Gewicht fallen. In Fällen dieser Art kann die Staatsanwaltschaft gem. § 154 I StPO***

116 Sofern sie nicht nur zum Zweck der Einstellung und Bescheidung erfolgt, denn dies stellt keinen sachlichen Grund für eine Abtrennung dar.

117 Vgl. hierzu schon → Rn. 168.

von der Verfolgung absehen. So liegt es hier, wobei in die Erwägungen einzubeziehen ist, dass es sich bei der Tafel Schokolade um eine geringwertige Sache gehandelt hat.
Hinsichtlich der Körperverletzung habe ich mit gleicher Verfügung die öffentliche Klage erhoben.

– Belehrung –
Mit freundlichen Grüßen

3. **Keine Einstellungsnachricht, da Anklage im Übrigen.**
4. **Aktendoppel wegen der bestehenden Beschwerdemöglichkeit fertigen und bei den HA belassen.**
5. Die Ermittlungen sind abgeschlossen, § 169a StPO.
6. Ablichtungen von R und Bl. 14 d. A. fertigen und zu den HA nehmen.
7. Anklageschrift nach anliegendem Entwurf fertigen, 6 Ablichtungen herstellen, Entwurf und eine Ablichtung zu den HA nehmen.
8. Frist: 4 Monate.
9. U. m. A.
   dem Amtsgericht
   – Strafrichter –
   in Kiel
   unter Hinweis auf anliegende Anklageschrift übersandt.

Kiel, 1.6.2023
Staatsanwaltschaft
bei dem Landgericht

Müller
Staatsanwalt

211 Ihnen wird im obigen Vorschlag der kursiv gedruckte Teil aufgefallen sein. Hier habe ich die Einstellung nicht nur auf den – vorrangigen – § 170 II StPO gestützt, sondern hilfsweise auch auf § 154 I StPO. Gleichwohl ist der Antragsteller zu belehren, denn die Einstellung ist ja wegen fehlenden hinreichenden Tatverdachts erfolgt. Eine solche Hilfsbegründung ist – nicht nur in der Begleitverfügung – zulässig und unter Umständen auch geboten, denn was nützt es dem Antragsteller und späteren Beschwerdeführer, wenn seiner Beschwerde gegen eine Einstellung gem. § 170 II StPO abgeholfen, das Verfahren aber sofort gem. § 154 I StPO eingestellt wird? Merke: Ein gut begründeter Bescheid hilft, fruchtlose Beschwerden zu vermeiden (vgl. Nr. 89 II 2 RiStBV).

(3) Einstellung bezüglich eines Beschuldigten – und zwar komplett

212 In den obigen Beispielen ist immer eine Teileinstellung bezüglich einzelner prozessualer Taten eines einzigen Beschuldigten erfolgt. Geht es dagegen um eine (Komplett-)Einstellung hinsichtlich eines Beschuldigten und Anklageerhebung gegen den anderen Beschuldigten, sieht die Verfügung nicht anders aus, nur dass statt des Begriffes „Teileinstellung“ der Begriff „Einstellung“ verwendet wird, um der Geschäftsstelle und dem Antragsteller klarzumachen, dass das Verfahren für einen der Beschuldigten zu Ende ist.

213 Außerdem ist es jetzt nicht mehr möglich, „Keine Einstellungsnachricht, da Anklage im Übrigen“ zu verfügen, da gegen einen der Beschuldigten ja keine öffentliche Klage erhoben wird. Hier wird wieder die Frage nach der Einstellungsnachricht interessant: Einen Monat warten? Abtrennen? Doppel? In diesem Fall würde ich in der Praxis zu einem Abwarten tendieren. Man kann allenfalls über folgenden Lösungsweg nachdenken: Man verfügt eine Ablichtung der Begleitverfügung zu den HA, lässt die Einstellungsnachricht fertigen – aber noch nicht absenden – und hinter der Frist setzt man in Klammern eine Merkhilfe. Das könnte dann so aussehen:

– 572 Js 12345/23 –

Vfg.

1. **Einstellung gem. § 170 II StPO bezüglich des Beschuldigten Müller (Bl. 8 d. A.) aus den Gründen des Bescheides zu 2.**
2. **Zu schreiben Bescheid mit Belehrung an den Antragsteller Sven Meier (Bl. 6 d. A.)**
   Ermittlungsverfahren gegen Max Müller in Kiel wegen des Diebstahls
   (hier: Vorfall vom 2.1.2023; Entwenden von Schokolade)

   Sehr geehrter Herr Meier,
   ich habe Ihren Strafantrag geprüft.
   Insbesondere habe ich den Beschuldigten zu den ihm gemachten Vorwürfen vernehmen lassen. Der Beschuldigte bestreitet den angeblichen Diebstahl der Schokolade. Hinsichtlich dieser Tat stehen sich Ihre Bekundungen und die Einlassung des Beschuldigten gegenüber, ohne dass Anhaltspunkte ersichtlich sind, aus denen der einen oder der anderen Version der Vorzug gegeben wäre. Aus diesen Gründen ist es nicht wahrscheinlich, dass der Beschuldigte in einer Hauptverhandlung wegen Diebstahls verurteilt werden wird. Ich habe das Verfahren daher bezüglich des Beschuldigten Müller gem. § 170 II StPO eingestellt.

   Hinsichtlich der Körperverletzung durch den Beschuldigten Schulze habe ich mit gleicher Verfügung die öffentliche Klage erhoben.
   – Belehrung –

   Mit freundlichen Grüßen
3. **Einstellungsnachricht an den Beschuldigten Müller (Bl. 8 d. A.) fertigen, aber noch nicht absenden, sondern bei den HA belassen.**
4. **Aktendoppel wegen der bestehenden Beschwerdemöglichkeit fertigen und bei den HA belassen.**
5. Die Ermittlungen sind abgeschlossen, § 169a StPO.
6. Ablichtungen von R und Bl. 14 d. A. fertigen und zu den HA nehmen.
7. Anklageschrift nach anliegendem Entwurf fertigen, 6 Ablichtungen herstellen, Entwurf und eine Ablichtung zu den HA nehmen.
8. **Frist: 1 Monat (Beschwerde bzgl. Einstellung Müller? E'Nachricht absenden?).**
9. U. m. A.
   dem Amtsgericht
   – Strafrichter –
   in Kiel
   unter Hinweis auf anliegende Anklageschrift übersandt.

Kiel, 1.6.2023
Staatsanwaltschaft
bei dem Landgericht

Müller
Staatsanwalt

(4) Beschränkung der Strafverfolgung

Wesensverwandt mit den Einstellungen ist die Beschränkung der Strafverfolgung in der Begleitverfügung.[118] Mitunter liest man in den Akten folgenden Fehler: **214**

118 Vgl. zur Frage der Notwendigkeit einer Aufnahme in die Begleitverfügung → Rn. 152.

„Die Strafverfolgung wird gem. § 154a StPO beschränkt, soweit nicht im folgenden Anklage erhoben wird".

Entsprechend nichtssagend ist dann die Erwähnung in der Anklageschrift. Prozessuale Möglichkeiten wie die Wiedereinbeziehung in der Hauptverhandlung wird man bei dieser Art von Beschränkung nicht haben, da nicht klar ist, welche/s Delikt/e „wegbeschränkt" worden ist/sind. Dies muss sich aber aus dem Vermerk und der Anklageschrift ergeben, um dem Angeschuldigten/Angeklagten eine effektive Verteidigung zu ermöglichen. Das einzige, was man damit erreicht ist, dass man sich über andere Delikte als in der Anklageschrift erwähnt, keine Gedanken mehr machen muss.

215 Eine Beschränkung der Strafverfolgung gem. § 154a I StPO ist viel weniger aufwändig als eine Teileinstellung, da weder Bescheid noch Einstellungsnachricht nötig sind (und spart damit insbesondere im schriftlichen Examen eine Menge Schreibarbeit). Im Ausgangsbeispiel könnte das wie folgt aussehen:

– 572 Js 12345/23 –

Vfg.

1. Vermerk:
   Der Diebstahl an der Schokoladentafel fällt hinsichtlich der für die Körperverletzung zu erwartenden Strafe nicht beträchtlich ins Gewicht. Die Strafverfolgung wird daher gem. § 154a I StPO auf die Körperverletzung beschränkt. Das Verfahren wird zudem gem. § 421 I Nr. 1, III StPO beschränkt, weil das Erlangte einen geringen Wert hat.[119]
2. Die Ermittlungen sind abgeschlossen, § 169a StPO.
3. Ablichtungen von R und Bl. 14 d. A. fertigen und zu den HA nehmen.
4. Anklageschrift nach anliegendem Entwurf fertigen, 6 Ablichtungen herstellen, Entwurf und eine Ablichtung zu den HA nehmen.
5. Frist: 4 Monate
6. U. m. A.
   dem Amtsgericht
   – Strafrichter –
   in Kiel
   unter Hinweis auf anliegende Anklageschrift übersandt.

Kiel, 1.6.2023
Staatsanwaltschaft
bei dem Landgericht

Müller
Staatsanwalt

bb) Nebenentscheidungen

216 Unter Nebenentscheidung verstehe ich solche, die das prozessuale Schicksal des Verfahrens gerade **nicht** betreffen, sondern eher administrativer Natur sind. Hierzu gehören Asservatenentscheidungen, das Erfordern von Beiakten (und gegebenenfalls Mitversendung derselben) sowie Mitteilungen nach der MiStra.

Sind Beweismittel sichergestellt, beschlagnahmt oder in Verwahrung genommen, können sie als Urkunden oder Gegenstände richterlichen Augenscheins in der Hauptverhandlung für die Beweisführung relevant sein. Sie sind daher nach Möglichkeit mit den Hauptakten zusammen zu übersenden.

119 Zu den Regeln der Vermögensabschöpfung → Rn. 279b ff.

Es kommt nicht selten vor, dass der Beschuldigte bereits zuvor strafrechtlich in Erscheinung getreten und unter Umständen sogar verurteilt worden ist. Hier bietet es sich an, gegebenenfalls relevante Akten zu erfordern und mit zu versenden, sofern die Fertigung von Ablichtungen hieraus nicht ausreichend ist oder untunlich erscheint.

Ferner bestimmt die MiStra, dass im Falle einer Anklageerhebung öffentliche Stellen hiervon durch Übersendung einer Anklageschrift zu unterrichten sind.

Exkurs: MiStra

MiStra steht für „Anordnung über Mitteilung in Strafsachen". Sie ist im Anhang des Meyer-Goßner/ 217 Schmitt hinter den RiStBV abgedruckt. Es handelt sich um Vorschriften in Form einer Anordnung, also untergesetzlichen Rechts, welche dadurch bundeseinheitlich gilt, dass entsprechende ministerielle Ausführungsverordnungen für die einzelnen Länder erlassen worden sind. Ich möchte mich hier darauf beschränken, die praktisch wichtigsten Mitteilungspflichten zu nennen. Es sind Strafsachen gegen Personen in einem Beamten- oder Richterverhältnis (Nr. 15), Soldatinnen oder Soldaten (Nr. 19), Zivildienstleistende (Nr. 21), Notarinnen, Notare und Angehörige der rechtsberatenden Berufe (Nr. 23), Angehörige bestimmter Berufe des Wirtschaftslebens und Sachverständige (Nr. 24), Angehörige der Heilberufe (Nr. 26), an Schulden, Kinderheimen, Kindertagesstätten und vergleichbaren Einrichtungen tätige Personen (Nr. 27), Jugendliche und Heranwachsende (Nr. 32 f.), Ausländerinnen und Ausländer (Nr. 42 – vgl. auch § 87 IV AufenthaltsG), gegen Gefangene und Untergebrachte (Nr. 43), ferner in Fahrerlaubnissachen (Nr. 45), Betäubungsmittelsachen (Nr. 50) und Umweltschutzsachen (Nr. 51).
Entscheidungen in derartigen Verfahren müssen den in der MiStra genannten Stellen mitgeteilt werden, im Falle der Anklageerhebung oft durch Übersendung einer Ablichtung, aber nicht immer[120] (s. zB Nr. 45). Vorsicht bei Übersendungen von Ablichtungen an den Dienstherren oder Vorgesetzten des Beschuldigten oder sonstige Aufsichtsbehörden pp. Damit nicht mehr Personen als unbedingt nötig von der Erhebung der öffentlichen Klage erfahren (Unschuldsvermutung!), sollte hier der Zusatz verfügt werden „In einem verschlossenen Umschlag gekennzeichnet als vertrauliche Personalsache", vgl. zB Nr. 15 V, 16 V, 17 IV, 19 V, 21 V, 22 VI, 26 III, 27 II MiStra. Die MiStra wird in der Praxis und im Examen sehr gerne übersehen.

Ausgehend vom Baukastensystem stellt sich die Frage, wo diese Art von Nebenentscheidun- 218 gen unterzubringen ist. Da oft die Versendung von Anklageabschriften Gegenstand solcher Entscheidungen ist, bietet es sich an, diese Teile nach Fertigung der Anklageabschriften und vor Verfügung der Frist einzubauen.[121]

– 572 Js 12345/23 –

Vfg.

1. Die Ermittlungen sind abgeschlossen, § 169a StPO.
2. Ablichtungen von R und Bl. 14 d. A. fertigen und zu den HA nehmen.
3. Anklageschrift nach anliegendem Entwurf fertigen, 10 Ablichtungen herstellen, Entwurf und eine Ablichtung zu den HA nehmen.
4. **570 Js 5432/23 erfordern.**
5. **Mitteilung gem. Nr. 32 MiStra an die Jugendgerichtshilfe der Landeshauptstadt Kiel mit folgendem Zusatz: Es wird gebeten, bezüglich D... A... einen Bericht gem. §§ 38,**

120 Bei Mitteilungen über Ausländerinnen und Ausländer sind gem. Nr. 42 I MiStra die Einleitung des Verfahrens unter Angabe der gesetzlichen Vorschriften und der Ausgang, also die Tatsache der Anklageerhebung, mitzuteilen. Einer Übersendung der Anklageschrift bedarf es nicht.

121 Die hier verwendeten Formulierungen lehnen sich an die momentan gängige Praxis an, müssen aber nicht exakt so verwendet werden.

43, 109 JGG beschleunigt unmittelbar dem Gericht einzureichen. Um eine Abschrift des Berichts für die hiesigen Handakten wird ebenfalls gebeten.

6. **Asservate Nr. … beifügen**
7. Frist: 4 Monate
8. **U. m. A. nebst Beiakten 570 Js 5432/23 und Asservaten (Messer, Schlagring)**
   dem Amtsgericht
   – Jugendrichter –
   in Kiel
   unter Hinweis auf anliegende Anklageschrift übersandt.

Kiel, 1.6.2023
Staatsanwaltschaft
bei dem Landgericht

Müller
Staatsanwalt

cc) Nebenanträge

219 Oft gilt es, nicht nur die öffentliche Klage zu erheben, sondern gegenüber dem Gericht weitere Anträge zu stellen.

Wie bereits erwähnt, besteht die prinzipielle Möglichkeit, nicht nur Anklage zu erheben, sondern gleichzeitig auch einen Untersuchungshaftbefehl gem. §§ 112 ff. StPO zu beantragen. Daneben können bei Gericht schon weitere Anklagen gegen den Beschuldigten anhängig sein und der Entscheidung harren. Außerdem könnte ein Fall der notwendigen Verteidigung iSd § 140 StPO gegeben sein, die den Antrag auf Bestellung eines Pflichtverteidigers nötig machen würde. Ein weiterer häufig auftretender Fall ist der, dass ein Führerschein von der Polizei beschlagnahmt worden ist (Trunkenheitsfahrt), die vorläufige Entziehung der Fahrerlaubnis nach § 111a I, III StPO noch nicht ausgesprochen worden ist, aber trotzdem jetzt schon Anklage erhoben werden kann. Außerdem kann es zu einer sonstigen nichtrichterlichen Beschlagnahme gekommen sein, die gem. § 98 II 1 StPO richterlich zu bestätigen ist. Dies sind Beispiele für Nebenanträge, für die nach Anklageerhebung nicht mehr der Ermittlungsrichter, sondern jetzt das erkennende Gericht zuständig ist.

220 Der richtige Platz für Nebenanträge ist innerhalb der U. m. A.-Verfügung, da dieser Teil der Verfügung sich nicht mehr an die Geschäftsstelle, sondern an das Gericht richtet.[122]

– 572 Js 12345/23 –

Vfg.

1. Die Ermittlungen sind abgeschlossen, § 169a StPO.
2. Ablichtungen von R und Bl. 14 d. A. fertigen und zu den HA nehmen.
3. Anklageschrift nach anliegendem Entwurf fertigen, 6 Ablichtungen herstellen, Entwurf und eine Ablichtung zu den HA nehmen.
4. Frist: 4 Monate
5. U. m. A. nebst Asservat (Führerschein)
   dem Amtsgericht
   – Strafrichter –
   in Kiel
   unter Hinweis auf anliegende Anklageschrift übersandt.

122 Da sich die Sache nun im Zwischenverfahren befindet, heißt es nicht mehr Beschuldigter, sondern Angeschuldigter, § 157 StPO.

Es wird ferner beantragt, die Sache mit dem dortigen Verfahren 23 Ds 570 Js 5432/23 zur gemeinsamen Hauptverhandlung und Entscheidung zu verbinden.
Darüber hinaus wird beantragt, dem Angeschuldigten wegen der Schwierigkeit der Sach- und Rechtslage gem. §§ 140 II, 141 II Nr. 4 StPO einen Pflichtverteidiger zu bestellen.
Schließlich wird beantragt, dem Angeschuldigten gem. § 111a I, III StPO die Fahrerlaubnis vorläufig zu entziehen und die Beschlagnahme des beigeschlossenen Führerscheins zu bestätigen. Aufgrund der in der Anklageschrift bezeichneten Beweismittel sind dringende Gründe für die Annahme vorhanden, dass dem Angeschuldigten die Fahrerlaubnis entzogen werden wird.

Kiel, 1.6.2023
Staatsanwaltschaft
bei dem Landgericht

Müller
Staatsanwalt

Wie Sie sehen, ist es nicht ausgeschlossen, zwischen der U. m. A.-Verfügung und der „Vollen Firma“ noch einiges an Text hinzuschreiben. Hiervor scheuen sich viele Referendare – zu Unrecht. Im obigen Beispiel habe ich übrigens den zuvor erwähnten U-Haft-Antrag weggelassen. Das will ich nun nachholen. 221

Es gibt prinzipiell zwei verschiedene Arten, wie man im Fall der Anklageerhebung den Erlass eines Untersuchungshaftbefehls beantragt. Die erste Möglichkeit ist, in die Anklageschrift nach den Anträgen einen Annex anzuhängen mit dem U-Haft-Antrag und seiner Begründung. Das ist rechtlich zulässig und nicht zu beanstanden. Trotzdem ist es unglücklich. Viele Richter fühlen sich an die Reihenfolge der Anträge in der Anklageschrift gebunden. Steht dort etwa 222

„Es wird beantragt,

a) das Hauptverfahren zu eröffnen
b) gegen den Angeschuldigten Untersuchungshaftbefehl zu erlassen“,

so kann dies dazu führen, dass das Gericht erst das Zwischenverfahren durchführt und erst dann über den U-Haft-Antrag entscheidet. Nur zur Verdeutlichung: Im Zwischenverfahren wird dem Angeschuldigten die Anklageschrift, in der ja auch der U-Haft-Antrag steht, zur Stellungnahme binnen zwei Wochen übersandt, § 201 I StPO. Erst nach Ablauf dieser Frist entscheidet das Gericht dann über das Hauptverfahren und den weiteren Antrag. Der Angeschuldigte könnte diese Handlungsweise als Aufforderung verstehen, sich dem Strafverfahren durch Flucht zu entziehen. Dann hätte man das Gegenteil von dem erreicht, was man mit dem Antrag bezweckt hat, nämlich die Sicherung der Durchführung der Hauptverhandlung.

Besser ist es daher, den U-Haft-Antrag an die Begleitverfügung anzuhängen. Nähere Ausführungen zu den vorgeworfenen Taten sind dann in Ansehung der Anklageschrift entbehrlich. 223

– 572 Js 12345/23 – Eilt! Sofort!

Vfg.

1. Die Ermittlungen sind abgeschlossen, § 169a StPO.
2. Ablichtungen von R und Bl. 14 d. A. fertigen und zu den HA nehmen.
3. Anklageschrift nach anliegendem Entwurf fertigen, 6 Ablichtungen herstellen, Entwurf und eine Ablichtung zu den HA nehmen.

4. Frist: 1 Woche GENAU (Haftbefehl?)[123]
5. U. m. A.
   dem Amtsgericht
   – Schöffengericht –
   in Kiel
   unter Hinweis auf anliegende Anklageschrift übersandt.

   Es wird beantragt, gegen den dort benannten Angeschuldigten[124] Untersuchungshaft anzuordnen.
   Er ist der aus anliegender Anklageschrift ersichtlichen Taten aufgrund der dort bezeichneten Beweismittel dringend verdächtig. Insbesondere hat der Zeuge Hoffmann die Tat in glaubhafter Weise beschrieben und den Angeschuldigten im Rahmen einer sequenziellen Wahllichtbildvorlage sicher wiedererkannt.
   Es besteht der Haftgrund der Fluchtgefahr (§ 112 II Nr. 2 StPO). Der Angeschuldigte verfügt über starke familiäre und freundschaftliche Kontakte in die Türkei. Es ist bekannt, dass der Angeschuldigte, der von den gegen ihn geführten Ermittlungen Kenntnis hat, in der Zeit nach der Tat diverse Male Telefongespräche in die Türkei führte und Geld dorthin überwies. Er hat keine nennenswerten hiesigen familiären oder sozialen Bindungen. Es ist zu befürchten, dass der Angeschuldigte die Zeit bis zur Hauptverhandlung nutzen wird, um sich den deutschen Strafverfolgungsbehörden zu entziehen und sich im Ausland eine neue Existenz aufzubauen. Zu erwähnen bleibt, dass der Angeschuldigte bereits zweimal strafrechtlich unter anderem wegen Vermögensdelikten in Erscheinung getreten ist und diesmal mit einer erheblichen Freiheitsstrafe zu rechnen hat, was ebenfalls für den Haftgrund der Fluchtgefahr spricht.
   In Anbetracht des Verbrechenscharakters der Tat und der zu erwartenden Strafe ist die Anordnung der Untersuchungshaft auch nicht unverhältnismäßig.

Ferner wird beantragt, dem Beschuldigten gem. §§ 140 I Nr. 1, 2 und 4, 141 II Nr. 1 StPO einen Pflichtverteidiger zu bestellen.

Kiel, 1.6.2023
Staatsanwaltschaft
bei dem Landgericht

Müller
Staatsanwalt

224 Sollte sich der Beschuldigte dagegen bei Erhebung der öffentlichen Klage bereits in Untersuchungshaft befinden, also bereits ein Haftbefehl ergangen sein, ist zu beachten, dass die Aktenordnung vorschreibt, in Haftsachen möglichst immer ein Aktendoppel vorrätig zu halten, um zu vermeiden, dass unter Umständen erforderliche Nachermittlungen den Verfahrensgang unnötig verzögern. Weicht der Anklagesatz inhaltlich von dem Haftbefehl ab,

123 Eine kurze GENAU-Frist bietet sich hier an, um das Schicksal des Antrags kontrollieren zu können.

124 Ob an dieser Stelle der Terminus „Angeschuldigter“ verwendet werden sollte, wird nicht einheitlich behandelt. Teilweise wird davon ausgegangen, dass das Zwischenverfahren, mit dem aus dem Beschuldigten der Angeschuldigte wird, erst mit Eingang der Akten bei Gericht beginnt. Aus diesem Grund wird von den Vertretern dieser Auffassung an dieser Stelle – und auch in der Anklageschrift – vom „Beschuldigten“ gesprochen. Die StPO schweigt hierüber. Da der Adressat, also in diesem Fall die oder der Vorsitzende des Schöffengerichts, die U. m. A.-Vfg. erst lesen kann, wenn die Akten mit der Anklageschrift bei Gericht eingegangen sind, ist mE damit die Anklage erhoben und daher bereits hier vom Angeschuldigten zu sprechen.

müssen Sie außerdem beantragen, den Haftbefehl gemäß dem Anklagesatz neu zu fassen.[125]

Selbstverständlich können alle Bestandteile des Baukastens kombiniert verwendet werden. 225

– 572 Js 12345/23 –

<u>Vfg.</u>

1. Teileinstellung gem. § 170 II StPO aus den Gründen und in dem Umfang des Bescheides zu 2.
2. Zu schreiben Bescheid mit Belehrung an den Antragsteller Hoffmann (Bl. 6 d. A.)

   Ermittlungsverfahren gegen Max Müller in Kiel
   wegen des Verdachts des Raubes und des Diebstahls (hier: Vorfälle vom 2.1.2023; Entwendung von Schokolade, Raub Ihrer Geldbörse)

   Sehr geehrter Herr Hoffmann,
   ich habe Ihren Strafantrag geprüft.
   Insbesondere habe ich den Beschuldigten zu den Vorwürfen vernehmen lassen. Der Beschuldigte bestreitet den Diebstahl der Schokolade. Weitere Beweismittel, die dies widerlegen könnten, sind nicht ersichtlich. Somit stehen sich Ihre Bekundungen und die Einlassung des Beschuldigten gegenüber, ohne dass Anhaltspunkte ersichtlich sind, aus denen der einen oder der anderen Version der Vorzug zu geben wäre. Aus diesen Gründen ist es nicht wahrscheinlich, dass der Beschuldigte in einer Hauptverhandlung wegen dieses Vorwurfes verurteilt werden wird. Ich habe das Verfahren daher bezüglich des Diebstahls gem. § 170 II StPO eingestellt.
   Hinsichtlich des Raubes zu Ihrem Nachteil habe ich indes mit gleicher Verfügung die öffentliche Klage erhoben.
   – Belehrung –

   Mit freundlichen Grüßen
3. Keine Einstellungsnachricht, da Anklage im Übrigen.
4. Aktendoppel wegen der bestehenden Beschwerdemöglichkeit fertigen und bei den HA belassen.
5. Die Ermittlungen sind abgeschlossen, § 169a StPO.
6. Ablichtungen von R und Bl. 14 d. A. fertigen und zu den HA nehmen.
7. Anklageschrift nach anliegendem Entwurf fertigen, 10 Ablichtungen herstellen, Entwurf und eine Ablichtung zu den HA nehmen.
8. 570 Js 5432/23 erfordern.
9. Asservate Nr. … beifügen.
10. Frist: Eine Woche GENAU
11. U. m. A. nebst Beiakten 570 Js 5432/23
    und Asservaten (Messer, Schlagring)
    dem Amtsgericht
    – Schöffengericht –
    <u>in Kiel</u>
    unter Hinweis auf anliegende Anklageschrift übersandt.

    Es wird beantragt, gegen den dort bezeichneten Angeschuldigten Untersuchungshaft anzuordnen.

    Er ist der aus anliegender Anklageschrift ersichtlichen Taten aufgrund der dort bezeichneten Beweismittel dringend verdächtig. Insbesondere hat der Zeuge Hoffmann die Tat in glaubhafter Weise beschrieben und den Angeschuldigten im Rahmen einer sequenziellen Wahllichtbildvorlage sicher wieder erkannt.

125 Dabei handelt es sich um einen Antrag, den die Gerichte nicht gerne sehen, da somit ein neuer Haftbefehl beantragt wird, der dem Angeschuldigten persönlich zu eröffnen ist, und so etwas kostet Zeit.

Es besteht der Haftgrund der Fluchtgefahr (§ 112 II Nr. 2 StPO). Er verfügt über starke familiäre und freundschaftliche Kontakte in die Türkei. Es ist bekannt, dass der Angeschuldigte, der von den gegen ihn geführten Ermittlungen Kenntnis hat, in der Zeit nach der Tat diverse Male Telefongespräche in die Türkei führte und Geld dorthin überwies. Er hat keine nennenswerten hiesigen familiären oder sozialen Bindungen. Es ist zu befürchten, dass der Beschuldigte die Zeit bis zur Hauptverhandlung nutzen wird, um sich den deutschen Strafverfolgungsbehörden zu entziehen und sich im Ausland eine neue Existenz aufzubauen. Zu erwähnen bleibt, dass der Angeschuldigte bereits zweimal strafrechtlich unter anderem wegen Vermögensdelikten in Erscheinung getreten ist und diesmal mit einer erheblichen Freiheitsstrafe zu rechnen hat, was ebenfalls für den Haftgrund der Fluchtgefahr spricht.
In Anbetracht des Verbrechenscharakters der Tat und der zu erwartenden Strafe ist die Anordnung der Untersuchungshaft auch nicht unverhältnismäßig.
Ferner wird beantragt, dem Beschuldigten gem. §§ 140 I Nr. 1, 2 und 4, 141 II Nr. 1 StPO einen Pflichtverteidiger zu bestellen.

Kiel, 1.6.2023
Staatsanwaltschaft
bei dem Landgericht

Müller
Staatsanwalt

Der Baukasten ist jetzt komplett.

2. Anklageschrift, Strafbefehl und beschleunigtes Verfahren

226 Den zweiten Teil der Klageerhebung bildet die Anklage- oder Antragsschrift bzw. der Entwurf des Strafbefehls, dessen Erlass man beantragt.

a) Die Anklageschrift

227 Wenn es um den notwendigen Inhalt der Anklageschrift geht, sollten Sie sich die einschlägigen Vorschriften in der StPO und den RiStBV vor Augen führen.

aa) Notwendiger Inhalt der Anklageschrift gemäß StPO und RiStBV

§ 200 StPO verlangt, dass die Anklageschrift den Angeschuldigten, die Tat, die ihm zur Last gelegt wird, Zeit und Ort ihrer Begehung, die gesetzlichen Merkmale der Straftat und die anzuwendenden Strafvorschriften zu bezeichnen hat. Diese Angaben werden vom Gesetz legaldefiniert als Anklagesatz, woraus sich ergibt, dass diese Angaben in der Anklageschrift zusammen stehen (sollten). In der Hauptverhandlung wird dieser Anklagesatz vom Vertreter der Staatsanwaltschaft verlesen.

Ferner sind nach Abs. 1 S. 2 der Vorschrift die Beweismittel, das Gericht, vor dem die Hauptverhandlung stattfinden soll, und der Verteidiger anzugeben. Bei Zeugen sind gem. S. 3 die Namen und deren Wohn- oder Aufenthaltsort anzugeben, wobei es der Angabe der vollständigen Adresse nicht bedarf.[126] Gemäß Abs. 2 wird in der Anklageschrift auch das wesentliche Ergebnis der Ermittlungen dargestellt. Hiervon kann abgesehen werden, wenn

126 Gemäß § 68 I 2 StPO kann ein Zeuge, der Wahrnehmungen in amtlicher Eigenschaft gemacht hat, in seiner Vernehmung statt des Wohnortes den Dienstort angeben. Nach Abs. 2 kann einem Zeugen zudem gestattet werden, statt seines Wohnortes seinen Geschäfts- oder Dienstort oder eine andere ladungsfähige Anschrift anzugeben, wenn ein begründeter Anlass zu der Besorgnis besteht, dass durch die Angabe des Wohnortes seine Rechtsgüter oder die eines Dritten gefährdet werden oder wenn auf Zeugen oder Dritte in unlauterer Weise eingewirkt werden wird. Dem Zeugen kann auch in der Hauptverhandlung gestattet werden, seinen Wohnort nicht zu nennen, § 68 II 2 StPO. Daher genügt in diesen Fällen gem. § 200 I 4 StPO die bloße Angabe seines Namens in der Anklageschrift.

Anklage beim Strafrichter erhoben wird. Diese „Ausnahme" bildet aber den tatsächlichen Normalfall. Im Examen ist das wesentliche Ergebnis der Ermittlungen praktisch immer erlassen.

Gemäß § 199 II StPO enthält die Anklageschrift den Antrag, das Hauptverfahren zu er- **228**
öffnen. Sie wird dem Gericht zusammen mit den Akten vorgelegt (Abs. 2 S. 2).

Weitere Einzelheiten bezüglich der Anklageschrift regeln die Nr. 110ff. RiStBV. Gemäß **229**
Nr. 110 I RiStBV ist oberstes Gebot die Verständlichkeit. Hierauf werde ich mich später noch einmal beziehen. Ferner ist in Abs. 2 geregelt, welche Angaben die Anklageschrift weiter enthalten muss: Familienname, Vornamen (Rufname unterstrichen[127]), Geburtsname, Beruf, Anschrift, Familienstand, Geburtstag und Geburtsort, Staatsangehörigkeit, bei Minderjährigen Namen und Anschriften der gesetzlichen Vertreter. Der Verteidiger ist aufzuführen.

Der Anklagesatz umfasst den Ort und die Zeit der Begehung der Tat, die gesetzlichen **230**
Merkmale der Straftat, wobei hier – was sehr wichtig werden wird – vereinfachte Formen zulässig sind, die anzuwendenden Strafvorschriften inklusive Tateinheit und Tatmehrheit sowie die Umstände, welche eine Maßnahme iSv § 11 I Nr. 8 StGB[128] rechtfertigen. Ferner ist gegebenenfalls ein Hinweis auf den Strafantrag aufzunehmen. Bei relativen Antragsdelikten soll in der Anklageschrift erklärt werden, dass wegen des besonderen öffentlichen Interesses an der Strafverfolgung ein Einschreiten von Amts wegen geboten ist. Weiterhin ist auf Verfolgungsbeschränkungen gem. § 154a I StPO hinzuweisen. Die Zeugen sind ebenfalls aufzuführen. Schließlich muss das wesentliche Ergebnis der Ermittlungen enthalten sein mit allen Umständen, die für die Strafbemessung, die Strafaussetzung zur Bewährung, die Verwarnung mit Strafvorbehalt, das Absehen von Strafe, die Nebenstrafe und Nebenfolge von Bedeutung sein können. Übrigens soll gem. Nr. 112 I RiStBV auch bei Strafrichteranklagen das wesentliche Ergebnis enthalten sein, wenn die Sach- und Rechtslage Schwierigkeiten bietet. Bei umfangreichen Akten sollten Verweise auf Fundstellen enthalten sein (Abs. 2).[129]

Zurück zu Nr. 110 RiStBV: In Abs. 3 wird wiederholt, dass die Anklageschrift den Antrag **231**
auf Eröffnung des Hauptverfahrens und die Angabe des Gerichts und des zuständigen Spruchkörpers (zB Wirtschaftsstrafkammer, Jugendkammer) zu enthalten hat, vor dem die Hauptverhandlung stattfinden soll. Hat sich der Angeschuldigte in U-Haft befunden oder befindet er sich noch dort, sind Ort und Dauer der Haft oder der anderweitigen Form der Freiheitsentziehung zu vermerken. Zur Frage der Fortdauer ist ein bestimmter Antrag zu stellen (wird in der Praxis gern vergessen). Auf den Ablauf der in § 121 II StPO bezeichneten Frist ist zudem hinzuweisen.

Soviel in groben Zügen zum abstrakt notwendigen Inhalt der Anklageschrift. Das alles **232**
liest sich auf den ersten Blick ziemlich unübersichtlich. Wenn man aber die einzelnen Bestandteile der Anklageschrift richtig sortiert, ergibt sich ein klareres Bild. Die folgende Übersicht orientiert sich an der in Norddeutschland gebräuchlichen Form der Anklageschrift, bei der im Anklagesatz zunächst die gesetzlichen Merkmale der Straftat genannt werden und erst dann die Tat beschrieben wird. In Süddeutschland wird ein Aufbau verwendet, der diese Reihenfolge umdreht, inhaltlich ergeben sich dagegen keine Veränderungen.

---

127 Auf das Unterstreichen des Vornamens wird in der Praxis zunehmend verzichtet. Handhaben Sie es am besten so wie es an Ihrer Behörde üblich ist.

128 Maßnahmen: jede Maßregel der Besserung und Sicherung, der Verfall, die Einziehung und die Unbrauchbarmachung.

129 Am besten linksbündig neben dem Text, hilfsweise in Klammern oder in Fußnoten.

Der notwendige Inhalt der Anklageschrift gemäß §§ 199 II, 200 StPO, Nr. 110 ff. RiStBV

Addressierung (Gericht und Spruchkörper)

Hinweis auf Termin gem. § 121 II StPO

Angaben zum Angeschuldigten

Beruf, Vornamen (Rufnamen unterstrichen), Familienname, Geburtsname, Geburtstag, Geburtsort, Staatsangehörigkeit, Familienstand, Anschrift

bei Minderjährigen: Name und Anschrift der gesetzlichen Vertreter

Verteidiger

Ort und Dauer der Untersuchungshaft

Daten der vorläufigen Entziehung der Fahrerlaubnis

Tatort und Tatzeit

Gesetzliche Merkmale der Straftat
- einschließlich Tatmehrheit
- einschließlich Tateinheit
- einschließlich Maßregeln

Tat

Anzuwendende Strafvorschriften

Hinweis auf Strafantrag

Hinweis auf Einziehung

Hinweis auf § 154 a StPO

Hinweis auf besonderes öffentliches Interesse an der Strafverfolgung

Beweismittel

Wesentliches Ergebnis der Ermittlungen

Antrag, das Hauptverfahren zu eröffnen

Antrag, Haftfortdauer zu beschließen

bb) Formulierungsmöglichkeiten

233 Nun zu den einzelnen Bestandteilen der Anklageschrift und wie man sie formulieren kann.

(1) Adressierung

234 In der Übersicht sind der Absender und das Datum nicht aufgeführt. Selbstverständlich sollten diese – und das Aktenzeichen der StA – nicht vergessen werden. Anschließend sollte das Wort „Anklageschrift" fallen, da es sich auch zB um eine Antragsschrift im beschleunigten Verfahren oder im Sicherungsverfahren handeln könnte.

Die Adressierung lautet zB wie folgt:

Staatsanwaltschaft
bei dem Landgericht
– 570 Js 12345/23 –

Kiel, …

An das
Amtsgericht
– Schöffengericht[130] –
in Kiel

Anklageschrift

(2) Haftsachen

Sollte es sich um eine Haftsache handeln, der Angeschuldigte sich also in Untersuchungshaft befinden, darf die Frist gem. § 121 II StPO nicht vergessen werden. 235

Gemäß Abs. 1 dieser Norm darf, solange kein Urteil ergangen ist, der Vollzug der Untersuchungshaft über sechs Monate hinaus nur aufrechterhalten werden, wenn die besondere Schwierigkeit oder der besondere Umfang der Ermittlungen oder ein anderer wichtiger Grund das Urteil noch nicht zulassen und die Fortdauer der Haft rechtfertigen. Hierüber entscheidet gem. Abs. 2 das Oberlandesgericht, welches die Fortdauer der Untersuchungshaft ausdrücklich anordnen muss. Gemäß Abs. 3 ruht die Frist, wenn die Akten dem OLG vorgelegt werden oder die Hauptverhandlung begonnen hat.[131]

In tatsächlicher Hinsicht ist es bei Haftsachen die größte Sorge der Strafverfolgungsbehörden, speziell der Staatsanwaltschaften, dass das OLG die Fortdauer der U-Haft nicht anordnen und damit den Haftbefehl aufheben könnte. Der Prüfungsmaßstab der Oberlandesgerichte ist dabei sehr streng, da Freiheitsentziehungen die invasivsten Eingriffe zulasten der Beschuldigten darstellen. Haftsachen sind in jedem Stadium des Verfahrens bevorzugt zu behandeln. Sie laufen innerhalb der StA auch nicht über den Aktenbock, sondern regelmäßig von Hand zu Hand. 236

Um die besondere Eilbedürftigkeit deutlich zu machen, muss ein entsprechender Hinweis in die Anklageschrift mit aufgenommen werden, und zwar oben rechts in der Ecke. 237

Staatsanwaltschaft
bei dem Landgericht
– 570 Js 12345/23 –

Kiel, …
Haft! Sofort!

Ablauf der Frist
gem. § 121 II StPO
am 17.10.2023

An das
Amtsgericht
– Schöffengericht –
in Kiel

Anklageschrift

(3) Angaben zum Angeschuldigten

Sodann folgen die Angaben zum Angeschuldigten. Dabei sind sämtliche Angaben, die bekannt sind, in die Anklageschrift aufzunehmen. Sind Daten unbekannt, zB der Familienstand, sind diese nicht etwa wegzulassen, sondern als unbekannt zu bezeichnen. 238

Bei Minderjährigen sind Name und Anschrift der gesetzlichen Vertreter nicht zu vergessen. Gleiches gilt für den Verteidiger.

130 Mitunter wird formuliert „Frau/Herrn Vorsitzende/n des Schöffengerichts". Dies ist vom Gesetz nicht vorgesehen und auch unnötig, da neue Anklagen in jedem Fall den Vorsitzenden zuerst vorgelegt werden.

131 S. zur Fristberechnung Meyer-Goßner/Schmitt/Schmitt StPO § 121 Rn. 4. Nach mittlerweile wohl hM ist der erste Tag nicht mitzurechnen.

Sollten mit derselben Anklageschrift mehrere Angeschuldigte angeklagt werden, so werden diese nach dem Alter geordnet und üblicherweise durch **römische Ziffern** gekennzeichnet.[132]

I. Der Lehrling Michael Marcel Mustermann, geb. Meister,
geb. am 1.1.1980 in Kiel,
wohnhaft: Hasseldieksdammer Weg 283, 24109 Kiel,
Deutscher, Familienstand unbekannt,
– Verteidiger: Rechtsanwalt Ratvoll, Ringstraße 18, 24113 Kiel (Vollmacht Bl. ... d. A.) –
II. Der Maurer Martin Mustermann ...

239 Ist der Angeschuldigte in Untersuchungshaft genommen worden, sind die Daten der U-Haft ebenfalls mit aufzunehmen, und zwar für jeden Angeschuldigten selbstständig und auch dann, wenn er sich mittlerweile wieder in Freiheit befindet.

– in dieser Sache vorläufig festgenommen am 17.4.2023 und aufgrund des Haftbefehls des Amtsgerichts Kiel (Az: ...) vom gleichen Tag zum Vollzug der Untersuchungshaft in der JVA Neumünster (Gefangenenbuch-Nr. ...), vom Vollzug der Untersuchungshaft aufgrund des Beschlusses des AG ... vom ... (Az: ...) verschont –

240 Ganz ähnlich verhält es sich bei der – nach landläufiger Meinung – zweitinvasivsten Maßnahme, die das deutsche Strafrecht kennt, nämlich der Entziehung der Fahrerlaubnis. Üblich ist folgender Hinweis:

– Führerschein beschlagnahmt seit dem 5.6.2023, Fahrerlaubnis vorläufig entzogen aufgrund des Beschlusses des AG Kiel (Az: ...) seit dem ... –

241 Nun folgt die Formulierung

wird angeklagt,

Bei manchen Staatsanwaltschaften wird „klage ich an" verwendet (wobei dann der Anklagesatz anders anfangen muss, nämlich nicht mit „Der Michael Mustermann", sondern mit „Den Michael Mustermann").

Es besteht Uneinigkeit, welcher Variante der Vorzug zu geben ist, zu beanstanden sind beide Varianten weder im Examen noch in der Praxis. Gegen die Formulierung „klage ich an" spricht allenfalls, dass sie sowohl vom Anklageverfasser als auch vom Sitzungsvertreter verwendet wird und daher Unklarheit darüber bestehen kann, wer denn nun tatsächlich anklagt. Richtig dürfte sein, dass nicht der Staatsanwalt selbst, sondern vielmehr die Staatsanwaltschaft als Behörde die öffentliche Klage erhebt, sodass der passiven Formulierung der Vorzug zu geben sein dürfte.

(4) Tatort und Tatzeit

242 Dann folgt die Angabe des Tatorts bzw. falls es mehrere gibt, aller Tatorte. Sind es allerdings zu viele, als dass alle aufgeführt werden können (Stichwort: Übersichtlichkeit und Verständlichkeit), muss jedenfalls der die örtliche Zuständigkeit begründende Tatort benannt werden. Hier bietet sich als Formulierung an:

in Kiel, Hamburg und andernorts

Hiernach wird die Tatzeit benannt. Dies kann mitunter schwierig sein, wenn der genaue Zeitpunkt der Tat nicht bestimmbar ist. Hier gilt die Faustregel, dass man sich dem Tatzeitpunkt so weit wie möglich nähern sollte:

132 Die nun folgende Beschreibung der Möglichkeiten der Aufzählung von Angeschuldigten, Taten und der verletzten Strafgesetze innerhalb einer Tat, der Verwendung von römischen und arabischen Ziffern und Buchstaben ist eine, beileibe aber nicht die einzige Möglichkeit, den Anklagesatz zu gliedern. Weder im Gesetz noch in den RiStBV finden sich hierzu Vorgaben. Dies hat dazu geführt, dass es eine große Bandbreite von Möglichkeiten gibt, die in der Rechtspraxis Anwendung finden. Machen Sie sich schlau, was an Ihrer Behörde praktiziert wird. Bestimmt wird dies auch in der Arbeitsgemeinschaft Thema sein.

> am 1.5.2023
> [oder]
> im Zeitraum vom 1.4. bis 1.5.2023
> [oder]
> zu einem nicht näher bestimmbaren Zeitpunkt vor dem 1.5.2023
> [oder]
> zu einem nicht näher bestimmbaren Zeitpunkt im Frühjahr 2023

(5) Gesetzliche Merkmale der Tat

Jetzt kommen die gesetzlichen Merkmale der Straftat(en), auch Abstraktum genannt. 243

Obwohl nicht gesetzliches Merkmal im engeren Sinne, wird gemeinhin bei Jugendlichen oder Heranwachsenden ein Zusatz eingefügt, der auf die mögliche Anwendbarkeit des JGG hinweist.

> als strafrechtlich verantwortlicher Jugendlicher
> [oder]
> als Jugendlicher mit strafrechtlicher Verantwortungsreife
> [oder]
> als Heranwachsender

Teilweise wird mitunter darauf hingewiesen, dass mittäterschaftliches Handeln angeklagt wird. Dies ist mE unnötig, da Mittäterschaft iSd § 25 II StGB kein gesetzliches Merkmal der Tat darstellt, sondern nur die Tätereigenschaft beschreibt. Trotzdem ist die Erwähnung der Mittäterschaft nicht falsch im engeren Sinne.

> gemeinschaftlich mit dem gesondert verfolgten Müller

Nun kommen die eigentlichen Merkmale der Straftat, wie sie im Gesetz stehen. Mit anderen Worten: Sie schreiben die Strafnorm ab, um die es geht. 244

> eine fremde bewegliche Sache einem anderen in der Absicht weggenommen zu haben, die Sache sich rechtswidrig zuzueignen.

Natürlich müssen die Merkmale besonders schwerer Fälle angegeben werden.[133]

> eine fremde bewegliche Sache einem anderen in der Absicht weggenommen zu haben, die Sache sich rechtswidrig zuzueignen
> und zur Ausführung der Tat in ein Gebäude eingebrochen zu sein

Vorsicht, wenn in der Strafnorm das Wort „oder“ auftaucht. Entscheiden Sie sich für die einschlägige Tatvariante und schreiben Sie nicht – wie in der Praxis oft beobachtet – den ganzen Tatbestand ab. Das Wort „oder“ in einer Anklageschrift bedeutet, dass nicht hat geklärt werden können, welche Alternative einschlägig ist. Mit anderen Worten: (gleichartige) Wahlfeststellung! Im Examen gilt dies übrigens als Fehler. 245

Vorsicht auch bei Delikten, die sowohl vorsätzlich als auch fahrlässig verwirklicht werden können, zB § 316 StGB oder § 21 StVG. Hier müssen Sie sich entscheiden und die entsprechende Variante mit einfügen. Besonderes Augenmerk sollten Sie auf Delikte richten, die Vorsatz-/Fahrlässigkeitskombinationen aufweisen können. Paradebeispiel hierfür ist § 315c StGB. Beachten Sie Abs. 3 der Vorschrift. Hier müssen Sie in doppelter Hinsicht aufpassen: 246

> … **vorsätzlich** im Straßenverkehr ein Fahrzeug geführt zu haben, obwohl er infolge des Genusses alkoholischer Getränke nicht in der Lage gewesen ist, das Fahrzeug sicher zu führen, und dadurch **fahrlässig** fremde Sachen von bedeutendem Wert gefährdet zu haben.

133 Vgl. zur Frage des besonders schweren Falls im Jugendstrafrecht BGH BeckRS 1976, 31113899.

247 Nehmen wir an, dem Angeschuldigten wird mehr als nur eine Tat zur Last gelegt. In diesem Fall muss klargestellt werden, dass (materiell-rechtlich) Tatmehrheit gegeben ist.

Jetzt geht es auf einmal nicht mehr um die Tat im prozessualen Sinn, sondern um die materiell-rechtliche Einordnung. Grund hierfür ist die Strafzumessung, die sich gem. §§ 52 ff. StGB hieran orientiert.

Die Klarstellung der Tatmehrheit erfolgt (im Falle von zwei Handlungen) in der Anklageschrift zunächst durch die Formulierung

> durch zwei selbstständige Handlungen

oder mehr wenn nötig, jedoch muss immer die konkrete Anzahl benannt werden. Ferner werden nun die gesetzlichen Merkmale der jeweiligen Tatbestände mit **arabischen Ziffern** versehen, und zwar unabhängig davon, ob schon römische Ziffern bei den Angeschuldigten verwendet worden sind. Arabische Ziffern verdeutlichen in Anklageschriften immer das Vorliegen von Tatmehrheit.

> … durch zwei selbstständige Handlungen
> 1. eine fremde bewegliche Sache einem anderen in der Absicht weggenommen zu haben, die Sache sich rechtswidrig zuzueignen,
> 2. in der Absicht, sich einen rechtswidrigen Vermögensvorteil zu verschaffen, das Vermögen eines anderen dadurch beschädigt zu haben, dass er durch Vorspiegelung falscher Tatsachen einen Irrtum erregt hat.

248 Aus dem Gebot der Übersichtlichkeit folgt auch, dass die gesetzlichen Merkmale desselben Tatbestandes wenn möglich nur ein einziges Mal erscheinen, zumindest aber so wenig wie möglich wiederholt werden sollten.

> … durch zwei selbstständige Handlungen
> 1. und 2. jeweils
> eine fremde bewegliche Sache einem anderen in der Absicht weggenommen zu haben, die Sache sich rechtswidrig zuzueignen.

249 Was geschieht nun bei Tateinheit? Auch hier wird das Vorliegen tateinheitlicher Begehung durch die Verwendung von Aufzählungszeichen klargestellt, und zwar durch **kleine lateinische Buchstaben.** Dies gilt abermals unabhängig davon, ob bereits arabische oder römische Ziffern verwendet worden sind. Die lateinischen Buchstaben sind der Tateinheit vorbehalten. Außerdem geht es jetzt nicht mehr um mehrere selbstständige Handlungen, sondern um dieselbe Handlung.[134]

> … durch dieselbe Handlung
> a) eine fremde bewegliche Sache einem anderen in der Absicht weggenommen zu haben, die Sache sich rechtswidrig zuzueignen,
> b) einen Menschen beleidigt zu haben.

250 Selbstverständlich können beide Varianten zwanglos miteinander kombiniert werden, wobei zur Vermeidung der unnötigen Wiederholung des Wortes „Handlungen“ wie folgt formuliert werden kann:

> … durch zwei selbstständige Handlungen
>
> 1. tateinheitlich
>   a) eine fremde bewegliche Sache einem anderen in der Absicht weggenommen zu haben, die Sache sich rechtswidrig zuzueignen,
>   b) einen Menschen beleidigt zu haben,

134 Schwierigkeiten können die gesetzlichen Merkmale bei gleichartiger Idealkonkurrenz bereiten. Der BGH empfiehlt, diese im Urteilsspruch kenntlich zu machen, sofern der Tenor hierdurch nicht unübersichtlich wird, BGH NStZ 1996, 610. Dies auf die gesetzlichen Merkmale des Anklagesatzes übertragen, würde dazu führen, dass im Falle der tateinheitlichen Körperverletzung zweier Menschen wie folgt zu formulieren wäre: *„… durch dieselbe Handlung zwei andere Personen körperlich misshandelt zu haben.“*

2. in der Absicht, sich einen rechtswidrigen Vermögensvorteil zu verschaffen, das Vermögen eines anderen dadurch beschädigt zu haben, dass er durch Vorspiegelung falscher Tatsachen einen Irrtum erregt hat.

Auch die Maßregeln müssen erwähnt werden. Häufigste Maßregel ist die Einziehung des Führerscheins, der Entzug der Fahrerlaubnis und die Anordnung der Sperre für die Neuerteilung gem. §§ 69, 69a StGB. Geht es also um diese Maßregel der Besserung und Sicherung, so formuliert man ausgehend vom Gesetzeswortlaut: 251

… und sich dadurch als ungeeignet zum Führen von Kraftfahrzeugen erwiesen zu haben.

Bis hierhin geht bei der Anklageschrift der erste Satz (nicht: der Anklagesatz). Egal, wie viele Angeschuldigte die Anklageschrift enthält, egal wie viele Taten ihnen vorgeworfen werden: Das alles ist ein einziger grammatischer Satz, und mag dieser auch fünf Seiten lang sein. 252

(6) Konkretisierung und anzuwendende Strafvorschriften

Nun zur Tat, also dem Lebenssachverhalt, aus dem sich der Vorwurf ableitet. Dieser Teil wird als **Konkretisierung** bezeichnet. Hierzu gelten folgende Regeln: 253

Die Konkretisierung wird ebenso wie die gesetzlichen Merkmale der Tat nach Einzeltaten gegliedert. Diese erhalten dieselben arabischen Ziffern wie oben, wobei sich die gesetzlichen Merkmale und der Lebenssachverhalt entsprechen müssen. Innerhalb der Tat wird nicht mehr nach Tateinheit (a), b), c)) differenziert.[135] Die Konkretisierung beinhaltet den Sachverhalt, aus dem die Staatsanwaltschaft den hinreichenden Tatverdacht ableitet und den sie zu beweisen können glaubt. Gemäß den oben dargestellten Regeln bezüglich der Zeitformen ist dieser Teil im Imperfekt zu schreiben. Dabei muss in der Konkretisierung alles – und nach Möglichkeit nur das – enthalten sein, was den gesetzlichen Tatbestand ausfüllt. Unnötiges ist wegzulassen. Hauptzweck der Konkretisierung ist, die prozessuale Tat möglichst präzise zu bezeichnen, um die es in der Hauptverhandlung geht. Trotzdem müssen alle Angaben gemacht werden, die zur Bestimmung der Tat nötig sind. Vergessen Sie dabei nicht, dass ein strafbares Verhalten nicht nur objektive Tatbestandsmerkmale hat, sondern auch einen subjektiven Teil. Auch hierzu, also zum Vorsatz und weiteren Absichtstatsachen, müssen Ausführungen enthalten sein. Nicht hinein gehören dagegen beweiswürdigende Feststellungen. Sie sind unzulässig.

Auch wenn mehrere Angeschuldigte in der Anklageschrift aufgeführt werden, werden die Taten durchnummeriert, und zwar unabhängig davon, ob nur ein Angeschuldigter handelte oder mehrere. Die Einzeltaten der Konkretisierung müssen darüber hinaus chronologisch beschrieben werden. Dies hat – rückwärts betrachtet – Einfluss auf die Reihenfolge der gesetzlichen Merkmale, da diese in ihrer Nummerierung den Einzeltaten der Konkretisierung entsprechen müssen. 254

1. Am 1.6.2023 gegen 16.00 Uhr begab sich der Angeschuldigte in die Verkaufsräume der Firma „Feinkost-Meier" und entnahm einem Regal eine Flasche Champagner der Marke „Louis Roederer". Diese steckte er in seine Jackentasche und passierte den Kassenbereich. Dies tat er, um die Flasche ohne zu bezahlen für sich zu verwenden. Als er hinter der Kassenzone von der Zeugin Meier auf sein Handeln angesprochen wurde, nannte er diese eine „blöde Kuh".
2. Am 2.6.2023 versteigerte der Angeschuldigte beim Internet-Auktionshaus eBay eine Digitalkamera der Marke „Canon" an den Zeugen Schulz zum Preis von 185,– EUR. Obwohl der Zeuge den vereinbaren Kaufpreis überwies, schickte der Angeschuldigte wie von Anfang an beabsichtigt die Kamera nicht an den Zeugen. Der Angeschuldigte handelte, um ohne Gegenleistung an das überwiesene Geld zu gelangen.

135 Das praktizieren einige Staatsanwälte zwar anders, machen sich das Leben damit aber mE unnötig schwer, zumal sich tateinheitliche Begehungsweisen oft überlappen und damit keine getrennte Darstellung zulassen.

255 Hier wird der Terminus „Angeschuldigter“ verwendet, denn spätestens wenn die Anklageschrift bei Gericht eingeht, beginnt das Zwischenverfahren.[136] In der Hauptverhandlung wird freilich statt „Angeschuldigter“ der Terminus „Angeklagter“ vorgelesen, auch wenn die Anklageschrift anders lautet. Man erkennt Anklageschriften, die von Referendaren bereits einmal vorgelesen worden sind, daran, dass über den Worten „Angeschuldigter“ in Bleistift immer das Wort „Angeklagter“ geschrieben steht. Teilweise wird dies sogar von der Behörde empfohlen. *Meiner* Meinung nach sollten intelligente Menschen so etwas nicht nötig haben.

256 Dem schließen sich die anzuwendenden Strafvorschriften an. Vereinzelt findet man in Anklageschriften noch die Formulierung „Verbrechen und Vergehen, strafbar nach …“. Dies entspricht nicht der StPO und den RiStBV und wird daher überwiegend nicht mehr verwendet. Die Strafvorschriften sind aufzuzählen, und zwar die Vorschriften des Besonderen Teils vor denen des Allgemeinen Teils. Im Übrigen werden die Vorschriften numerisch aufsteigend sortiert. Jede Vorschrift wird – unabhängig wie oft verletzt – nur ein einziges Mal aufgeführt. Sollten mehrere Angeschuldigte verschiedene Strafgesetze verletzt haben, müssen die anzuwendenden Strafvorschriften für jeden separat aufgeführt werden.

257 Nun folgt der Hinweis auf eventuell nötige und gestellte Strafanträge, ferner wird hier – falls nötig – das besondere öffentliche Interesse an der Strafverfolgung bejaht. Auf etwaige Beschränkungen der Strafverfolgung gem. § 154a StPO[137] wird ebenfalls an dieser Stelle hingewiesen.

Anzuwendende Strafvorschriften:

a) für den Angeschuldigten Mustermann: §§ 223 I, 230 I, 242 I, 263 I, 52, 53 StGB
b) für den Angeschuldigten Meier: § 259 I Alt. 1 StGB

Bezüglich der Körperverletzung ist Strafantrag gestellt worden (Bl. 18. d. A.).

Hinsichtlich des Vorwurfs des Hausfriedensbruchs durch den Angeschuldigten Mustermann ist die Strafverfolgung bezüglich Tat 1 gem. § 154a I StPO auf die zur Anklage gebrachten Delikte beschränkt worden.

(7) Beweismittel

258 Es folgen die Beweismittel, und zwar in der Reihenfolge

I. Angaben/geständige Einlassung/Geständnis des Angeschuldigten
II. Zeugen
III. Sachverständige
IV. Urkunden
V. Gegenstände richterlichen Augenscheins

136 Wie bereits oben dargestellt, herrscht mancherorts die Auffassung vor, da das Zwischenverfahren erst mit dem Eingang der Ermittlungsakten bei Gericht beginne, müsse in der Anklageschrift vom „Beschuldigten“ gesprochen werden, denn zum Zeitpunkt ihrer Niederlegung befänden sich die Akten ja noch bei der Staatsanwaltschaft.

137 Teilweise wird der § 154a I StPO-Hinweis weiter vorne in der Anklageschrift eingefügt, und zwar dann meist hinter Tatort und Tatzeit („… wird angeklagt, in Kiel am 14.4.2023 – unter Beschränkung gem. § 154a I StPO hinsichtlich des Vorwurfs des Hausfriedensbruchs – …“). ME kann hierunter die Klarheit des Anklagesatzes leiden, wenn diverse „wegbeschränkte“ Vorwürfe vor die Klammer gezogen werden und der Anklagesatz damit sehr kopflastig wird. Andererseits wird für ein Vorziehen oft vorgebracht, dies könne auch Vorteile haben, insbesondere beim Schöffengericht oder der Großen Strafkammer. Die Laienrichter erhalten keine Abschrift der Anklageschrift, sondern hören die Vorwürfe erstmals beim Verlesen durch den Vertreter der Staatsanwaltschaft (obwohl es durchaus möglich ist, ihnen in umfangreichen Verfahren eine Ablichtung des Anklagesatzes auszuhändigen, Meyer-Goßner/Schmitt/Schmitt StPO § 243 Rn. 13a mwN). Nach der oben darstellten Weise werde die Beschränkung nicht vorgelesen werden, weil sie außerhalb des Anklagesatzes stünde. Hiergegen spricht aber, dass Beschränkungen iSd § 154a StPO gem. § 200 I 1 StPO kein Teil des Anklagesatzes sind und damit unabhängig vom Standort nicht verlesen werden.

Hat sich der Angeschuldigte zu den Vorwürfen erklärt, bezeichnet man dies als Einlassung oder als Angaben. Bestreitet er die Tat, kann man als Beweismittel seine Angaben aufführen, wobei „Angaben" der Oberbegriff für alles ist, was der Angeschuldigte sagt. Hat er sich in einer nichtrichterlichen Vernehmung geständig gezeigt, spricht man von einer (gegebenenfalls teil-)geständigen Einlassung. Unter einem Geständnis versteht man gemeinhin nur ein richterliches Geständnis (vgl. § 254 StPO).[138]

Die Zeugen sind mit Wohn- oder Aufenthaltsort aufzuführen, der Angabe der vollständigen Anschrift bedarf es nicht. Dies war früher anders geregelt, allerdings ist die nunmehrige Gesetzesfassung unter Opferschutzgesichtspunkten vorzugswürdig, um zu verhindern, dass Zeugen Repressalien durch die Angeschuldigten ausgesetzt werden. S. diesbezüglich → Rn. 227. 259

Sind Sachverständige mit der Erstellung von Gutachten betraut worden, müssen sie unter einem Extrapunkt aufgeführt werden. Vom Sachverständigen ist der sog. sachverständige Zeuge zu unterscheiden. Dieser hat Umstände, die für die Schuld- und Straffrage von Bedeutung sind, als Zeuge wahrgenommen und verfügt – gleichsam zufällig – über die Qualitäten eines Sachverständigen (zB der Gutachter der Dekra, der selbst Zeuge eines Verkehrsunfalles wird). 260

Dann folgen die Urkunden. Der prozessuale Urkundsbegriff ist weiter als der materiellrechtliche. Urkunde ist demnach alles, was verlesen werden kann und auf dessen Inhalt es ankommt.[139] Es muss sich also nicht um Erklärungen handeln, die zum Beweis im Rechtsverkehr geeignet und bestimmt sind und die den Aussteller erkennen lassen.[140] 261

Schließlich folgen Gegenstände richterlichen Augenscheins, also solche Dinge, die in die Hand genommen und betrachtet, ohne aber verlesen werden zu können. 262

Einen Zweifelsfall stellen Beiakten dar. Handelt es sich um Urkunden oder um Augenscheinsobjekte? Hier wird Unterschiedliches vertreten. Richtig scheint zu sein, dass Beiakten als Ganzes nur dann Urkunden sein können, wenn es auf den gesamten Inhalt ankommt und sie vollständig verlesen werden müssen. Im Regelfall wird es aber nur auf einige Blätter ankommen. Werden diese aber nicht speziell bezeichnet – dann als Urkunden –, sondern nur auf die Beiakten verwiesen, dann stellen diese Augenscheinsobjekte dar (in denen sich dann die eigentlichen Beweismittel, nämlich Urkunden befinden). Vorzugswürdig erscheint es, nach Möglichkeit auf die maßgeblichen Blätter hinzuweisen, und dies unter der Überschrift „Urkunden". Sie unter einem eigenständigen Punkt „Beiakten" aufzuführen, wie es teilweise zu beobachten ist, erscheint dagegen nur schwer vertretbar, da Beiakten nicht in jedem Fall dem Gericht vorgelegt werden müssen[141] und per se kein Mittel des Strengbeweises sind. 263

(8) Wesentliches Ergebnis der Ermittlungen

Dann folgt – bei Strafrichteranklagen fakultativ – das wesentliche Ergebnis der Ermittlungen. Dieses teilt sich in zwei Teile, nämlich in einen Teil, der sich mit dem Angeschuldigten als 264

138 Manchmal wird, falls der Angeschuldigte sich nicht zur Sache einlässt, in die Anklageschrift der Zusatz aufgenommen „Dem Angeschuldigten ist rechtliches Gehör angeboten worden". Dies ist unnötig. Die Gewährung rechtlichen Gehörs ist Verfahrensvoraussetzung und kein Beweismittel oder sonstiges Merkmal iSd §§ 199 II ff. StPO, Nr. 110 ff. RiStBV. Mängel der Anhörung werden im Übrigen stets im Zwischenverfahren geheilt, da dem Angeschuldigten hier die Anklageschrift mit Erwiderungsangebot zugestellt wird.

139 Vgl. hierzu § 249 StPO: „Urkunden und andere als Beweismittel dienende Schriftstücke".

140 Meyer-Goßner/Schmitt/Schmitt StPO § 249 Rn. 3. Teilweise wird hier auch der BZR aufgeführt. Hierfür spricht, dass der Registerauszug gem. § 249 I StPO eine Strafliste und damit eine Urkunde iSd Vorschrift ist. Dagegen spricht, dass der StA gem. § 111 I RiStBV nur die Beweismittel aufführen soll, die für die Aufklärung des Sachverhalts und die Beurteilung der Persönlichkeit des Angeschuldigten wesentlich ist. Es ließe sich argumentieren, dass das Gericht gem. § 243 V 3, 4 StPO in jedem Fall den BZR zu verlesen hat und dieser stets vorgeheftet ist, sodass seine Nennung dem Gericht die Arbeit nicht erleichtert und damit eine bloße Förmelei darstellt. Wesentliche Auswirkungen hat diese Frage indes nicht, da die Anklageschrift in keinem Fall funktionell unwirksam werden würde.

141 Meyer-Goßner/Schmitt/Schmitt StPO § 199 Rn. 2.

Person beschäftigt, und einen Teil, der die Tat(en) behandelt. Der Inhalt des sog. „W. E. d. E." wird als antizipiertes Spiegelbild der Urteilsgründe verstanden, da viele inhaltliche Übereinstimmungen bestehen:

265 Der erste Teil wird üblicherweise überschrieben mit „A) zur Person des Angeschuldigten", aber auch hier gibt es verschiedene Formulierungsmöglichkeiten wie zB „A) Der Werdegang und die persönlichen Verhältnisse des Angeschuldigten". In ihm wird zunächst – soweit bekannt – der Lebenslauf des Angeschuldigten wiedergegeben, ferner der berufliche Werdegang. Der erste Teil schließt mit den Vorbelastungen des Angeschuldigten, die auch zusammengefasst werden können.

266 Den Schwerpunkt des wesentlichen Ergebnisses bildet der zweite Teil, der überschrieben wird mit „B) Zur Sache", „B) Die dem Angeschuldigten zur Last gelegten Taten und die Beweise" oder auch „B) Die zur Anklage gebrachten Taten".

Hier wird – im Gegensatz zur Konkretisierung – die Tat ausführlich beschrieben, gegebenenfalls mit Planungsphase und Randgeschehen. Dem schließt sich die Einlassung des Angeschuldigten an. Dann werden die Beweismittel dargestellt und insbesondere Zeugenaussagen und sonstige Beweismittel gewürdigt. Hieran anschließend können sachlich-rechtliche Ausführungen Platz finden. Das wesentliche Ergebnis der Ermittlungen soll in schwierigen, umfangreichen oder gewichtigen Verfahren helfen, die Hauptverhandlung durchzuführen. Daher sind gegebenenfalls Fundstellen mit aufzunehmen, und zwar möglichst linksbündig in einer separaten Spalte, hilfsweise in Klammern im Text (in dem folgenden Beispiel habe ich zur besseren Darstellung von der Benennung fiktiver Fundstellen Abstand genommen). Der Aufbau des W. E. d. E. ähnelt den Gründen eines Strafurteils (Zur Person – Feststellungen zum Tatgeschehen – Beweiswürdigung – Rechtliche Würdigung – Strafzumessung – Kosten).

(9) Anträge

267 Die Anklageschrift schließt mit dem Antrag, das Hauptverfahren zu eröffnen.

Oft liest man auch den (althergebrachten) Antrag, „die Anklage zur Hauptverhandlung vor dem Amtsgericht – Strafrichter – in Kiel zuzulassen und das Hauptverfahren zu eröffnen". Falsch ist das nicht und unter dem Gesichtspunkt der Nennung des Gerichts und des Spruchkörpers auch gerechtfertigt; da diese Angaben aber schon in der Adressierung erscheinen, sind sie aber letztlich unnötig.

Ferner muss gegebenenfalls der Antrag auf Haftfortdauer gestellt werden. Weitere Anträge führen das Gesetz und die RiStBV nicht auf. Zuweilen wird in der Anklageschrift die Bestellung eines Verteidigers, die Verbindung mit einer anderen bereits anhängigen Sache oder der Erlass eines Untersuchungshaftbefehls beantragt, der bessere Platz hierfür ist aber mE die Begleitverfügung.

cc) Beispielsanklage

268 Hier ein Beispiel für eine einfache Schöffengerichtsanklage:

Staatsanwaltschaft bei dem Landgericht – 570 Js 12345/23 –	Kiel, … Haft! Sofort! Ablauf der Frist gemäß § 121 II StPO am 17.10.2023
An das Amtsgericht – Schöffengericht – in Kiel	

Anklageschrift

I. Der Lehrling Michael Marcel Mustermann, geb. Meister, geb. am 1.1.1980 in Kiel, wohnhaft: Hasseldieksdammer Weg 283, 24109 Kiel,
Deutscher, Familienstand unbekannt,
– in dieser Sache vorläufig festgenommen am 17.4.2023 und aufgrund des Haftbefehls des Amtsgerichts Kiel (Az: ...) seit diesem Tag in Untersuchungshaft in der JVA Neumünster (Gefangenenbuch-Nr. ...) –
– Verteidiger: Rechtsanwalt Ratvoll, Ringstraße 18, 24113 Kiel (Vollmacht Bl ... d. A.) –
II. Der Maurer Martin Musterhausen ...

werden angeklagt,
in Kiel
am 16.4.2023 und 17.4.2023

I. [142]der Angeschuldigte Mustermann
durch zwei selbstständige Handlungen
1. und 2. jeweils
eine fremde bewegliche Sache einem anderen in der Absicht weggenommen zu haben, die Sache sich rechtswidrig zuzueignen und zur Ausführung der Tat in einen anderen umschlossenen Raum eingebrochen zu sein und dabei gewerbsmäßig gestohlen zu haben,
II. der Angeschuldigte Musterhausen
3. eine Sache, die ein anderer gestohlen hat, angekauft zu haben, um sich zu bereichern.[143]

1. Am 16.4.2023 entwendete der Angeschuldigte Mustermann in den späten Abendstunden aus dem Pkw des Zeugen Lepthien im Osloring in Kiel dessen CD-Radio der Marke „Pioneer“, nachdem er zuvor mittels eines Pflastersteins das Fenster der Beifahrertür eingeschlagen hatte. Der Angeschuldigte ist drogen- und alkoholabhängig und handelte, um durch den Verkauf des Gerätes seine Sucht zu finanzieren.
2. Am 17.4.2023 um 21.40 Uhr entwendete der Angeschuldigte auf gleiche Weise das CD-Radio „JVC“ des Zeugen Schmittke aus dessen Opel, ebenfalls abgestellt im Osloring in Kiel. Auch mit dem Verkauf dieses Gerätes wollte der Angeschuldigte seine Sucht finanzieren.
Eine dem Angeschuldigten um 23.00 Uhr entnommene Blutprobe enthielt eine BAK von 1,8 ‰.
3. Unmittelbar nach der Entwendung des Radios des Zeugen Schmittke begab sich der Angeschuldigte Mustermann zum Angeschuldigten Musterhausen. Diesem bot der Angeschuldigte Mustermann das Radio zum Verkauf an. Der Angeschuldigte Musterhausen kaufte das Radio für 30,– EUR von dem Angeschuldigten Mustermann, obwohl er wusste, dass es sich um Diebesgut handelte. Er beabsichtigte, das Radio seinerseits gewinnbringend weiter zu veräußern.

Anzuwendende Strafvorschriften:
a) für den Angeschuldigten Mustermann: §§ 242 I, 243 I Nr. 1, 3, 53 StGB
b) für den Angeschuldigten Musterhausen: § 259 I Nr. 1 Alt. 1 StGB
Hinsichtlich der Sachbeschädigung durch das Aufschlitzen der Autositze durch den Angeschuldigten Mustermann in Fall 2 ist die Strafverfolgung gem. § 154a I StPO auf die zur Anklage gebrachten Delikte beschränkt worden.
Durch diese Taten haben die Angeschuldigten die oben genannten Autoradios der Marken „Pioneer“ und „JVC“ erlangt. Diese unterliegen gem. § 73 I StGB der Einziehung.

142 Die erneute Verwendung der römischen Zahlen bei den gesetzlichen Merkmalen ist hier nicht zwingend geboten, da die Nummerierung der Einzeltaten mit arabischen Ziffern hinreichende Klarheit schafft.

143 In der hier bevorzugten Variante ist Tat 3 für den Angeschuldigten Musterhausen die erste und einzige Tat, erhält aber als zeitlich letzte die laufende Nummer 3. Manche Staatsanwälte können sich hiermit nicht anfreunden. Abhilfe ist dadurch zu erzielen, dass nach „II.“ wieder mit „1.“ begonnen wird. Konsequenterweise müssen die entsprechenden Gliederungspunkte in der Konkretisierung, also der Geschichtserzählung, dann „I.1.“, „I.2.“ und „II.1.“ heißen.

Darüber hinaus erlangte der Angeschuldigte Mustermann für die zweite Tat Bargeld in Höhe von 30,– EUR. In dieser Höhe ist die Einziehung des Wertes des Erlangten anzuordnen, §§ 73 I, III Nr. 1, 73c StGB.[144]

Beweismittel:

I. Angaben der Angeschuldigten
   1. Angaben des Angeschuldigten Mustermann (Bl. 13 ff. d. A.)
   2. Geständige Einlassung des Angeschuldigten Musterhausen (Bl. 21 ff. d. A.)

II. Zeugen:
   1. Alfons Lepthien, Osloring 158, 24109 Kiel
   2. Walter Schmittke, Osloring 247, 24109 Kiel

III. Urkunde
   Gutachten der staatlichen Blutalkoholuntersuchungsstelle vom … (Bl. 41 d. A.)

IV. Gegenstände richterlichen Augenscheins
   1. CD-Radio „Pioneer"
   2. CD-Radio „JVC"

Wesentliches Ergebnis der Ermittlungen:

A. Zu den Personen der Angeschuldigten

I.) Der Werdegang und die persönlichen Verhältnisse des Angeschuldigten Mustermann

Der Angeschuldigte Mustermann wurde am 1.1.1980 als drittes von fünf Kindern geboren. Er besuchte von 1986 an die Volksschule in …

Der Angeschuldigte ist seit Jahren alkohol- und drogenabhängig. Er begeht bereits seit geraumer Zeit Straftaten, um seine Sucht zu finanzieren.

Der Angeschuldigte ist diverse Male strafrechtlich in Erscheinung getreten. Der Registerauszug des Angeschuldigten weist sieben Eintragungen auf, alle wegen Diebstahls. Zuletzt ist er vom Amtsgericht Kiel (34 Ds 123/22) im Januar dieses Jahres wegen Diebstahls in einem besonders schweren Fall zu einer Freiheitsstrafe von vier Monaten verurteilt worden. Die Vollstreckung der Strafe ist für die Dauer von vier Jahren zur Bewährung ausgesetzt worden.

II.) Der Werdegang und die persönlichen Verhältnisse des Angeschuldigten Musterhausen

…

B. Die den Angeschuldigten zur Last gelegten Taten und die Beweise

Dem Angeschuldigten Mustermann wird vorgeworfen, am 16. und 17.4.2023 zwei Diebstähle aus parkenden Kfz in Kiel-Mettenhof begangen zu haben. Die Tatausführung war in beiden Fällen die gleiche, wobei der Angeschuldigte im zweiten Fall ohne Grund auch die Polster des Wagens mit einem Messer aufschnitt. Im zweiten Fall begab sich der Angeschuldigte anschließend zum Angeschuldigten Musterhausen und verkaufte diesem das Diebesgut.

Der Angeschuldigte Musterhausen räumt die Tat zu 2. ein.

Der Angeschuldigte Mustermann lässt sich nicht zu den ihm gemachten Vorwürfen ein. Er wird gleichwohl der angeklagten Taten überführt werden:

Als Beweismittel stehen insbesondere die Bekundungen der Zeugen Schmittke und Lepthien zur Verfügung. Während der Zeuge Schmittke den Täter nur umrisshaft erkannt hat, hat der Zeuge Lepthien den Angeschuldigten bei der Tat beobachtet. Der Zeuge hat den Angeschuldigten bei einer sequenziellen Wahllichtbildvorlage sofort und eindeutig wieder erkannt. Die Aussagen der Zeugen sind in sich nachvollziehbar und frei von Belastungstendenzen aus persönlichen Gründen. Hinzu kommt die geständige Einlassung des Angeschuldigten Musterhausen, der einräumt, ein gestohlenes Radio von dem Angeschuldigten Mustermann angekauft zu haben. Im Übrigen ist das im ersten Fall entwendete Gerät im Rahmen einer Durchsuchung bei dem Angeschuldigten Musterhausen aufgefunden worden.

Es wird beantragt,

a) das Hauptverfahren zu eröffnen und

b) Haftfortdauer bezüglich des Angeschuldigten Mustermann zu beschließen

Müller
Staatsanwalt

144 Zu den Regeln der Einziehung und Vermögensabschöpfung → Rn. 279b ff.

b) Besondere Fälle des Anklagesatzes

Erhebliche Schwierigkeiten haben Referendare beim Verfassen von Anklageschriften zuweilen mit dem Anklagesatz und dort mit den gesetzlichen Merkmalen, denn nicht immer stellt sich die Rechtslage so eindeutig dar wie oben. Im Folgenden stelle ich einige Konkretisierungen dar. Ihre Aufgabe ist es, die gesetzlichen Merkmale der Tat zu entwickeln. **269**

aa) Tateinheit oder nicht?

Fall 1: Der Angeschuldigte geriet mit dem von ihm geführten Pkw Opel infolge alkoholbedingter Fahruntüchtigkeit nach links von der Fahrbahn ab und prallte gegen den dort parkenden Pkw des Zeugen Hansen. An dem Auto entstand ein Sachschaden in Höhe von 2.500 EUR Bei einem Blutalkoholgehalt von 1,3 ‰ hätte der Angeschuldigte wissen müssen, dass er nicht mehr in der Lage war, das Fahrzeug sicher zu führen und dass er dabei andere gefährden konnte. 270

Nach kurzem Halt fuhr der Angeschuldigte in Kenntnis des von ihm verursachten Unfalls davon, ohne dem Zeugen Hansen Feststellungen zu seiner Person und dem Zustandekommen des Unfalls zu ermöglichen. Er wusste nunmehr, dass er alkoholbedingt fahruntüchtig war.

Dieser Fall ist alltäglich und eigentlich ganz einfach. Das einzig Kniffelige ist, trotz einer Tat im prozessualen Sinn zu erkennen, dass es sich materiell-rechtlich um Tatmehrheit handelt, und dass nicht eine, sondern zwei strafbare Trunkenheitsfahrten gegeben sind. Die gesetzlichen Merkmale der Taten sehen wie folgt aus:

… wird angeklagt,
in …
am ….

durch zwei selbstständige Handlungen

1. fahrlässig im Straßenverkehr ein Fahrzeug geführt zu haben, obwohl er infolge des Genusses alkoholischer Getränke nicht in der Lage gewesen ist, das Fahrzeug sicher zu führen und dadurch fahrlässig fremde Sachen von bedeutendem Wert gefährdet zu haben,
2. durch dieselbe Handlung
   a) sich als Unfallbeteiligter nach einem Unfall im Straßenverkehr vom Unfallort entfernt zu haben, bevor er zugunsten der anderen Unfallbeteiligten und der Geschädigten die Feststellung seiner Person, seines Fahrzeugs und der Art seiner Beteiligung durch seine Anwesenheit und durch die Angabe, dass er an dem Unfall beteiligt gewesen war, ermöglicht hatte,
   b) vorsätzlich im Verkehr ein Fahrzeug geführt zu haben, obwohl er infolge des Genusses alkoholischer Getränke nicht in der Lage gewesen ist, das Fahrzeug sicher zu führen

und sich dadurch als ungeeignet zum Führen von Kraftfahrzeugen erwiesen zu haben.

Wichtig hieran ist, auf die doppelte Fahrlässigkeit bei Tat 1, den Vorsatz bei Tat 2 und die Maßregel zu achten.

bb) Beteiligung an der Tat

Fall 2: Der gesondert verfolgte Meyer brach bei Karstadt in Kiel ein und entwendete aus den Geschäftsräumen zehn Festplattenreceiver im Wert von 5.000 EUR. Der Angeschuldigte Schulze stellte dem Meyer seinen Pkw zum Abtransport zur Verfügung. 271

Wie lautet der Anklagesatz gegen Schulze?

Hier geht es um eine Form der Beteiligung, nämlich Beihilfe. Die Konkretisierung könnte dann wie folgt aussehen:

> ... wird angeklagt,
> in ...
> am ...
>
> vorsätzlich einem anderen zu dessen vorsätzlich begangener rechtswidriger Tat Hilfe geleistet zu haben,
> nämlich eine fremde bewegliche Sache einem anderen in der Absicht wegzunehmen, die Sache sich rechtswidrig zuzueignen und zur Ausführung der Tat in einen Geschäftsraum einzubrechen.

Diese Version ist alles andere als leicht verständlich. Hier bietet es sich an, wie es die RiStBV auch vorsehen, eine vereinfachte Version der gesetzlichen Merkmale der Tat zu verwenden:

> ... wird angeklagt,
> in ...
> am ...
>
> vorsätzlich einem anderen zu dessen vorsätzlich begangener rechtswidriger Tat Hilfe geleistet zu haben,
> nämlich einem Diebstahl in einem besonders schweren Fall.

Das liest sich doch schon viel einfacher.[145]

cc) Vollrausch

272 **Fall 3:** Der Angeschuldigte Säufer betrank sich derart, dass er eine BAK von 3,08 ‰ aufwies. In diesem Zustand entwendete er zehn Festplattenreceiver wie in Fall 2 beschrieben.

Jetzt geht es um etwas ganz ähnliches, nämlich den Vollrausch iSd § 323a StGB. Wieder gibt es eine sperrige und eine vereinfachte Variante.

> ... wird angeklagt,
> in ...
> am ...
>
> sich fahrlässig durch alkoholische Getränke in einen Rausch versetzt zu haben und in diesem Zustand eine rechtswidrige Tat begangen zu haben,
> nämlich eine fremde bewegliche Sache einem anderen in der Absicht weggenommen zu haben, die Sache sich rechtswidrig zuzueignen, für die er nicht bestraft werden kann, weil er infolge des Rausches schuldunfähig gewesen ist.

Hier die zu bevorzugende Variante:

> ... wird angeklagt,
> in ...
> am ...
>
> sich fahrlässig durch alkoholische Getränke in einen Rausch versetzt zu haben und in diesem Zustand eine rechtswidrige Tat begangen zu haben, für die er nicht bestraft werden kann, weil er infolge des Rausches schuldunfähig gewesen ist,
> nämlich einen Diebstahl in einem besonders schweren Fall.[146]

---

145 Zugegebenermaßen ist diese Version nicht so präzise wie die erste. ME ist aber Verständlichkeit wichtiger.

146 Auch hier wird die Verständlichkeit durch ein Weniger an Genauigkeit erkauft, was aber nach Nr. 110 II c) RiStBV zulässig ist.

dd) Versuch

Paradebeispiel für die Möglichkeit der Vereinfachung ist und bleibt aber der Versuch: 273

> **Fall 4**: Wie lautet der Anklagesatz gegen einen Beschuldigten, wenn er eine Sache stehlen wollte, die Tat aber noch vor Vollendung entdeckt und er festgenommen worden ist?

Hier könnte man zunächst wie folgt formulieren:

> … wird angeklagt,
> in …
> am …
>
> nach seiner Vorstellung von der Tat zur Verwirklichung des Tatbestandes unmittelbar angesetzt zu haben,
> nämlich eine fremde bewegliche Sache einem anderen in der Absicht wegzunehmen, die Sache sich rechtswidrig zuzueignen.

So schreibt das nun wirklich niemand.

Besser ist Folgendes:

> … wird angeklagt,
> in …
> am …
>
> versucht zu haben, einem anderen eine fremde bewegliche Sache in der Absicht wegzunehmen, die Sache sich rechtswidrig zuzueignen.

Ich empfehle folgende Variante, die insbesondere bei Serienkriminalität von unschätzbarem Vorteil ist (dazu gleich):

> … wird angeklagt,
> in …
> am …
>
> eine fremde bewegliche Sache einem anderen in der Absicht weggenommen zu haben, die Sache sich rechtswidrig zuzueignen,
> wobei es nur zum Versuch gekommen ist.

ee) Serienkriminalität

> **Fall 5**: Schulz beging sechs Diebstähle aus Kfz, bei denen er jeweils ein Autoradio entwendete. In einem siebenten Fall musste er sein Vorhaben aufgeben, weil es ihm nicht gelang, das Beifahrerfenster mit einem Schraubendreher aufzuhebeln. In den beiden Fällen zuvor hatte er das Fahrzeug auf diese Weise gewaltsam geöffnet. Die erste und die sechste Tat beging er aufgrund eines gemeinsamen Tatentschlusses mit seinem Freund Müller. Beide verkauften die von ihnen gemeinsam erbeuteten Geräte an zwei unterschiedlichen Tagen an den Lehmann, der sie anschließend weiterveräußerte und über alle Umstände informiert war. 274

Dieser Fall soll Ihnen zeigen, dass es nicht immer gelingen kann, einen Sachverhalt ohne große Vorüberlegungen in eine Anklageschrift zu transponieren. Mein Rat in derartigen Fällen der Serienkriminalität mit wechselnder Tatbeteiligung: Machen Sie eine Skizze. Diese könnte hier wie folgt aussehen:[147]

---

147 Bezüglich der Erfordernisse an den Anklagesatz und seine Verlesung bei einer Vielzahl gleichartiger Einzelakte s. BGH NJW 2011, 1687 und NStZ 2011, 418.

Tat	Schulz	Müller	Lehmann
1	§§ 242, 25 II	§§ 242, 25 II	
2	§ 242		
3	§ 242		
4	§ 242		
5	§§ 242, 243		
6	§§ 242, 243, 25 II	§§ 242, 243, 25 II	
7	§§ 242, 243, 22		
8			§ 259
9			§ 259

275 In Fällen wie diesem, bei dem das Schwergewicht auf den Taten eines Beschuldigten liegt, bietet es sich an, sich von einem Beschuldigten zum nächsten vorzuarbeiten. Gehen Sie dabei Schritt für Schritt vor und versuchen Sie, so viel wie möglich zusammenzufassen. Das geht so: Aus obiger Skizze geht hervor, dass dem Schulz sieben Taten vorgeworfen werden, jedes Mal ist Diebstahl mit dabei. Zweimal hat er zusammen mit Müller gehandelt. Beginnen wir also damit.

Der Schulz wird angeklagt,
in …
am …

durch sieben selbstständige Handlungen davon in zwei Fällen gemeinschaftlich mit dem Angeschuldigten Müller (1. und 6.)
1.–7. jeweils
eine fremde bewegliche Sache einem anderen in der Absicht weggenommen zu haben, die Sache sich rechtswidrig zuzueignen,

Dreimal hat es sich um einen besonders schweren Fall gehandelt.

wobei er in drei Fällen (5.–7.) zur Ausführung der Tat in einen anderen umschlossenen Raum eingebrochen ist

Aber ganz geklappt hat es einmal nicht.

und es in einem Fall (7.) beim Versuch geblieben ist.

Jetzt zu Müller. Der hat zweimal gestohlen, einmal davon hat es sich um einen besonders schweren Fall gehandelt.

Der Müller wird angeklagt,
in …
am …

durch zwei selbstständige Handlungen gemeinschaftlich mit dem Angeschuldigten Schulz
1. und 6. jeweils
eine fremde bewegliche Sache einem anderen in der Absicht weggenommen zu haben, die Sache sich rechtswidrig zuzueignen,
und in einem Fall (6.) zur Ausführung der Tat in einen anderen umschlossenen Raum eingebrochen zu sein.

Übrig ist Lehmann. Der Rest geht ganz einfach.

> Der Lehmann wird angeklagt,
> in …
> am …
>
> durch zwei selbstständige Handlungen
> 8. und 9. jeweils
> eine Sache, die ein anderer gestohlen hatte, angekauft zu haben, um sich zu bereichern.

Jetzt müssen die Teile nur noch aneinandergesetzt und die Taten zusammengezählt werden. 276

Beachten Sie, dass Sie mit dem ältesten Angeschuldigten beginnen müssen, da sich hieran in der Regel die gerichtliche Zuständigkeit orientiert. Dass Sie den ältesten Angeschuldigten zuerst nennen, heißt nicht, dass seine Taten auch die ersten sein müssen, die genannt werden, denn es gilt das Prinzip der chronologischen Darstellung der Taten.

> I. Der Schulz …,
> II. Der Müller … und
> III. Der Lehmann …
>
> werden angeklagt,
> in …
> am …
> I. der Angeschuldigte Schulz
> durch sieben selbstständige Handlungen, davon in zwei Fällen gemeinschaftlich mit dem Angeschuldigten Müller (1. und 6.)
> 1.–7. jeweils
> eine fremde bewegliche Sache einem anderen in der Absicht weggenommen zu haben, die Sache sich rechtswidrig zuzueignen,
> wobei er in drei Fällen (5.–7.) zur Ausführung der Tat in einen anderen umschlossenen Raum eingebrochen ist
> und es in einem Fall (7.) beim Versuch geblieben ist,
> II. der Angeschuldigte Müller
> durch zwei selbstständige Handlungen gemeinschaftlich mit dem Angeschuldigten Schulz
> 1. und 6. jeweils
> eine fremde bewegliche Sache einem anderen in der Absicht weggenommen zu haben, die Sache sich rechtswidrig zuzueignen,
> und in einem Fall (6.) zur Ausführung der Tat in einen anderen umschlossenen Raum eingebrochen zu sein,
> III. der Angeschuldigte Lehmann
> durch zwei selbstständige Handlungen
> 8. und 9. jeweils
> eine Sache, die ein anderer gestohlen hatte, angekauft zu haben, um sich zu bereichern.

Wie Sie sehen, sind im obigen Beispiel die gesetzlichen Merkmale des Diebstahls mehr als einmal aufgeführt. Wie bereits ausgeführt, sollten Sie dies nach Möglichkeit vermeiden. Wichtiger als die Kürze ist aber die Verständlichkeit. Dies möchte ich jetzt demonstrieren, und zwar anhand eines gemeinsamen Aufbaus der gesetzlichen Merkmale. 277

> I. Der Schulz …,
> II. Der Müller … und
> III. Der Lehmann …
>
> werden angeklagt,
> in …
> am …

I. der Angeschuldigte Schulz durch sieben selbstständige Handlungen (1.–7.)
II. der Angeschuldigte Müller durch zwei selbstständige Handlungen (1. und 6.)
I. und II. die Angeschuldigten Müller und Schulz in zwei Fällen gemeinschaftlich (1. und 6.)
III. der Angeschuldigte Lehmann durch zwei selbstständige Handlungen (8. und 9.)
1.–7. jeweils einem anderen eine fremde bewegliche Sache in der Absicht weggenommen zu haben, die Sache sich rechtswidrig zuzueignen
und in drei Fällen (5.–7.) jeweils zur Ausführung der Tat in einen anderen umschlossenen Raum eingebrochen zu sein,
wobei es in einem Fall (7.) nur zum Versuch gekommen ist,
8. und 9. jeweils
eine Sache, die ein anderer gestohlen hatte, angekauft zu haben, um sich zu Unrecht zu bereichern.

Hier sind die gesetzlichen Merkmale so stark zusammengefasst wie möglich. Allerdings erschließt sich beim ersten Lesen (und erst recht beim Zuhören) nicht, wer welche Tat begangen haben soll.

278 Es gibt aber Fälle, in denen ein nach den Personen der Angeschuldigten getrennter Aufbau sehr unübersichtlich wird. In solchen Fällen, insbesondere dann, wenn die Tatbeteiligungen laufend wechseln, kann es sinnvoll sein, nicht nach Angeschuldigten, sondern nach Taten zu gliedern.

Sie sollten beim letzten Fall nicht gleich den Lösungsvorschlag lesen, sondern sich die Mühe machen, ein eigenes Konzept zu entwickeln. Es gibt – wie Sie eben gesehen haben – mehr als eine richtige Lösung.

ff) Übungsfall

279 **Fall 6**: Meier brach ein Auto auf und unternahm eine Spritztour, um das Fahrzeug anschließend irgendwo an einer abgelegenen Ecke unverschlossen abzustellen. Er hatte keinen Führerschein und war angetrunken (1,7 ‰ BAK).

Am folgenden Tag erzählte Meier dem Schulze, wie schön die Fahrt gewesen war. Beide wollten noch eine Tour machen. Meier sicherte die Tat vor dem Entdecktwerden ab, während Schulze das Auto aufbrach. Anschließend fuhren beide abwechselnd – zunächst Meier. Schulze war im Besitz einer Fahrerlaubnis.

Einen Tag später wiederholten die beiden ihr Vorgehen mit einem anderen Auto. Schulze ist diesmal angetrunken (1,8 ‰ BAK).

Eine weitere Woche später brach Meier allein ein Auto auf und fuhr damit, um es irgendwo abzustellen. Er war nüchtern.

Machen Sie eine Skizze und lösen Sie den Fall.

I. Der Meier … und
II. Der Schulze

werden angeklagt,
in …
am …

I. der Angeschuldigte Meier durch vier selbstständige Handlungen
davon in zwei Fällen (2. und 3.) gemeinschaftlich mit dem Angeschuldigten Schulze
1.–4. tateinheitlich
a) eine fremde bewegliche Sache einem anderen in der Absicht weggenommen zu haben, die Sache sich rechtswidrig zuzueignen, und zur Ausführung der Tat in einen anderen umschlossenen Raum eingebrochen zu sein,

b) vorsätzlich ein Kraftfahrzeug geführt zu haben, obwohl er die dazu erforderliche Fahrerlaubnis nicht hatte
und in einem Fall (1.) durch dieselbe Handlung
c) fahrlässig[148] im Verkehr ein Fahrzeug geführt zu haben, obwohl er infolge des Genusses alkoholischer Getränke nicht in der Lage gewesen ist, das Fahrzeug sicher zu führen
und sich dadurch als ungeeignet zum Führen von Kraftfahrzeugen erwiesen zu haben,
II. der Angeschuldigte Schulze durch zwei selbstständige Handlungen
2. und 3. jeweils gemeinschaftlich mit dem Angeschuldigten Meier
a) eine fremde bewegliche Sache einem anderen in der Absicht weggenommen zu haben, die Sache sich rechtswidrig zuzueignen und zur Ausführung der Tat in einen anderen umschlossenen Raum eingebrochen zu sein
und in einem Fall (3.) durch dieselbe Handlung
b) fahrlässig im Verkehr ein Fahrzeug geführt zu haben, obwohl er infolge des Genusses alkoholischer Getränke nicht in der Lage gewesen ist, das Fahrzeug sicher zu führen
und sich dadurch als ungeeignet zum Führen von Kraftfahrzeugen erwiesen zu haben.

Exkurs: Einziehung

Sie werden bemerkt haben, dass → Rn. 209, 215 und 268 Ausführungen zur Frage der Einziehung enthalten. Dieses Gebiet ist bis jetzt aus Gründen der Übersichtlichkeit zurückgestellt worden und soll nun nachgeholt werden, wobei ich mich auf das Wesentliche beschränken muss. **279a**

Die Vorschriften über die Einziehung sind zum 1.7.2017 grundlegend geändert worden. §§ 73 ff. StGB enthalten die materiell-rechtlichen Regeln über die Einziehung. Es können zwei Gruppen von Vorschriften unterschieden werden. Bei §§ 73–73e, 76a, 76b StGB geht es um den Tatertrag bzw. seinen Wert und die Einziehung eines solchen auch ohne Verurteilung; bei §§ 74–74f StGB um Tatprodukte, Tatmittel und Tatobjekte.

Vermögensabschöpfung **279b**

Wesen der Neuregelung des §§ 73 ff. StGB ist, dass dem Täter keine Vorteile aus seiner Tat verbleiben sollen. Die Vorschriften über die Einziehung des Erlangten erweitern daher das zivilrechtliche Bereicherungsrecht ins Strafrecht und übertragen den Strafverfolgungsbehörden seine Durchsetzung, und zwar als Regelfall.

Der **Ablauf der sog. Vermögensabschöpfung**[149] kann wie folgt skizziert werden: Die Staatsanwaltschaft sichert das aus der Tat oder für die Tat erlangte oder einen demensprechenden Vermögenswert durch vorläufige Maßnahmen (§§ 111b, 111c StPO). Das Gericht ordnet im Urteil die Einziehung desselben an (§§ 73 ff. StGB). Die Staatsanwaltschaft vollstreckt durch den Rechtspfleger die Einziehung (§§ 459g ff. StPO) und kehrt gegebenenfalls eingezogene Gegenstände oder Vermögenswerte an die Geschädigten aus, wobei die Urteilsgründe faktisch als zivilrechtlicher Titel wirken. Gibt es mehrere Verletzte und reicht das Vermögen des Täters nicht aus, wird von Amts wegen ein Insolvenzantrag gestellt (§ 111i II 2 StPO). Außerdem ist ein selbstständiges Einziehungsverfahren möglich (§ 76a StGB), das keine Verurteilung voraussetzt und sogar dann durchgeführt werden kann, wenn die Straftat bereits verjährt ist. **279c**

Materiell-rechtliche Regelungen **279d**

Gemäß § 73 I, II StGB ist das einzuziehen, was der Täter aus der Tat erlangt hat, ferner die gezogenen Nutzungen. Nach Abs. 3 kann auch das eingezogen werden, was der Täter durch die Veräußerung des Erlangten oder als Ersatz für dessen Zerstörung, Beschädigung oder Entziehung oder aufgrund eines erlangten Rechts erworben hat. § 73a StGB lässt die erweiterte Einziehung von Taterträgen nunmehr bei jeder Straftat zu. Hiernach können Gegenstände eingezogen werden, die aus irgendeiner anderen Straftat erlangt worden sind, also nicht nur diejenigen, auf die sich das Strafverfahren bezieht. Ausreichend ist, dass das erkennende Gericht gem. § 261

148 Bei einer BAK von 1,7 bzw. 1,8 ‰ könnte mindestens ebenso gut von einer vorsätzlichen Begehung ausgegangen werden auch nach der Rechtsprechung die BAK keinen Rückschluss auf die Schuldform zulässig ist, vgl. zB OLG Hamm NZV 2005, 161.

149 Instruktiv zu den Neuregelungen: Köhler/Burkhard NStZ 2017, 459 ff., 665 ff.

StPO von der deliktischen Herkunft überzeugt ist, mag diese auch nicht näher konkretisierbar sein. Ist die Einziehung eines Gegenstandes nicht möglich, so ordnet das Gericht die Einziehung eines Geldbetrages an, der dem Wert des Erlangten entspricht, § 73c StGB (Einziehung des Wertes von Taterträgen). Gemäß § 73e I StGB ist der Anspruch des Verletzten auf Rückgewähr oder Ersatz des Wertes des Erlangten allerdings ausgeschlossen, wenn dieser erloschen ist (zB durch Rückgabe oder sonstige Erfüllung). In § 73d StGB wird das Bruttoprinzip gestärkt. Zwar sind nach Abs. 1 S. 1 bei der Bestimmung des Wertes des Erlangten Aufwendungen des Täters abzuziehen, allerdings bleibt nach S. 2 das außer Betracht, was für die Begehung der Tat oder für ihre Vorbereitung aufgewendet oder eingesetzt wurde. Es gilt also der Grundsatz, dass die für die Tat aufgewendeten Geldmittel verloren sind, vgl. die Wertung in § 817 S. 2 BGB. Die oben genannte Verlagerung des Bereicherungsrechts in das Strafverfahren setzt sich also konsequent dergestalt fort, dass die Grundsätze der verschärften Bereicherungshaftung auch hier gelten.

Von besonderer Bedeutung ist die selbstständige Einziehung gem. § 76a StGB. Nach Abs. 1 kann eine Einziehung auch dann angeordnet werden, wenn wegen der Straftat keine bestimmte Person verfolgt oder verurteilt werden kann (zB Verhandlungsunfähigkeit, Strafklageverbrauch). Dies gilt nach Abs. 3 auch dann, wenn das Verfahren nach einer Vorschrift eingestellt wird, die dies nach dem Ermessen der StA oder des Gerichts oder im Einvernehmen beider zulässt, zB §§ 153, 154 StPO, vgl. → Rn. 209. Sehr viel weiter geht die Vorschrift in Abs. 4. Hiernach kann ein aus einer rechtswidrigen Tat im Sinne der Norm herrührender Gegenstand (vgl. die Begrifflichkeit bei der Geldwäsche) auch dann selbstständig eingezogen werden, wenn der von der Sicherstellung Betroffene nicht wegen der Straftat verfolgt oder verurteilt werden kann. Der folgende Straftatenkatalog enthält Delikte aus dem Bereich der organisierten Kriminalität und des Terrorismus. Dies ist in Zusammenschau mit § 437 StPO nF zu lesen. Hiernach kann das Gericht seine Überzeugung davon, dass der Gegenstand aus einer rechtswidrigen Tat herrührt, insbesondere auf ein grobes Missverhältnis zwischen dem Wert des Gegenstandes und den rechtmäßigen Einkünften des Betroffenen stützen. Außerdem kann es das Ergebnis der Ermittlungen zu der Tat berücksichtigen, die Anlass für das Verfahren war, die Umstände, unter denen der Gegenstand aufgefunden und sichergestellt worden ist und die sonstigen persönlichen und wirtschaftlichen Verhältnisse des Betroffenen. Es gilt nach dem ausdrücklichen Willen des Gesetzgebers eine Beweislastumkehr zum Nachteil des Betroffenen, der den legalen Erwerb der Vermögenswerte nachweisen muss.[150]

Das Gesetz verlangt, dass in allen Verfahren, in denen der Täter, Teilnehmer oder ein Drittbeteiligter etwas aus der Tat erlangt hat, über eine Einziehung zu entscheiden ist. Dabei gilt es zu beachten, dass sich auch mit der Einstellung des Ermittlungsverfahrens die Möglichkeit und gegebenenfalls Gebotenheit der Einziehung nicht erledigt, da § 76a I StGB nach Abs. 3 anwendbar bleibt, wenn das Gericht von Strafe absieht oder das Verfahren wegen einer Vorschrift zulässt, die nach dem Ermessen der Staatsanwaltschaft oder des Gerichts oder im Einvernehmen beider zulässt. Wird zB ein Verfahren gem. § 170 II StPO wegen Verhandlungsunfähigkeit oder Tod des Beschuldigten eingestellt, kann gleichwohl in das Vermögen vollstreckt werden. Auch bei Opportunitätseinstellungen nach § 153 I oder II StPO bleibt dies möglich.

279e **Prozessuales**

Über die Einziehung soll gem. §§ 421 ff. StPO grundsätzlich in der Hauptverhandlung entschieden werden. Das Gericht kann allerdings gem. § 421 I StPO mit Zustimmung der StA von der Einziehung absehen, wenn das Erlangte nur einen geringen Wert hat (Nr. 1) oder das Verfahren einen unangemessenen Aufwand erfordern oder die Herbeiführung der Entscheidung über die anderen Rechtsfolgen der Tat unangemessen erschweren würde (Nr. 3). (Nr. 2 hat in diesem Zusammenhang keine Bedeutung, da die Vermögensabschöpfung keinen Strafcharakter haben soll. Hier ist die Einziehung gem. §§ 74 ff. StGB gemeint.) Auch im Ermittlungsverfahren ist nach Abs. 3 ein Absehen von der Einziehung möglich, muss aber aktenkundig gemacht werden, und zwar in Vermerkform, vgl. die Formulierungen in dem Entwurf → Rn. 215.

Es besteht auch die Möglichkeit einer Abtrennung durch das Gericht und Entscheidung über die Einziehung im Nachverfahren (§§ 422, 423 StPO). Das selbstständige Einziehungsverfahren ist prozessual in §§ 435 ff. StPO geregelt. Von der selbstständigen Einziehung kann nach § 435 I 2

150 S. Ziff. 5.1 des Koalitionsvertrages zur 18. Legislaturperiode.

StPO wiederum abgesehen werden bei Geringwertigkeit oder bei unangemessenem Aufwand, → Rn. 209. Ein unangemessener Aufwand kann insbesondere dann anzunehmen sein, wenn von vornherein klar ist, dass mangels Masse keine Verteilung an die Geschädigten stattfinden kann.

Behandlung der VA in der Praxis 279f

Obwohl § 200 StPO und Nr. 110 RiStBV nicht geändert worden sind, war es schon immer üblich, auf eine gebotene Einziehung hinzuweisen. In der Anklageschrift sollte am passenden Ort – abhängig von der lokal üblichen Praxis vor oder nach den anzuwendenden Strafvorschriften – auf die Einziehung hingewiesen werden, vgl. die Fomulierung in der Musteranklageschrift → Rn. 268. Hier sind zwei Arten von Einziehungen enthalten. Die dort genannten Angeschuldigten hatten jeder ein Autoradio erlangt, der eine aus der Diebstahlstat, der andere aus der Hehlerei. Beide Radios sind gem. § 73 I StGB einzuziehen. Der Angeschuldigte Mustermann hatte eins der Radios an den Mitangeschuldigten verkauft und dafür 30,– EUR erhalten. Dieser Vorteil ist nach § 73 I Nr. 3 StGB einzuziehen. Die Original-Scheine werden allerdings nicht mehr vorhanden sein, daher ist der Wert des Erlangten gem. § 73c StGB einzuziehen.

Ob die §§ 73, 73c StGB in die anzuwendenden Strafvorschriften gehören, kann verschieden gesehen werden. Da es sich bei Ihnen (anders als bei §§ 74 ff. StGB) nach dem Willen des Gesetzgebers nicht um eine Strafe, sondern um die Durchsetzung von Bereicherungsrecht handelt, wäre es konsequent, sie nicht mit aufzunehmen, sondern in einem nachfolgenden Satz zu bringen. Beim Strafbefehl gehören sie allerdings in die angewendeten Vorschriften.

Einziehung von Tatprodukten, Tatmitteln und Tatobjekten 279g

Die Möglichkeiten der Einziehung gem. §§ 74 ff. StGB haben dagegen Strafcharakter.[151] Eingezogen werden Gegenstände die durch eine vorsätzliche Tat hervorgebracht worden sind (Tatprodukte) oder zu ihrer Begehung oder Vorbereitung gebraucht worden oder bestimmt gewesen sind (Tatmittel), § 74 I StGB. Ferner unterliegen nach Abs. 2 Gegenstände, auf die sich eine Straftat bezieht, als Tatobjekte der Einziehung, wenn besondere Vorschriften dies anordnen. Der Begriff des Gegenstands umfasst nicht nur körperliche Sachen, sondern auch Rechte.[152]

Tatprodukte verdanken ihre Entstehung oder ihre gegenwärtige Beschaffenheit der Tat (zB eine gefälschte Urkunde). Dass sie durch sie erlangt worden sind, ist nicht maßgebend, denn dafür gelten in erster Linie §§ 73 ff. StGB. Der Begriff des Tatmittels umfasst alle Gegenstände, die die Begehung der Tat in irgendeiner Weise gefördert hat oder fördern sollte.[153] Beispiele für Tatobjekte, auf die sich die Tat bezieht, sind zB der Gegenstand, auf den sich eine Geldwäschetat bezieht (§ 261 VII StGB), auf den sich Vergehen gem. §§ 29–30a BtMG beziehen (§ 33 BtMG) oder das vom Täter ohne Fahrerlaubnis gefahrene Kraftfahrzeug in den Fällen des § 21 III StVG. Gemäß § 74b StGB ist die Sicherungseinziehung auch ohne schuldhaftes Handeln und ohne Beschränkung auf Tätereigentum zulässig, wenn Gegenstände nach ihrer Art und den Umständen die Allgemeinheit gefährden oder die Gefahr besteht, dass sie der Begehung rechtswidriger Taten dienen werden. Ist der einzuziehende Gegenstand nicht mehr vorhanden, weil der Beschuldigte ihn veräußert, verbraucht oder die Einziehung sonst vereitelt hat, kann das Gericht gegen ihn nach § 74c StGB die Einziehung des Wertes des Gegenstandes anordnen. Für die Einziehung gilt hinsichtlich der Verhältnismäßigkeit die spezielle Regelung des § 74f StGB.

151 Schönke/Schröder/Eser/Schuster StGB § 74 Rn. 17, 28.
152 Schönke/Schröder/Eser/Schuster StGB § 74 Rn. 6.
153 Schönke/Schröder/Eser/Schuster StGB § 76 Rn. 11.

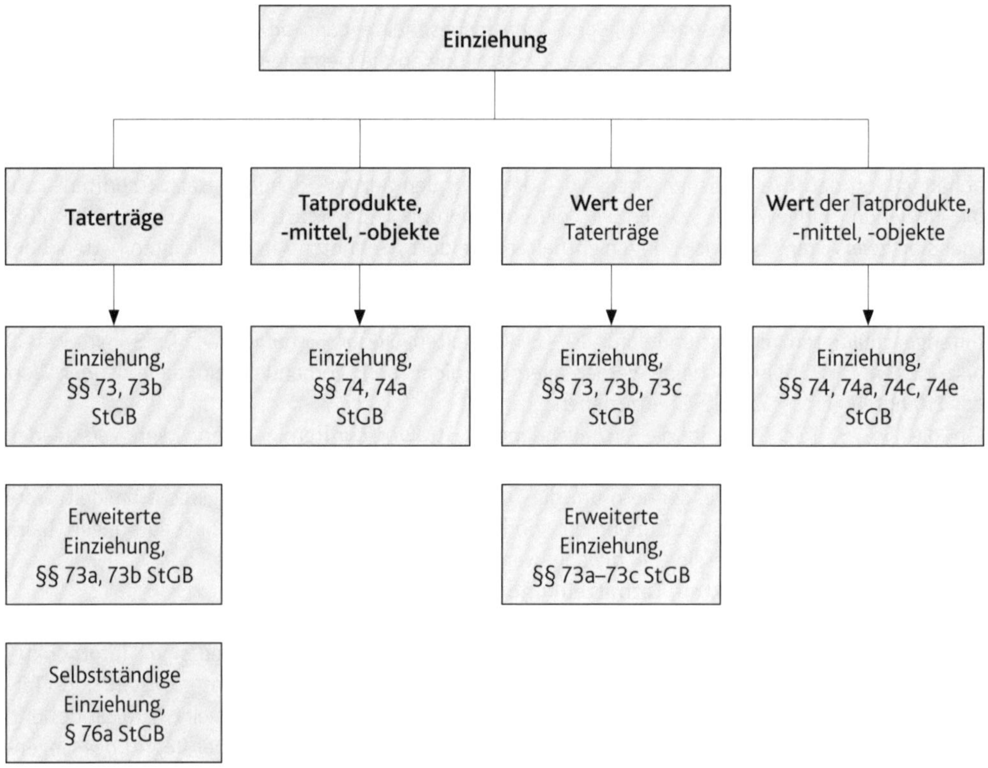

c) Der Strafbefehl und der Antrag im beschleunigten Verfahren

280 Dem **Strafbefehl** kommt in der Praxis eine erhebliche Bedeutung zu. Anders als im Falle der Anklage findet im Strafbefehlsverfahren keine obligatorische Hauptverhandlung statt. Es handelt sich um eine Verurteilung im Schriftwege, die allerdings nur dann rechtskräftig wird, wenn der Adressat hiergegen keinen Einspruch einlegt. Das Strafbefehlsverfahren dient dazu, Gerichte und Staatsanwaltschaften durch die Vermeidung von Hauptverhandlungsterminen zu entlasten. In ihm können erhebliche Sanktionen verhängt werden, vgl. § 407 II StPO, sogar Freiheitsstrafe bis zu einem Jahr, wenn ihre Vollstreckung zur Bewährung ausgesetzt wird. Der Anwendungsbereich des Strafbefehls reicht bis weit in die mittlere Kriminalität hinein. Auch ist die Erwartung eines Einspruchs gegen den Strafbefehl kein geeignetes Argument, diesen Weg nicht zu beschreiten.[154] Möglicherweise akzeptiert der Angeschuldigte die ausgesprochene Sanktion ja doch, wodurch dann eine zeitraubende Hauptverhandlung vermieden werden kann.

281 Die Strafbefehle werden von der Staatsanwaltschaft für das Gericht vorbereitet. Es werden dem Gericht also Entwürfe für zu erlassende Strafbefehle zugeleitet. Die anschließenden Entscheidungsmöglichkeiten des Gerichts ergeben sich aus § 408 StPO. Ist das Gericht zuständig (s. Abs. 1), kann es den Erlass eines Strafbefehls ablehnen, wenn es den Angeschuldigten nicht für hinreichend verdächtig hält, Abs. 2 S. 1. Andernfalls kann es gem. Abs. 3 S. 1 dem Antrag der Staatsanwaltschaft entsprechen und den Strafbefehl erlassen oder nach Abs. 3 S. 2 Hauptverhandlung anberaumen, wenn es Bedenken hat, ohne eine solche zu entscheiden, wenn es von der rechtlichen Beurteilung im Strafbefehlsantrag abweichen oder eine andere als die beantragte Rechtsfolge festsetzen will und die StA auf ihrem Antrag beharrt. Wird aber – wie in aller Regel – der Strafbefehl erlassen, wird dieser mit einem gerichtlichen Aktenzeichen versehen und dem Beschuldigten zugestellt. Akzeptiert der An-

154 S. Nr. 175 III 2 RiStBV.

geschuldigte die Entscheidung und legt keinen fristgerechten Einspruch ein, steht der Strafbefehl gem. § 410 III StPO einem rechtskräftigen Urteil gleich.[155] Andernfalls wird gem. § 411 I 2 StPO Termin zu Hauptverhandlung bestimmt, wobei gem. Abs. 2 S. 2 iVm § 420 StPO für die Beweisaufnahme erleichterte Regeln gelten. Bleibt der Angeklagte dagegen unentschuldigt aus und ist er auch nicht zulässig durch einen Verteidiger vertreten, wird der Einspruch gem. §§ 412 S. 1, 329 I 1 StPO verworfen.

Der Inhalt des Strafbefehls ergibt sich aus § 409 StPO. Er folgt denselben Regeln wie eine Anklageschrift (vgl. Abs. 1 Nr. 1–5). Ein Unterschied ist, dass er als Anschreiben an den Angeschuldigten formuliert wird, ihn also direkt anspricht. 282

Darüber hinaus enthält der Strafbefehl wie ein Urteil die Festsetzung der Rechtsfolgen (Abs. 1 Nr. 6)[156], also Verwarnung mit Strafvorbehalt, Verhängung von (Gesamt-)Geldstrafe, Verhängung von (Gesamt-)Freiheitsstrafe auf Bewährung, Maßregeln pp. Ferner enthält der Strafbefehl Belehrungen an den Angeschuldigten (Abs. 1 Nr. 7). Vergessen Sie nicht, im Falle der Verwarnung mit Strafvorbehalt[157] und der Freiheitsstrafe in der Begleitverfügung einen Antrag hinsichtlich der Bewährungszeit und gegebenenfalls -auflagen zu stellen, denn diese Entscheidung ergeht nicht im Strafbefehl, sondern gesondert durch Beschluss.

Abgesehen von der persönlichen Anrede des Angeschuldigten gibt es keine Abweichungen zur Anklageschrift in Bezug auf die gesetzlichen Merkmale, die Konkretisierung, die anzuwendenden Strafvorschriften und die Beweismittel. 283

Nach den Beweismitteln folgt die Festsetzung der Rechtsfolgen, die ebenfalls ausformuliert werden muss.

Die Rechtsfolgen bei einer Einzelstrafe könnten wie folgt aussehen: 284

> Auf Antrag der Staatsanwaltschaft wird gegen Sie eine Geldstrafe von 50 Tagessätzen festgesetzt. Die Höhe eines Tagessatzes beträgt 10 EUR, die Geldstrafe insgesamt mithin 500 EUR.
> Wenn die Geldstrafe nicht beigetrieben werden kann, tritt an die Stelle jedes Tagessatzes ein Tag Ersatzfreiheitsstrafe.

Falls eine Gesamtstrafe zu bilden ist, müssen Sie die Einzelstrafen aufschlüsseln. Im Falle einer Gesamtgeldstrafe liest sich das zB wie folgt:

> Auf Antrag der Staatsanwaltschaft wird gegen Sie eine Gesamtgeldstrafe von 50 Tagessätzen festgesetzt. Die Höhe eines Tagessatzes beträgt 10,– EUR, die Geldstrafe insgesamt mithin 500,– EUR.
> Die Einzelstrafen werden wie folgt festgesetzt:
> Für die Tat zu Ziffer 1: 20 Tagessätze,
> für die Tat zu Ziffer 2: 30 Tagessätze,
> für die Tat zu Ziffer 3: 30 Tagessätze.
> Wenn die Geldstrafe nicht beigetrieben werden kann, tritt an die Stelle jedes Tagessatzes ein Tag Ersatzfreiheitsstrafe.

Unter Umständen kann es sinnvoll sein, dem Angeschuldigten die Möglichkeit zur Ratenzahlung zu geben (vgl. § 42 StGB, der dann in die angewendeten Vorschriften aufgenommen werden muss). Ferner muss noch über die Kosten entschieden werden.

> Es wird Ihnen gestattet, die Geldstrafe in monatlichen Teilbeträgen in Höhe von 100,– EUR, beginnend am 5. des auf die Rechtskraft dieser Entscheidung folgenden Monats, zu zahlen. Diese Vergünstigung entfällt, sofern die Zahlungen nicht rechtzeitig oder nicht in voller Höhe erfolgen.
> Sie haben die Kosten des Verfahrens und ihre notwendigen Auslagen zu tragen (§ 465 I StPO)

155 Beachte aber die erleichterten Möglichkeiten eines Wiederaufnahmeverfahrens gem. § 373a StPO, falls neue Beweismittel beigebracht werden und die Tat sich später als Verbrechen darstellt.

156 Das Gesetz verlangt im Unterschied zu einem Urteil nicht die Nennung der *rechtlichen* Bezeichnung der Tat, auch wenn dies teilweise für geboten erachtet wird, s. Meyer-Goßner/Schmitt/Schmitt StPO § 409 Rn. 5.

157 Die Verwarnung mit Strafvorbehalt ist bei Licht betrachtet nichts anderes als eine Geldstrafe, deren Vollstreckung zur Bewährung ausgesetzt wird.

Dem schließen sich die Kostenrechnung und die Rechtsbelehrung an. Diese brauchen nicht ausformuliert zu werden, sie werden als Textbausteine eingesetzt, die Kosten werden von der behördeninternen EDV automatisiert ausgerechnet.

285 Ein Strafbefehlsentwurf könnte insgesamt wie folgt aussehen:

Amtsgericht Kiel [Freiraum für Datum]
– [Freiraum für gerichtliches Az.] –
571 Js 35321/23

Herrn Michael Mustermann
Hasseldieksdammer Weg 12
24109 Kiel

Beruf: Landschaftsgärtner
Geburtsdatum und -ort: 12.10.1970 in Kiel
Staatsangehörigkeit: deutsch, Familienstand: ledig

Strafbefehl

Die Staatsanwaltschaft klagt Sie an,
in Kiel
am 1.5. und 2.5.2023

durch zwei selbstständige Handlungen
1. eine fremde bewegliche Sache einem anderen in der Absicht weggenommen zu haben, die Sache sich rechtswidrig zuzueignen und
2. durch dieselbe Handlung
a) zur Täuschung im Rechtsverkehr eine echte Urkunde verfälscht und gebraucht zu haben,
b) in der Absicht, sich einen rechtswidrigen Vermögensvorteil zu verschaffen, das Vermögen eines anderen dadurch beschädigt zu haben, dass Sie einen Irrtum erregt haben.
1. Am 1.5.2023 gegen 16.00 Uhr entwendeten Sie beim REWE-Center in Kiel einen Fernseher „LG" im Wert von 199,– EUR, um diesen für sich zu behalten.
2. …

Angewendete Vorschriften[158]: §§ 242 I, 267 I Alt. 2, 3, 263 I, 42, 52, 53 StGB

Beweismittel:
I. Ihre Äußerung (Bl. 19 d. A.)
II. Zeugen:
   1. Albert Ahrends, zu laden über die Firma Plaza, Kiel
   2. Hilde Hermann, zu laden ebenda

Auf Antrag der Staatsanwaltschaft wird gegen Sie eine Gesamtgeldstrafe in Höhe von 80 Tagessätzen festgesetzt. Die Höhe eines Tagessatzes beträgt 30,– EUR, die Geldstrafe insgesamt mithin 2.400,– EUR.

Die Einzelstrafen werden wie folgt festgesetzt:
Für die Tat zu Ziffer 1: 60 Tagessätze
Für die Tat zu Ziffer 2: 40 Tagessätze

Wenn die Geldstrafe nicht beigetrieben werden kann, tritt an die Stelle jedes Tagessatzes ein Tag Ersatzfreiheitsstrafe.

158 Hier werden im Unterschied zur Anklageschrift nicht die anzuwendenden Strafvorschriften genannt, sondern konsequenterweise wie im Urteil (vgl. § 260 V 1 StPO) die angewendeten Vorschriften.

Es wird Ihnen gestattet, die Geldstrafe und die Kosten in monatlichen Teilbeträgen in Höhe von 200,– EUR zu bezahlen, beginnend am 5. des auf die Rechtskraft dieser Entscheidung folgenden Monats zu zahlen. Diese Vergünstigung entfällt, sofern die Zahlungen nicht rechtzeitig oder nicht in voller Höhe erfolgen.
Sie haben die Kosten des Verfahrens und Ihre notwendigen Auslagen zu tragen (§ 465 I StPO).
– Kostenrechnung –

– Rechtsbelehrung –

Neben Anklageschrift und Strafbefehl ist für den Referendar unter Umständen ein Antrag im **beschleunigten Verfahren** von Bedeutung. 286

Das beschleunigte Verfahren (§§ 417 ff. StPO) soll dann durchgeführt werden, wenn die Sache aufgrund des einfachen Sachverhalts oder der klaren Beweislage zur sofortigen Verhandlung geeignet ist und eine höhere Freiheitsstrafe als ein Jahr nicht in Betracht kommt (§§ 417, 419 I StPO). Stellt die StA einen entsprechenden Antrag, so wird die Hauptverhandlung sofort oder in kurzer Frist durchgeführt, ohne dass es einer Entscheidung über die Eröffnung des Hauptverfahrens bedarf (§ 418 I StPO). Auch bedarf es keiner Anklageschrift, denn die Anklage kann auch mündlich bei Beginn der Hauptverhandlung erhoben werden. Im beschleunigten Verfahren gelten hinsichtlich der Beweisaufnahme vereinfachte Regeln, insbesondere werden der Unmittelbarkeitsgrundsatz aufgeweicht und das Beweisantragsrecht[159] modifiziert (vgl. § 420 StPO).

Aus diesen gesetzlichen Regeln folgt, dass die Staatsanwaltschaft die Aburteilung im beschleunigten Verfahren beantragen muss und eine Entscheidung über die Eröffnung des Hauptverfahrens entbehrlich ist, das Zwischenverfahren also praktisch übersprungen wird. Daher ist der Täter in der Antragsschrift auch nicht als Angeschuldigter zu bezeichnen – dies ist er nur im Zwischenverfahren –, sondern nach wie vor als Beschuldigter. Weitere Besonderheiten sind dem Gesetz nicht zu entnehmen. Der Antrag orientiert sich demnach stark an dem Inhalt der Anklageschrift und kann demnach etwa so aussehen: 287

Staatsanwaltschaft
bei dem Landgericht
– 570 Js 31234/23 –

Kiel, ...

An das
Amtsgericht
– Strafrichter –
in Kiel

Antrag

In dem Ermittlungsverfahren
gegen den Bäcker Michael Mustermann
geb. 12.10.1970 in Kiel
wohnhaft: Hasseldieksdammer Weg 120, 24109 Kiel
Deutscher, Familienstand unbekannt

wegen Diebstahls

wird die Entscheidung im beschleunigten Verfahren gem. §§ 417 ff. StPO beantragt.

In der Hauptverhandlung wird er angeklagt werden,

159 Insbesondere können nach Abs. 4 Beweisanträge beim Strafrichter ohne die Einschränkungen des § 244 III–V StPO abgelehnt werden. Maßstab ist nur die richterliche Aufklärungspflicht gem. § 244 II StPO, die anders als sonst eine gerichtliche Antizipation zulässt, Meyer-Goßner/Schmitt/Schmitt StPO § 420 Rn. 10.

in Kiel
am 1.6.2023

eine fremde bewegliche Sache einem anderen in der Absicht weggenommen zu haben, die Sache sich rechtswidrig zuzueignen.

Am 1.6.2023 gegen 15:00 Uhr entwendete der Beschuldigte beim REWE-Center in Kiel einen Fernseher der Marke „LG" im Wert von 199,– EUR, um diesen für sich zu behalten.

Anzuwendende Strafvorschrift: § 242 I StGB.

Beweismittel:
Äußerung des Beschuldigten (Bl. 23 d. A.)

Meier
Staatsanwalt

VII. Der Sitzungsdienst

288 Nicht wenige Referendare haben zu Beginn ihrer Ausbildung – von einer kurzen Stippvisite in der universitären Ausbildung einmal abgesehen – noch nie einen Gerichtssaal von innen gesehen. Trotzdem wird von ihnen verlangt, kurz nach Beginn ihrer Ausbildung die Staatsanwaltschaft in der Hauptverhandlung zu vertreten. Hiervor haben Referendare erfahrungsgemäß die meiste Angst, jedenfalls aber gehörigen Respekt.

289 Falls Sie strafgerichtliche Verfahren bisher nur aus dem **Fernsehen** kennen, muss Ihnen klar sein, dass sich die Hauptverhandlung von allem unterscheidet, was Sie bislang in einschlägigen Serien gesehen haben. Insbesondere nimmt es sich in praktischer Hinsicht als ausnehmend seltsam aus, wenn in Fernsehserien Anwälte und Staatsanwälte aufstehen und lange Monologe während der Hauptverhandlung halten, dabei im Raum hin- und hergehen und sich möglichst redegewandt vor dem Gericht produzieren. Dramatische Wendungen, spektakuläre Wortwechsel, Geschrei sowie Anwälte und Staatsanwälte im Dauerclinch werden hier als Regel verkauft. Solche Sitzungen gibt es zwar auch, sind aber Gott sei Dank nicht die Regel.

290 Natürlich ist es hier nicht möglich, sämtliche besonderen Situationen einer Hauptverhandlung vor dem Strafrichter durchzuspielen. Ich möchte mich daher auf das Wesentliche beschränken. In Zweifelsfällen sollten Sie sowieso die einschlägige Kommentierung zu Rate ziehen, die Sie in der Hauptverhandlung am besten immer zur Hand haben sollten.

1. Der Gang der Hauptverhandlung

291 Der Gang der Hauptverhandlung wird in den §§ 243 f. StPO eingehend beschrieben:

Die Vertreter der Staatsanwaltschaft sitzen traditionell auf der Fensterseite des Gerichtssaals. Es ist also unnötig zu fragen, wo Sie sich hinsetzen sollen.

Zunächst erfolgt der Aufruf der Sache (wie übrigens auch nach jeder Unterbrechung). Danach stellt der Vorsitzende fest, ob der Angeklagte und sein Verteidiger erschienen und die Beweismittel, insbesondere die Zeugen, anwesend bzw. vorhanden sind.

Sind Zeugen anwesend, verlassen diese den Sitzungssaal wieder. Üblicherweise werden sie zuvor gemeinschaftlich vom Vorsitzenden über ihre Wahrheitspflicht belehrt und auf die Strafbarkeit falscher Aussagen hingewiesen.

Sodann vernimmt der Vorsitzende den Angeklagten über seine persönlichen Verhältnisse, also Namen, Vornamen, Geburtsdatum und -ort sowie Wohnortanschrift.

Oft ist zu beobachten, dass der Angeklagte schon jetzt zu seinem Beruf und seinem Einkommen vernommen wird. Diese Fragen dienen der Bestimmung des Strafmaßes und gehören also zur Sache und nicht zur Person. Der Angeklagte muss diese Fragen nicht beantworten und muss vorher vom Vorsitzenden darüber belehrt worden sein.

Anschließend wird vom Vertreter der Staatsanwaltschaft der Anklagesatz verlesen, also der Name des Angeklagten[160], die gesetzlichen Merkmale der Tat, die Konkretisierung und die anzuwendenden Strafvorschriften. Nun teilt der Vorsitzende mit, ob Erörterungen nach §§ 202a, 212 StPO stattgefunden haben, wenn deren Gegenstand die Möglichkeit einer Verständigung iSd § 257c StPO gewesen ist. Das gilt trotz der missverständlichen Fassung des Gesetzes auch dann, wenn keine Verständigungsgespräche geführt wurden (sog. Negativattest)[161]. Falls Gespräche stattgefunden haben – was in Verfahren, die ein Referendar zu vertreten hat, die Ausnahme sein wird –, muss auch der wesentliche Inhalt skizziert werden.[162] Jetzt (erst) wird der Angeklagte über sein Schweigerecht belehrt und gegebenenfalls zur Sache vernommen. Dann können die Vorstrafen, soweit sie für die Entscheidung von Bedeutung sind, festgestellt werden. Üblicherweise erfolgt dies aber nach Schluss der Beweisaufnahme.

Nach der Vernehmung des Angeklagten erfolgt die Beweisaufnahme (§ 244 StPO). **292**

Die wichtigsten Beweismittel im Strafprozess sind gleichzeitig die schwächsten: Zeugen. Sind **293**
zwei Personen Zeugen eines Ereignisses geworden, ist es nicht nur nicht ungewöhnlich, sondern die Regel, dass sie hieran unterschiedliche Erinnerungen haben. Dies gilt umso mehr, wenn das Ereignis, um das es geht, lange zurückliegt, wie meist im Strafprozess. Um ein möglichst realitätsnahes Bild von den Geschehnissen zu erhalten, formuliert die StPO in § 238, dass dem Vorsitzenden nicht nur die Leitung der Verhandlung, sondern auch die Vernehmung des Angeklagten und die Beweisaufnahme obliegen.[163] Anders ausgedrückt: Zuerst wird der Zeuge (oder Sachverständige) vom Vorsitzenden vernommen, dann von den Beisitzern, den Schöffen, dem Vertreter der Staatsanwaltschaft, dem Verteidiger und auch dem Angeklagten selbst, dem auch ein Fragerecht zusteht. Das Gericht hat dabei zur Erforschung der Wahrheit die Beweisaufnahme von Amts wegen auf alle Tatsachen und Beweismittel zu erstrecken, die für die Entscheidung von Bedeutung sind (§ 244 II 2 StPO), also natürlich auch entlastende.

Augenscheinsobjekte werden am Richtertisch (oder vor Ort) in Augenschein genommen.

Sie sollten im Falle eines Falles ruhig aufstehen und dem Vorsitzenden näher treten. Vermeiden Sie es aber aus Gründen der Höflichkeit möglichst, hinter dem Vorsitzenden zu stehen und ihm über die Schulter zu sehen.

Urkunden und andere als Beweismittel dienende Schriftstücke werden verlesen. **294**

Nach jeder einzelnen Beweiserhebung soll der Angeklagte befragt werden, ob er dazu etwas zu erklären hat. Dieses Erklärungsrecht steht auf Verlangen auch dem Staatsanwalt und dem Verteidiger zu (§ 257 I und II StPO). Dabei dürfen die Erklärungen nicht den Schlussvortrag vorwegnehmen.

Mitunter wird dieses Erklärungsrecht von Verteidigern dazu genutzt, das bisherige Ergebnis der Beweisaufnahme umfassend zu würdigen. Das ist nicht zulässig, § 257 III StPO. Die Erklärung darf sich nur auf den eben erfolgten Teil der Beweisaufnahme beziehen. Sollte es ein Verteidiger daher einmal übertreiben, unterbrechen und ermahnen Sie ihn, damit bis zum Schlussvortrag zu warten. Damit machen Sie sich zwar nicht bei ihm beliebt, das ist aber auch nicht Ihre Aufgabe. Als Jurist sollten Sie sich daran gewöhnen, dass es Ihr Beruf ist, mit anderen zu streiten.

---

160 Die vom Vorsitzenden gerade erfragten Personalien müssen nicht vorgelesen werden.

161 Vgl. zum Erfordernis des Negativattests zB BVerfG NJW 2014, 3504, BGH BeckRS 2015, 11651; krit. KK-StPO/Schneider § 243 Rn. 57.

162 BGH BeckRS 2015, 15768; NStZ 2015, 352.

163 Von der gem. § 239 StPO eröffneten Möglichkeit eines Kreuzverhörs wird praktisch nie Gebrauch gemacht.

295 An dieser Stelle sei auf Nr. 127 RiStBV hingewiesen. Diese Vorschrift formuliert die Pflichten des Staatsanwaltes in der Hauptverhandlung. Er soll darauf hinwirken, dass das Gesetz beachtet wird. Ferner sorgt er durch geeignete Anträge, Fragen oder Anregungen dafür, dass nicht nur die Tat in ihren Einzelheiten, sondern auch die persönlichen und wirtschaftlichen Verhältnisse des Angeklagten und alle Umstände erörtert werden, die für die Strafzumessung von Bedeutung sind. Der Staatsanwalt soll ferner darauf hinwirken, dass ungeeignete oder nicht zur Sache gehörende Fragen zurückgewiesen werden und dass die Sache möglichst beschleunigt verhandelt wird und alle Möglichkeiten zur Vereinfachung genutzt werden. Außerdem wirkt er gem. Nr. 128 RiStBV darauf hin, dass die Hauptverhandlung geordnet abläuft. Er ist nicht gehindert, sondern sogar unter Umständen verpflichtet, eine Ungebühr zu rügen und Ordnungsmittel anzuregen. Außerdem soll er auf alle Vorgänge, welche die Wahrheitsfindung vereiteln oder erschweren können, unverzüglich hinweisen.

296 Danach wird die Beweisaufnahme geschlossen. Sodann werden die Schlussvorträge gehalten, die sog. Plädoyers, und zwar zuerst vom Vertreter der Staatsanwaltschaft und dann vom Verteidiger. Der Angeklagte hat das letzte Wort. Dann wird die Hauptverhandlung unterbrochen und das Gericht zieht sich zur Beratung zurück.

297 Nach dem Wiederaufruf der Sache wird das Urteil verkündet. Dabei wird vom Gericht der Urteilstenor, der zuvor schriftlich niedergelegt worden ist, im Stehen verlesen, alle Anwesenden im Gerichtssaal stehen auch. Anschließend wird vom Vorsitzenden das Urteil mündlich begründet. Die Urteilsgründe sind zu diesem Zeitpunkt also nicht niedergelegt.

Letzteres ist unter anderem deshalb sinnvoll, weil im Falle eines allseitigen Rechtsmittelverzichts das Urteil sofort rechtskräftig wird, und das schriftliche Urteil abgekürzt werden kann (vgl. § 267 IV, V 2 StPO).

Anschließend werden gegebenenfalls weitere Beschlüsse verkündet (Bewährungszeit und gegebenenfalls -auflagen, Haftbefehl pp.). Der Angeklagte wird über sein Recht, gegen das Urteil Rechtsmittel einzulegen und die daran geknüpften Voraussetzungen belehrt. Letztlich wird die Sitzung geschlossen.

298 Soweit in Kürze der Gang der Hauptverhandlung. Ich kann Sie nur dringend ermahnen, sich vor der ersten Sitzung die §§ 226 ff. StPO, die sich mit der Hauptverhandlung beschäftigen, eingehend durchzulesen, besser noch: durchzuarbeiten. Das Gesetz ist im Hinblick auf besondere Verfahrenssituationen ausgesprochen genau und kann Ihnen auch in der konkreten Situation durchaus hilfreich sein.

299 Immer gilt folgender Rat: Sollten Sie einmal nicht weiterwissen, scheuen Sie sich nicht, eine Unterbrechung zu beantragen, um eine Rechtsfrage klären zu können.

Übrigens: Vermeiden Sie unter allen Umständen das Wort „Vertagung". Die StPO kennt diesen Terminus nicht. Es wird nur zwischen **Unterbrechung** und **Aussetzung** unterschieden. Eine Unterbrechung iSv § 229 I StPO darf bis zu drei Wochen dauern (vgl. aber die differenzierte Regelung bezüglich der möglichen Verlängerung dieser Frist in Abs. 2 und 3, Abs. 4 S. 2). Wird gem. Abs. 4 nicht spätestens am Tage nach Ablauf der Frist fortgesetzt, so spricht man von einer Aussetzung, und es ist mit der gesamten Hauptverhandlung von neuem zu beginnen (Abs. 4 S. 1), was insbesondere bei längeren Verfahren ausgesprochen ärgerlich ist.[164]

300 Diesen Gang nimmt die Hauptverhandlung natürlich nur, wenn es nicht zu einer vorzeitigen Einstellung gem. §§ 153 ff. StPO kommt. Bei praktisch allen Staatsanwaltschaften gilt die Regel, dass Referendare eine Opportunitätseinstellung in der Hauptverhandlung nicht autonom herbeiführen dürfen. Sollten Sie von Ihrem Einzelausbilder zuvor nicht das „okay" hierzu bekommen haben, müssen Sie im Falle eines Falles mit einem Staatsanwalt telefonieren, um seine Zustimmung einzuholen. Der Grund hierfür ist, dass eine Anfechtung einer Einstellung praktisch nicht möglich ist.

164 S. zur Fristberechnung BGH NStZ-RR 2016, 178.

Hierzu ist Folgendes zu bemerken: Insbesondere die Vorschrift des § 153 II StPO wird gern dazu benutzt, im Falle des drohenden Freispruchs diesem zu entgehen. Grundsätzlich hat der Angeklagte aber – was diesem meist nicht bewusst ist – einen Anspruch auf ein Urteil. Natürlich ist es weniger aufwendig, eine Sache einzustellen als ein freisprechendes Urteil zu schreiben. Sie sollten sich nicht zu schade dafür sein, in Fällen der erwiesenen Unschuld oder der nicht nachgewiesenen Schuld einen Freispruch zu beantragen. Staatsanwälte dienen dem Recht und handeln nicht erfolgsorientiert im Hinblick auf eine Verurteilung. 301

Noch etwas: wenn Sie der Vorsitzende mit fragendem Blick anschaut und Ihnen leise „§ 153?" zuraunt, müssen Sie nicht gleich aufspringen und zum Telefon laufen, um die Zustimmung eines Staatsanwalts einzuholen. Sie sollten auch nicht telefonieren gehen, um ihn zu fragen, „ob nach § 153 StPO eingestellt werden soll". Diese Entscheidung haben Sie selbst zu treffen. Ihr „Nein" gilt auch ohne Telefonat. Telefonieren Sie mit dem Staatsanwalt nur, um seine Zustimmung zu der von Ihnen beabsichtigten Einstellung einzuholen. Und nur zur Vermeidung von Missverständnissen: § 170 II StPO ist im Hauptverfahren nicht anwendbar, es ist vielmehr (gegebenenfalls teilweise) freizusprechen. Auch solche Telefonate sind schon geführt worden.

Soviel zum Normalfall. Und jetzt zu besonderen Situationen.

2. Was passiert, wenn …

Natürlich ist es mir nicht möglich, sämtliche Besonderheiten, die in einer Hauptverhandlung geschehen können, hier abzuhandeln. Es gibt allerdings einige Standard-Probleme, die immer wieder auftreten und gegen die man sich schon im Vorfeld wappnen kann. 302

a) … der Angeklagte nicht erscheint?

Erscheint der Angeklagte nach dem Aufruf der Sache und einer kurzen Karenzzeit nicht, muss unterschieden werden, ob es sich um eine Hauptverhandlung aufgrund einer Anklage oder eines Einspruchs gegen einen Strafbefehl handelt. 303

Bleibt der Angeklagte im Falle der **Anklageerhebung** der Hauptverhandlung ohne genügende Entschuldigung fern, so ist gem. § 230 II StPO die polizeiliche Vorführung anzuordnen (nach Möglichkeit sofort, hilfsweise zu einem späteren Termin) oder ein Haftbefehl zu erlassen.

Eine weitere Möglichkeit ist, gegen den ausgebliebenen Angeklagten gem. § 408a StPO einen Strafbefehl zu erlassen. Entsprechende Anträge sind vom Referendar zu stellen.

Aber Vorsicht bei § 408a StPO! Bei vielen Staatsanwaltschaften gilt für Referendare die Regel, dass sie Einstellungen nicht ohne vorherige Zustimmung eines Staatsanwalts zustimmen oder diese beantragen dürfen. Der Grund hierfür ist, dass auch bei Überschreiten des Dürfens nach innen die Erklärung nach außen wirksam bleibt und der Staatsanwaltschaft gegen gerichtliche Einstellungen grundsätzlich kein Rechtsmittel oder Rechtsbehelf zusteht. Genauso verhält es sich bei § 408a StPO. Beantragt der Referendar einen Strafbefehl, der antragsgemäß erlassen wird, kann dieser von der StA nicht mehr angegriffen werden, falls dort die Auffassung herrschen sollte, die ausgesprochene Strafe sei unangemessen hoch oder niedrig. § 408a StPO enthält also einen sog. antizipierten Rechtsmittelverzicht der StA. Sie sollten sich daher noch vor der ersten Sitzung erkundigen, ob Sie sich in diesem Fall durch ein Telefonat absichern müssen oder nicht. 304

Findet die Hauptverhandlung dagegen wegen eines **Einspruchs gegen einen Strafbefehl** statt, ist der Einspruch zu verwerfen, es sei denn der Angeklagte ist – zulässig – durch einen Verteidiger mit entsprechender Vollmacht vertreten oder genügend entschuldigt (§§ 411 II, 412 iVm § 329 StPO). 305

In beiden Fällen ist Voraussetzung, dass der Angeklagte zur Hauptverhandlung ordnungsgemäß geladen und nicht genügend entschuldigt ist.

aa) Ladung

306 Die Ladung eines auf freiem Fuß befindlichen Angeklagten geschieht schriftlich (§ 216 I StPO); zwischen der Zustellung der Ladung und dem Tag der Hauptverhandlung muss mindestens eine Woche liegen (§ 217 I StPO). Die Ladung soll dem Angeklagten gem. Nr. 117 I RiStBV förmlich zugestellt werden, damit sie nachweisbar ist. Für das Verfahren bei Zustellungen gelten gem. § 37 I 1 StPO die Vorschriften der ZPO entsprechend. Die Zustellung kann hiernach durch persönliche Übergabe (§ 177 ZPO), Ersatzzustellung in der Wohnung, in Geschäftsräumen und Einrichtungen (§ 178 ZPO), durch Einlegen in den Briefkasten (§ 180 ZPO) oder durch Niederlegung (§ 181 ZPO) erfolgen.

Das können Sie als Vertreter der Staatsanwaltschaft in der Hauptverhandlung ohne die Hauptakten gar nicht prüfen (obwohl Sie natürlich um Einsicht bitten können). Achten Sie auf die Angaben des Vorsitzenden und überlegen Sie: Ist die Zustellung der Ladung nachweisbar? Liegt sie über eine Woche zurück? Wenn Sie beides bejahen können, ist die Ladung ordnungsgemäß zugestellt worden.

bb) Ungenügende Entschuldigung

307 Die Frage der ungenügenden Entschuldigung ist schwieriger zu beurteilen.

Vergleichbare Situationen treten ein, wenn der Angeklagte gegen einen Strafbefehl Einspruch oder gegen ein Urteil Berufung eingelegt hat, aber nicht zur Hauptverhandlung erscheint, vgl. §§ 329, 412 StPO. Die hierfür entwickelten Grundsätze sind auch hier anzuwenden.[165]

308 Voranzuschicken ist, dass es nicht darauf ankommt, ob der Angeklagte sich entschuldigt *hat,* sondern ob er entschuldigt *ist.* Mit anderen Worten: Sind Gründe für seine Entschuldigung offensichtlich, muss der Angeklagte sie nicht vortragen oder vortragen lassen. Ihm ist kein Vorwurf wegen unvorhergesehener oder unverschuldeter Ereignisse zu machen. Die Gründe müssen aber glaubhaft erscheinen.

309 Der häufigste Fall der Entschuldigung ist die **Erkrankung des Angeklagten.** Es muss sich zunächst um eine Erkrankung handeln, die zur Unzumutbarkeit der Beteiligung am Hauptverfahren führt. Verhandlungsunfähigkeit ist dagegen nicht nötig (ein eingegipstes Bein reicht aber nicht). Es muss ein privatärztliches Rezept vorliegen, welches die Krankheit konkret benennt und geeignet ist, eine Prüfung zu ermöglichen. Die bloße Formulierung, der Angeklagte sei erkrankt, genügt in keinem Fall, stellt aber eine konkludente Schweigepflichtsentbindung dar, die eine telefonische Nachfrage des Gerichts beim Arzt im Freibeweisverfahren ermöglicht.[166] Sollte eine Operation anstehen, entschuldigt diese nur, wenn sie nicht aufschiebbar ist. Lebensgefährliche Erkrankungen des Partners oder dessen Niederkunft können dagegen entschuldigend wirken. Ein Problem ist die plötzliche behauptete Erkrankung des Angeklagten ohne Möglichkeit der Glaubhaftmachung, also die plötzliche akute Erkrankung. Hier sollte eine Frist zur Glaubhaftmachung gesetzt werden. Im Wiederholungsfall kann der Angeklagte auch zum Amtsarzt geschickt werden.

310 Ein weiterer Problemkreis sind Schwierigkeiten mit **Verkehrsmitteln.** Pannen und Unfälle entschuldigen den Angeklagten, die Parkplatzsuche dagegen nicht. Sie stellt ein allgemeines Lebensrisiko dar und ist damit vorhersehbar.

311 Wendet der Angeklagte ein, er sei zum Hauptverhandlungstermin in **Urlaub,** entschuldigt ihn das grundsätzlich nicht. Ein Urlaub muss verlegt, abgebrochen oder unterbrochen werden, soweit dies nicht im Hinblick auf den Tatvorwurf außer Verhältnis steht. Eine Pauschalreise muss also wegen einer Bagatellsache nicht storniert werden.

312 Oft kommt auch die Entschuldigung, der Angeklagte habe einen unaufschiebbaren wichtigen **beruflichen** Termin. Dies kann nur im Ausnahmefall entschuldigend wirken. Anderes gilt nur dann, wenn eine Vertretung nicht möglich und der Termin von existenzieller Bedeutung ist.

165 Vgl. die Einzelfälle bei Meyer-Goßner/Schmitt/Schmitt StPO § 329 Rn. 26 ff.
166 OLG Karlsruhe NStZ 1994, 141.

b) … ein Zeuge nicht erscheint?

Einem ordnungsgemäß geladenen Zeugen, der nicht erscheint, werden gem. § 51 I StPO die durch das Ausbleiben verursachten Kosten auferlegt. Zugleich wird gegen ihn ein Ordnungsgeld und für den Fall, dass dieses nicht beigetrieben werden kann, Ordnungshaft festgesetzt. Auch ist die zwangsweise Vorführung des Zeugen zulässig. Dies unterbleibt gem. Abs. 2 jedoch, wenn das Ausbleiben des Zeugen rechtzeitig genügend entschuldigt wird, hilfsweise dann, wenn den Zeugen hinsichtlich der Verspätung der Entschuldigung kein Verschulden trifft. 313

Bei der Kosten- und Ordnungsmittelentscheidung handelt es sich – soweit es das Ob betrifft – um eine gebundene Entscheidung. Der Antrag, den Sie stellen müssen, lautet demgemäß zB:

> Ich beantrage, der Zeugin die Kosten ihres Ausbleibens aufzuerlegen. Ferner beantrage ich, gegen die Zeugin ein Ordnungsgeld in Höhe von 200 EUR, ersatzweise zwei Tage Ordnungshaft, festzusetzen.

Nur keine Scheu, im Falle der nachträglichen genügenden Entschuldigung kann der Beschluss gem. § 51 II aE StPO wieder aufgehoben werden.

Die Voraussetzungen sind wiederum ordnungsgemäße Ladung und fehlende Entschuldigung. Anders als beim Angeklagten bestehen für die Ladung von Zeugen keine Fristen. Hinsichtlich der Problemkreise Ladung und Entschuldigung gelten die oben dargestellten Grundsätze entsprechend. Hinzuzufügen ist Folgendes: 314

Die Verhinderung des Zeugenbeistandes, also zB des Anwaltes des Zeugen, entschuldigt nicht. Gleiches gilt, wenn der Zeuge Angst vor dem Angeklagten hat.

Oft kommt es vor, dass Zeugen nicht erscheinen, denen ein Zeugnis- oder Aussageverweigerungsrecht iSd §§ 52 ff. StPO zusteht. Das Bestehen eines solchen Rechtes entpflichtet nicht von der Erscheinenspflicht, auch dann nicht, wenn schon im Ermittlungsverfahren davon Gebrauch gemacht worden ist. Selbstverständlich können diese Zeugen nicht zu einer Aussage gezwungen werden, aber das Gericht hat trotzdem einen Anspruch darauf, dass diese Zeugen erscheinen und (erst) vor Gericht von ihrem Recht, nicht als Zeuge auszusagen, Gebrauch machen. Allerdings kann das Gericht in diesem Fall davon absehen, auf einem Erscheinen zu bestehen.[167] 315

c) … ein Beweisantrag gestellt wird?

Für viele Referendare stellt es eine ausgesprochene Krisensituation dar, wenn der Verteidiger oder der Angeklagte einen Beweisantrag stellen (§§ 219, 244 III–VI, 245 II StPO). Tatsächlich ist das Beweisantragsrecht schwierig (und kann deshalb hier nicht in allen Verästelungen dargestellt werden). Mein Rat in einer solchen Situation: 316

Bewahren Sie Ruhe! Bitten Sie gegebenenfalls um eine kurze Unterbrechung (nicht: Aussetzung), um den Antrag prüfen zu können.

Die Prüfung sollte sich an folgendem Gedankengang orientieren:

aa) Handelt es sich tatsächlich um einen Beweisantrag?

Nicht überall, wo Beweisantrag draufsteht, ist auch ein Beweisantrag drin. Mit dem Gesetz zur Modernisierung des Strafverfahrens vom 10.12.2019 hat der Gesetzgeber unter anderem die Vorschriften über Beweisanträge geändert und erstmals den Begriff des Beweisantrages legaldefiniert. 317

Gemäß § 244 III 1 StPO liegt ein Beweisantrag vor, wenn der Antragsteller ernsthaft verlangt, Beweis über eine bestimmt behauptete konkrete Tatsache (nicht: Beweisziel), die die Schuld- oder Rechtsfolgenfrage betrifft, durch ein bestimmtes Beweismittel zu erheben und 318

167 BGHSt 21, 12 (13) = NJW 1966, 742; KK-StPO/Bader § 51 Rn. 12.

dem Antrag zu entnehmen ist, weshalb das bezeichnete Beweismittel die behauptete Tatsache belegen können soll (sog. Konnexität). Dies entspricht den von der Rechtsprechung entwickelten Grundsätzen. Handelt es sich bei dem Beweismittel also um einen Zeugen, muss der Beweisantrag also Angaben darüber enthalten, warum der Zeuge Angaben machen kann,[168] die für die Schuld- und Straffrage von Bedeutung sind.[169]

319 Wird daher folgender Antrag gestellt …

> In dem Strafverfahren
> gegen Marcus Mustermann in Kiel
> wegen Körperverletzung
> – 23 Ds 572 Js 234/23 –
>
> wird zum Beweis der Tatsache, dass die Verletzungen der Zeugin Schneider nicht vom Angeklagten herrühren, die Vernehmung des Zeugen
>
> Michael Schulz
> Osloring 144
> 24109 Kiel
>
> beantragt. Dieser wird bekunden, dass es nicht der Angeklagte war, der die Zeugin Meier geschlagen hat, sondern eine anderen Person unbekannten Namens.
>
> Windig
> Rechtsanwalt

… so enthält dieser keine Angaben zur Konnexität. Ist nicht aus dem Prozessverlauf bekannt, wieso der Zeuge etwas dazu sagen kann, handelt sich nicht um einen Beweisantrag (zu der Frage, um was für einen Antrag es sich tatsächlich handelt, gleich).

320 Anders sieht es hier aus:

> In dem Strafverfahren
> gegen Marcus Mustermann in Kiel
> wegen Körperverletzung
> – 23 Ds 572 Js 234/23 –
>
> wird zum Beweis der Tatsache, dass die Verletzungen der Zeugin Schneider nicht vom Angeklagten herrühren, die Vernehmung des Zeugen
>
> Michael Schulz
> Osloring 144
> 24109 Kiel
>
> beantragt. Dieser ist ein Freund der Geschädigten und war bei der Auseinandersetzung zugegen. Der Zeuge wird bekunden, dass es nicht der Angeklagte war, der die Zeugen Meier geschlagen hat, sondern eine anderen Person unbekannten Namens.
>
> Windig
> Rechtsanwalt

Hier sind alle Voraussetzungen erfüllt. Es handelt sich um einen Beweisantrag.

---

168 BGH NStZ-RR 2001, 43.

169 Denn nur solche Fragen müssen mit den Regeln des Strengbeweises geklärt werden. Anderenfalls gilt der Freibeweis, dann genügt zB ein Anruf des Richters, über den er dann später berichtet. S. zur Konnexität Meyer-Goßner/Schmitt/Schmitt StPO § 244 Rn. 21a.

Unterfälle des Beweisantrags sind sog. **bedingte Beweisanträge.** Ein Beweisantrag kann unter der Bedingung gestellt werden, dass eine bestimmte Prozesslage eintritt. Zum Beispiel kann der Antrag für den Fall gestellt werden, dass ein anderer bestimmte Anträge stellt oder nicht stellt, dass das Gericht zu einer bestimmten Auffassung gelangt (zB einen Zeugen für glaubwürdig hält)[170] oder dass es eine bestimmte Entscheidung trifft.[171] Ein bedingter Beweisantrag ist zB die Einholung eines Glaubwürdigkeitsgutachtens für den Fall, dass das Gericht einem Zeugen (keinen) Glauben schenkt. **321**

Hiervon zu unterscheiden sind sog. **Hilfsbeweisanträge.** Ein solcher Antrag wird von der Entscheidung über einen (unbedingt gestellten) verfahrensabschließenden Hauptantrag abhängig gemacht. Insbesondere werden Hilfsbeweisanträge im Schlussvortrag gestellt für den Fall, dass der Angeklagte verurteilt oder nicht verurteilt wird. Sinn der Hilfsbeweisanträge ist es, gegebenenfalls über deren Ablehnung ein Rechtsmittel, insbesondere eine Revision, begründen zu können. Hilfsbeweisanträge müssen erst in den Urteilsgründen beschieden werden, es muss also kein gesonderter Beschluss ergehen. Falls die Ablehnung zu Unrecht erfolgt ist, ergibt sich das dann aus der Urteilsschrift und eröffnet die Möglichkeit, das Urteil mit der Revision anzugreifen. Ein Hilfsbeweisantrag kann etwa so aussehen: **322**

Hilfsbeweisantrag

In dem Strafverfahren
gegen Marcus Mustermann
in Kiel
wegen Körperverletzung
– 23 Ds 572 Js 234/23 –

wird für den Fall des Schuldspruchs des Angeklagten zum Beweis der Tatsache, dass die Verletzungen der Zeugin Schneider nicht vom Angeklagten herrühren, die Vernehmung des Zeugen

Michael Schulz
Osloring 144
24109 Kiel

beantragt. Dieser ist ein Freund der Geschädigten und war bei der Auseinandersetzung zugegen. Der Zeuge wird bekunden, dass es nicht der Angeklagte war, der die Zeugin Meier geschlagen hat, sondern eine andere Person unbekannten Namens.

Windig
Rechtsanwalt

Es ist jedoch nicht zulässig, den Beweisantrag von einem bestimmten Rechtsfolgenausspruch abhängig zu machen,[172] also zB für den Fall zu stellen, dass statt Geld- eine Freiheitsstrafe verhängt wird.

Dritter Unterfall der Beweisanträge sind die **Eventualbeweisanträge.** Hierbei handelt es sich um eine Kombination der beiden vorherigen Antragsarten, also um einen bedingten Beweisantrag, der im Schlussvortrag als Hilfsbeweisantrag gestellt wird.[173] Die Begrifflichkeiten werden letztlich nicht einheitlich verwendet. **323**

170 BGH NStZ 1989, 191.
171 BGHSt 29, 396 = NJW 1981, 354.
172 BGHSt 40, 287 = NJW 1995, 603.
173 Meyer-Goßner/Schmitt/Schmitt StPO § 244 Rn. 22b; anders LR/Becker StPO § 244 Rn. 152, der herunter einen Beweisantrag versteht, der davon abhängig gemacht wird, wie das Gericht einen bestimmten Sachverhalt beurteilt.

324 Erfüllt ein Beweisantrag (wie überraschend oft) nicht alle Voraussetzungen, stellt er eine **Beweisanregung** dar. Unter Beweisanregungen im weiteren Sinne sind solche Anträge zu verstehen, in denen die Beweiserhebung in das Ermessen des Gerichts gestellt wird, weil der Antragsteller einen Beweisantrag nicht stellen will oder aus tatsächlichen Gründen nicht stellen kann. Das Gericht entscheidet über derartige Anregungen im Rahmen seiner Aufklärungspflicht formlos, also nicht durch Beschluss.[174]

325 Es werden drei Arten von Beweisanregungen unterschieden: das Beweiserbieten, Beweisermittlungsanträge und Beweisanregungen im engeren Sinne.

326 **Beweiserbieten** ist der Hinweis auf die Möglichkeit einer Beweiserhebung, die der Prozessbeteiligte für den Fall anheimstellt, dass die Aufklärungspflicht zu ihr zwingt. Da Anträge auslegungsfähig sind, wird aber in der Regel von einem Beweisantrag auszugehen sein.[175] Dieser Fall ist ausgesprochen selten.

327 **Beweisanregungen im engeren Sinne** sind Anträge, die aus Rechtsgründen nicht als Beweisanträge gestellt werden können, weil sie nicht den Umfang, sondern nur die Art und Weise der Beweisaufnahme betreffen, die durch Beweisanträge nicht beeinflusst werden kann, zB Anträge auf Gegenüberstellungen oder Wiederholung einer Beweiserhebung zu derselben Beweisfrage. Beweisanträge sind nur hinsichtlich Tatsachen zulässig, die für die Schuld- und Straffrage von Bedeutung sind. Diese Art von Anträgen betreffen das Verfahren, nicht die Tat.[176]

328 Den häufigsten Fall bilden die **Beweisermittlungsanträge.** Sie dienen der *Vorbereitung* von Beweisanträgen, die der Antragsteller noch nicht stellen will oder kann, weil er entweder die Beweistatsache nicht kennt oder das Beweismittel nicht bestimmt bezeichnen kann.[177] Hierzu zählen Sachverständigengutachten mit unbestimmtem Ausgang, wie etwa die Untersuchung des Geisteszustandes. Es handelt sich auch dann um einen Beweisermittlungsantrag, wenn es darum geht, durch Nachforschungen geeignete Beweismittel aufzufinden, zB wenn Zeugen nur unbestimmt bezeichnet werden können. Ein Beispiel ist der Antrag, „die Nachbarn des Opfers als Zeugen zu befragen". Da hier das Beweismittel nicht konkret bezeichnet ist, kann es sich nicht um einen Beweisantrag handeln, da das Gericht dem Antrag nicht ohne weitere Nachforschungen nachkommen kann.

329 Dies alles sind keine Beweisanträge, über die im Beschlusswege (mit Gründen) zu entscheiden ist. Das heißt aber nicht, dass Beweisanregungen unzulässig sind oder ihnen nicht nachgekommen werden muss. Durch einen derartigen Antrag wird das Gericht jedoch zu nichts gezwungen. Ob es ihm entspricht, prüft es nach pflichtgemäßem Ermessen nach den Grundsätzen der richterlichen Aufklärungspflicht gem. § 244 II StPO.

bb) Ist der Beweisantrag abzulehnen?

330 Handelt es sich tatsächlich um einen Beweisantrag, heißt das aber noch lange nicht, dass er auch zulässig sein muss. Ein unzulässiger Beweisantrag ist abzulehnen (§ 244 III 2 StPO), wobei damit die Unzulässigkeit der Beweiserhebung gemeint ist. Unzulässig ist zB die Beweiserhebung mit in der StPO nicht zugelassenen Beweismitteln (Mitangeklagte, erfolgreich abgelehnte Sachverständige) und über Themen, die nicht Gegenstand einer Beweisaufnahme sein können, wie zB die Wahrnehmungen der erkennenden Richter oder sonstiger Verfahrensbeteiligter in der laufenden Verhandlung.[178]

174 Meyer-Goßner/Schmitt/Schmitt StPO § 244 Rn. 23.
175 Meyer-Goßner/Schmitt/Schmitt StPO § 244 Rn. 24.
176 BGHSt 14, 21 (22) = NJW 1960, 586; Meyer-Goßner/Schmitt/Schmitt StPO § 244 Rn. 26.
177 BGHSt 30, 131 (143) = NJW 1981, 2267.
178 Eingehend hierzu Meyer-Goßner/Schmitt/Schmitt StPO § 244 Rn. 49 mwN.

Im Übrigen ist der Beweisantrag abzulehnen, wenn er unbegründet ist.[179] Das Gesetz schreibt vor, dass dies der Fall ist, wenn eine Beweiserhebung wegen **Offenkundigkeit** überflüssig ist (Abs. 3 S. 3 Nr. 1), wobei sich die Offenkundigkeit nicht nur auf die Beweistatsache bezieht, sondern auch auf ihr Gegenteil. Unterfälle der Offenkundigkeit sind die Allgemeinkundigkeit und die Gerichtskundigkeit. Allgemeinkundig sind Tatsachen und Erfahrungssätze, von denen verständige und erfahrene Menschen regelmäßig ohne weiteres Kenntnis haben oder über die sie sich aus allgemein zugänglichen zuverlässigen Quellen unschwer unterrichten können,[180] zB geschichtlich erwiesene Tatsachen (2. Weltkrieg, Judenvernichtung), Straßenführungen (Einmündungen) usw. Gerichtskundig sind dagegen Tatsachen und Erfahrungssätze, die der Richter im Zusammenhang mit seiner amtlichen Tätigkeit zuverlässig in Erfahrung gebracht hat,[181] zB Funktionsweise technischer Einrichtungen, spezielle, immer wiederkehrende Tatsachenproblematiken usw. 331

Die nächste Alternative, die genannt wird, ist die **Bedeutungslosigkeit** der Beweistatsache (Abs. 3 S. 3 Nr. 2). Eine Tatsache ist **aus Rechtsgründen** bedeutungslos, wenn eine Verurteilung schon aus anderen bereits bewiesenen Gründen nicht möglich ist, zB Vorliegen eines Prozesshindernisses oder von Strafausschließungs- und Strafaufhebungsgründen. 332

Diese Art der Bedeutungslosigkeit kann praktisch nur dann relevant werden, wenn es nicht zu einer Verurteilung kommt, also zugunsten des Angeklagten.

Aus tatsächlichen Gründen sind Tatsachen bedeutungslos, wenn zwischen ihnen und dem Gegenstand der Urteilsfindung keinerlei Sachzusammenhang besteht oder wenn sie trotz eines Zusammenhangs selbst im Fall ihres Erwiesenseins die Entscheidung nicht beeinflussen können, zB wenn das Ergebnis nur mögliche, aber keine zwingenden Schlüsse auf die Haupttatsache zulässt und das Gericht den möglichen Schluss nicht ziehen will.

Ähnliches gilt für das **Erwiesensein** der Beweistatsache (Abs. 3 S. 3 Nr. 3). Wenn das Gericht von der Richtigkeit der Tatsache aufgrund des bisherigen Ergebnisses der Beweisaufnahme schon so überzeugt ist, dass es sie dem Urteil ohne weitere Beweisaufnahme zugrunde legen will, braucht es keinen Beweis zu erheben. Dabei ist es egal, ob die Tatsache zur Ent- oder Belastung des Angeklagten dient. 333

Ebenfalls eher selten ist die **völlige Ungeeignetheit des Beweismittels** (Abs. 3 S. 3 Nr. 4). Es müssen keine Beweise erhoben werden, deren Gelingen infolge völliger Ungeeignetheit des benannten Beweismittels von vornherein ausgeschlossen erscheint. Zuvor muss das Gericht aber im Freibeweis feststellen, dass sich mit dem angebotenen Beweismittel das in Aussicht gestellte Ergebnis nach sicherer Lebenserfahrung nicht erzielen lässt.[182] Es wird die **absolute** von der **relativen Ungeeignetheit** unterschieden. Ergibt sich die Ungeeignetheit aus einem allgemeingültigen Erfahrungssatz (blinder Zeuge soll bekunden, was er gesehen hat), spricht man von absoluter, bei einem einfachen Erfahrungssatz (Bekundung von lange zurückliegenden Routinehandlungen) von relativer Ungeeignetheit. Ein Zeuge ist zB völlig ungeeignet, der wegen dauernder körperlicher oder geistiger Gebrechen oder infolge Trunkenheit die in sein Wissen gestellte Wahrnehmung nicht machen konnte. Sachverständige sind ungeeignet, wenn ihnen gerade die für das Gutachten verlangte Sachkunde fehlt. 334

Der Vorsitzende kann also die Zeugen vorher anrufen und ihre Beweisgeeignetheit durch entsprechende Fragen überprüfen. Nicht zulässig ist dagegen eine sog. Beweisantizipation ohne Freibeweis, der Zeuge werde die Beweisbehauptung nicht bestätigen können.[183]

---

179 Zur Erinnerung: Findet die Hauptverhandlung nach einem Einspruch gegen einen Strafbefehl oder im Beschleunigten Verfahren statt, können Beweisanträge leichter abgelehnt werden, → Rn. 281, 286. Beachten Sie auch, dass § 245 II StPO die Ablehnungsmöglichkeiten anders regelt, wenn es um präsente Beweismittel geht. Da diese prozessuale Situation selten vorkommt, wird hier auf die Darstellung der diesbezüglichen Regeln verzichtet.

180 Meyer-Goßner/Schmitt/Schmitt StPO § 244 Rn. 51 mwN.

181 Meyer-Goßner/Schmitt/Schmitt StPO § 244 Rn. 52 mwN.

182 BGH StV 1990, 98.

183 BGH NStZ-RR 1997, 302.

335 Problematisch ist auch der Ablehnungsgrund der **Unerreichbarkeit** des Beweismittels (Abs. 3 S. 3 Nr. 5). Sie ist nur dann gegeben, wenn alle Bemühungen des Gerichts zur Beibringung des Beweismittels erfolglos geblieben sind und keine begründete Aussicht besteht, es in absehbarer Zeit herbeizuschaffen.[184] Das Gericht muss alles unternehmen, um den Zeugen herbeizuschaffen. Es müssen Behördenauskünfte eingeholt werden, Nachbarn befragt und Hausermittlungen angestellt werden. Zeugen können auch im Ausland geladen werden (oder über die deutsche Konsularvertretung). Auch kommissarische Vernehmungen im Ausland sind möglich. Die Grenze formuliert § 244 V 2 StPO: Die Ladung von Auslandszeugen kann unterbleiben, wenn die Vernehmung nach dem pflichtgemäßem Ermessen des Gerichts zur Erforschung der Wahrheit nicht notwendig ist, es gilt also der gleiche Maßstab wie bei Beweisanregungen.

336 Die häufigste Form der Ablehnung von Beweisanträgen ist die **Wahrunterstellung (Abs. 3 S. 3 Nr. 6).** Hierfür kommen aber nur entlastende Tatsachen in Betracht. Aus als wahr unterstellten Tatsachen dürfen keine Schlüsse zuungunsten des Angeklagten gezogen werden. Dem Beweis der Schuld kommt man hierdurch also nicht näher.

Weitere Regeln bezüglich der Vernehmung von Sachverständigen und Augenscheinseinnahmen enthalten Abs. 4 und 5.

337 Ein Beweisantrag kann auch nur zur **Prozessverschleppung** gestellt worden sein. Es handelt sich hierbei um Scheinbeweisanträge, die dazu dienen, Zeugen bloßzustellen, Richter als solche auszuschalten, indem sie als Zeugen benannt werden, oder den Prozess zu verzögern. Dies setzt voraus, dass nach Auffassung des Gerichts das bezeichnete Beweismittel tatsächlich nichts zur Klärung der Schuld- und Straffrage beitragen kann und in entsprechender Absicht gestellt worden ist. Bis zur Änderung von § 244 StPO handelte es sich bei der Prozessverschleppungsabsicht um einen Ablehnungsgrund. Das hat sich geändert:

Gemäß Abs. 6 nF bedarf die Ablehnung eines Beweisantrages eines Gerichtsbeschlusses. Eine Ausnahme gilt dann, wenn die beantragte Beweiserhebung nichts Sachdienliches zugunsten des Antragstellers erbringen kann, der Antragsteller sich dessen bewusst ist und er die Verschleppung des Verfahrens bezweckt.[185] Außerdem kann der Vorsitzende nach Abschluss der Beweisaufnahme eine angemessene Frist zum Stellen von Beweisanträgen bestimmen. Beweisanträge, die nach Fristablauf gestellt werden, können im Urteil beschieden werden, es sei denn, die Antragstellung war vor Fristablauf nicht möglich.

338 Wie Sie sehen, ist die Ablehnung eines Beweisantrages unter Umständen schwierig. Trotzdem sollten Sie sich die Mühe machen, die Gründe einmal abzuklopfen, bevor Sie zu einem Antrag Stellung nehmen. Ansonsten gilt: nichts zu machen. In solchen Fällen tritt dann meist das ein, was Gericht und Vertreter der Staatsanwaltschaft am liebsten vermeiden wollen, nämlich sich eine „Fortsetzung zu fangen".

184 ZB BGHSt 29, 390 = NJW 1981, 355.
185 Zum Vorgehen in der Hauptverhandlung in diesem Fall: Claus NStZ 2020, 57 (60).

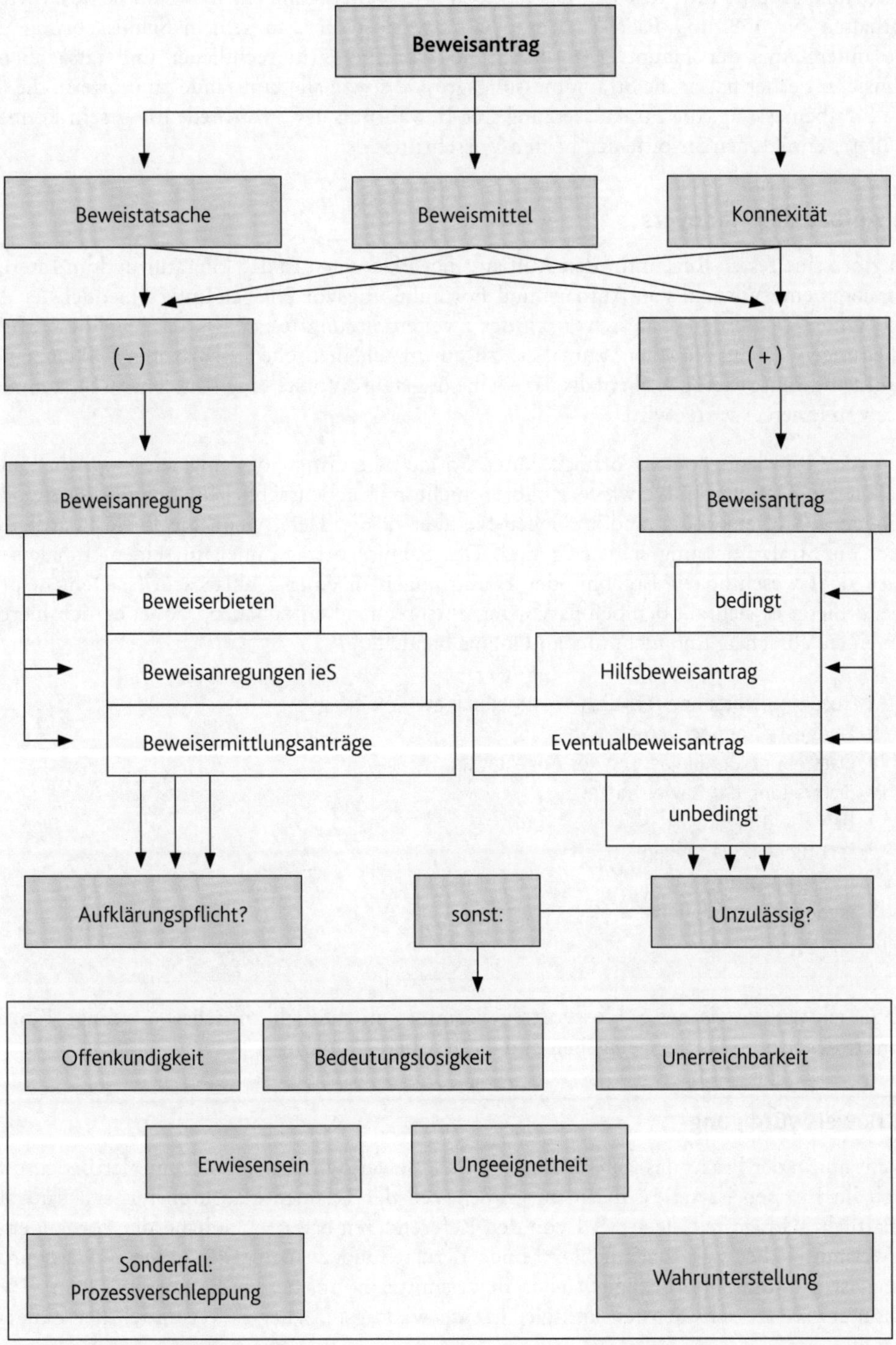

3. Der Schlussvortrag

Nun zu dem Teil der Hauptverhandlung, vor dem die Referendare erfahrungsgemäß die meiste Angst haben, dem Schlussvortrag. 339

Gemäß § 258 StPO erhalten nach dem Schluss der Beweisaufnahme der Staatsanwalt und sodann der Angeklagte zu ihren Ausführungen und Anträgen das Wort. Dem Staatsanwalt steht das Recht der Erwiderung zu. Der Angeklagte ist, auch wenn ein Verteidiger für ihn gesprochen hat, zu befragen, ob er selbst noch etwas zu seiner Verteidigung anzuführen 340 habe, ihm gebührt in jedem Fall das letzte Wort. Weitere Einzelheiten zum Schlussvortrag enthalten Nr. 138, 139 RiStBV. Der Staatsanwalt erörtert in seinem Schlussvortrag das Gesamtergebnis der Hauptverhandlung und würdigt es in rechtlicher und tatsächlicher Hinsicht. Ferner hat er die Strafzumessungsgründe sowie alle Umstände zu erörtern, die für die Strafbemessung, die Strafaussetzung zur Bewährung usw. von Bedeutung sein können. Näheres entnehmen Sie bitte den beiden Vorschriften.

a) Aufbau des Plädoyers

341 Es gibt keine festen Regeln für den Aufbau eines Plädoyers. In der Literatur und im Internet kursieren eine Vielzahl von Aufbau- und Formulierungsvorschlägen unterschiedlichster Art und Güte. Sie werden spätestens nach der zweiten Sitzung feststellen, dass Sie diese „Bauanleitungen“ nicht brauchen, zumal sie zu einem schematischen Abarbeiten der einzelnen Punkte führen. Sie taugen allenfalls dazu, eine ungefähre Vorstellung von dem zu bekommen, was von Ihnen erwartet wird.

342 Die erste Regel für Schlussvorträge lautet: So viel wie nötig, so wenig wie möglich. Langweilen Sie Gericht und etwaige Zuhörer nicht mit nebensächlichen Ausführungen oder Dingen, die offenkundig sind.[186] Gehen Sie aber in die Tiefe, wenn die Beweiswürdigung oder die Strafzumessung schwierig sind. Der Schlussvortrag ähnelt in seinem Inhalt sehr stark dem wesentlichen Ergebnis der Ermittlungen in einer Anklageschrift. Dementsprechend bietet es sich an, den Schlussvortrag entsprechend aufzubauen, wobei es sich hierbei um einen Vorschlag und nicht um ein Dogma handelt.

I. Zusammenfassende rechtliche Feststellung als Einleitung
II. Festgestellter Sachverhalt
III. Darstellung der Einlassung des Angeklagten
IV. Darstellung der Beweismittel
V. Beweiswürdigung
VI. rechtliche Erwägungen
VII. Strafzumessung
VIII. Nebenentscheidungen
IX. Antrag

Bevor ich zur Praxis des Schlussvortrags komme, möchte ich zunächst auf einige Einzelpunkte des Schlussvortrags eingehen und diese näher erläutern.

b) Beweiswürdigung

343 Nicht nur in der Praxis des Referendariats ist die Beweiswürdigung von zentraler Bedeutung, auch im Examen ist sie es. In einem großen Teil der Examensklausuren mit staatsanwaltschaftlichen Fragestellungen wird von den Referendaren erwartet, anhand der vorhandenen Beweismittel die Wahrscheinlichkeit einer Verurteilung zu beurteilen. Eine Beweiswürdigung ist grundsätzlich bezüglich aller Beweismittel nötig, besonders aber bei dem – wie schon erwähnt – schwächsten und gleichzeitig wichtigsten aller Beweismittel, der Zeugenaussage.

344 Die Aussage des Zeugen ist inhaltlich zu untersuchen (ist die Aussage geeignet, die Schuld- und Straffrage zu klären?), dann ist auf die Person des Zeugen und den Sinn der Aussage abzustellen, mit anderen Worten auf Glaubhaftigkeit und Glaubwürdigkeit.

345 Verwenden Sie zunächst die richtigen Termini. Die *Glaubwürdigkeit* meint die *Person* des Zeugen als solche. Wichtiger ist die *Glaubhaftigkeit* seiner *Aussage,* also ob dieser auch

186 Das bedeutet nicht, dass Sie den kürzesten Schlussvortrag halten sollen, den man sich denken kann: „40 à 30“, womit vierzig Tagessätze zu je 30 EUR gemeint sein dürften, was aber in Bezug auf Form und Inhalt völlig unzureichend ist.

inhaltlich gefolgt werden kann. Der Merksatz hierzu lautet: Die Person ist glaubwürdig, ihre Aussage ist glaubhaft.

Aus der Person und Stellung des Zeugen auf dessen Glaubwürdigkeit zu schließen, ist in der Regel schwierig. Im Plädoyer sollten Sie – ähnlich wie bei der Verhältnismäßigkeit – niemals die Glaubwürdigkeit begründen, sondern das Nichtvorliegen der Unglaubwürdigkeit:

> Anhaltspunkte, die darauf schließen lassen könnten, an der Glaubwürdigkeit des Zeugen zu zweifeln, sind nicht ersichtlich.

Die Glaubhaftigkeit der Aussage ist wichtiger als die Glaubwürdigkeit der Person. Auch untadelige Personen können lügen, deshalb kann die Glaubwürdigkeit kaum positiv festgestellt werden. Umgekehrt kennen Sie sicher das Sprichwort „Wer einmal lügt, dem glaubt man nicht …"; dies hilft aber auch selten weiter, denn selbst im Sprichwort wird eingeräumt, dass Lügner die Wahrheit sagen können („ … und wenn er auch die Wahrheit spricht").

Die Frage der Glaubhaftigkeit betrifft dagegen die Aussage selbst. Sie ist der eigentliche Kern **346**
der Würdigung einer Zeugenaussage. Das Wichtigste in Kürze:

Zunächst ist auf die **Motivation** des Zeugen zu achten und wie er sich in der Hauptverhand- **347**
lung präsentiert hat. Waren in seiner Aussage Vorurteile gegen den Angeklagten erkennbar („Sie wissen schon: *Porschefahrer*")? Hat der Zeuge erkennbar ein eigenes Interesse am Prozessausgang? Waren sonstige Belastungstendenzen erkennbar, die über die übliche Viktimisierung durch eine Straftat hinausgehen und auf eine nicht wahrheitsgemäße Aussage hindeuten könnten?

Dann sollte ein besonderes Augenmerk auf die **Aussagesituation** und das Verhalten des **348**
Zeugen gelenkt werden. Wie war der persönliche Eindruck, den der Zeuge hinterlassen hat? Achten Sie aber vor allem auf den Inhalt der Aussage. Gab es Strukturbrüche in der Erzählung? Wusste der Zeuge noch alles über die Tat, kaum noch etwas über das Randgeschehen, das Vorher oder das Nachher? Oder wusste er erstaunlich viele Details? Das ist ungewöhnlich. Eine glaubhafte Aussage erkennt man daran, dass oft „Das weiß ich nicht mehr genau" gesagt wird. Wer noch alles weiß, erinnert sich manchmal an zu viel.[187]

Kommen Sie in Ihrer Beweiswürdigung zu dem Ergebnis, der den Angeklagten entlastende **349**
Zeuge habe gelogen, begehen Sie nicht den Fehler, dies als Beweis der Schuld des Angeklagten zu werten. Eine erwiesene Lüge beweist nicht das Gegenteil. Oder: Wer kein Alibi hat, muss nicht der Täter sein.

c) Strafzumessungserwägungen

Das Thema Strafzumessung könnte problemlos ein ganzes Buch füllen und kann hier deshalb **350**
nur angerissen werden. Die Grundsätze sind § 46 StGB zu entnehmen. Grundlage der Strafzumessung ist nach Abs. 1 die Schuld des Täters. Zu berücksichtigen sind die Wirkungen, die von der Strafe für das künftige Leben des Täters in der Gesellschaft zu erwarten sind. Das Gericht muss gem. Abs. 2 die für und gegen den Täter sprechenden Umstände gegeneinander abwägen. Dabei kommen seine Beweggründe und Ziele, besonders auch eine rassistische, fremdenfeindliche oder sonstige menschenverachtende Gesinnung, die aus der Tat spricht, und der bei der Tat aufgewendete Wille, das Maß der Pflichtwidrigkeit, die verschuldeten Auswirkungen, das Vorleben, seine persönlichen und wirtschaftlichen Verhältnisse sowie sein Bemühen um Schadenswiedergutmachung in Betracht.

Gehen Sie am besten wie folgt vor:

187 Eine bewährte Vernehmungstechnik ist es, den Zeugen die Geschehnisse zunächst im Zusammenhang schildern zu lassen, um dann nach Details zu fragen, allerdings ohne Beachtung der Chronologie. Eine erfundene Geschichte ist im zeitlichen Fluss leicht zu erzählen, aber Zeitsprünge meistern nur erfahrene Lügner.

aa) Allgemeine Erwägungen

351 Zunächst gehen Sie vom **allgemeinen Strafrahmen** des Delikts aus. Handelte es sich um einen besonders schweren oder minder schweren Fall? Ist eine Strafrahmenverschiebung nötig (§ 49 StGB)? Beachten Sie gegebenenfalls beim Zusammentreffen von Milderungsgründen § 50 StGB, wonach ein Umstand, der geeignet ist, die Annahme eines minder schweren Falles zu begründen und der zugleich ein besonderer gesetzlicher Milderungsgrund nach § 49 StGB ist, nur einmal verwendet werden darf.

352 Sodann ordnen Sie die Tat des Angeklagten in diesen Strafrahmen anhand **allgemeiner Strafzumessungserwägungen** ein. Bedenken Sie aber, dass gem. § 46 III StGB Umstände, die Merkmale des gesetzlichen Tatbestandes sind, nicht berücksichtigt werden dürfen. Benutzen Sie jeden Gesichtspunkt nur einmal, um nicht gegen das Verbot der Doppelverwertung zu verstoßen.

353 Berücksichtigen Sie zunächst das *Erfolgsunrecht* in Gestalt der Höhe des materiellen oder immateriellen Schadens, der mittelbaren Folgen der Tat, des Mitverschuldens Dritter, der Wiedergutmachung des Schadens durch den Angeklagten.

354 Kommen Sie dann zum *Handlungsunrecht,* insbesondere zur Frage der Verminderung der Steuerungs- und Einsichtsfähigkeit durch Alkohol oder Drogen.[188] Berücksichtigen Sie seine Beweggründe für die Tat (wirtschaftliche Zwangslage/Not als Auslöser? Grober Eigennutz? Provokation durch das Opfer? Überredung durch Mittäter?). Fragen Sie sich, wie hoch die kriminelle Energie gewesen ist, mit der der Angeklagte gehandelt hat (brutales Vorgehen? Geplant oder spontan?).

Zum Handlungsunrecht zählt auch das Maß der Pflichtwidrigkeit bei Fahrlässigkeitsdelikten.

Beachten Sie das Vorleben des Angeklagten in strafrechtlicher Sicht. Hat er sich bis jetzt straffrei geführt? Ist er bereits – einschlägig – verurteilt worden? Wie groß war die „Rückfallgeschwindigkeit"? Wie war sein Nachtatverhalten?

Beachten Sie bitte: Sich nicht zur Tat zu äußern oder diese gar zu leugnen ist das gute Recht des Angeklagten und kann daher nicht strafschärfend berücksichtigt werden, sofern er nicht den Tatverdacht zu Unrecht auf einen anderen lenkt. Umgekehrt ist ein Geständnis zu seinen Gunsten zu berücksichtigen.

355 Anschließend werden die *Auswirkungen* der Tat, der erwarteten Wirkungen der Strafe und des Verfahrens in die Überlegungen mit einbezogen. Ist der Angeklagte Ersttäter und daher besonders strafempfindlich? Liegt zwischen Tat und Urteil ein von den Strafverfolgungsbehörden zu vertretender zu großer zeitlicher Abstand, der den Verfolgungsanspruch des Staates dämpft?

356 Schließlich sind noch *präventive Erwägungen* insbesondere bei der Wahl der Strafart anzustellen. Ist eine Geldstrafe ausreichend oder liegt ein Ausnahmefall vor, der die Verhängung von Freiheitsstrafe von unter sechs Monaten gem. § 47 StGB rechtfertigt?

Gemäß **§ 47 I StGB** verhängt das Gericht nur dann eine Freiheitsstrafe unter sechs Monaten, wenn besondere Umstände, die in der Tat oder Persönlichkeit des Täters liegen, die Verhängung einer Freiheitsstrafe zur Einwirkung auf den Täter oder zur Verteidigung der Rechtsordnung unerlässlich machen. Was aber, wenn das Gesetz keine Geldstrafe androht, die Verhängung einer Freiheitsstrafe aber nach diesen Grundsätzen nicht nötig ist? Gemäß Abs. 2 S. 1 verhängt das Gericht eine Geldstrafe, wenn das Gesetz keine Geldstrafe androht und eine Freiheitsstrafe von sechs Monaten oder darüber nicht in Betracht kommt. Dabei

188 Ein Angeklagter, der um seine Neigung weiß, unter Alkoholeinfluss Straftaten zu begehen, kann aber regelmäßig keine Milderung unter dem Gesichtspunkt alkoholbedingter Enthemmung erwarten, vgl. OLG Jena VRS 90 (1996), 174–176. Aber auch wenn der Täter sich lediglich schuldhaft in einen Rausch versetzt, kann dies ausreichen, um ihm auf Rechtsfolgenseite des § 21 StGB die Milderung zu versagen, ohne dass der Täter hätte erkennen können, dass er im Rausch zu Ausschreitungen neigen könnte, BGH GSSt NJW 2018, 1180.

entsprechen gem. Abs. 2 S. 2 dreißig Tagessätzen einem Monat Freiheitsstrafe, wobei das Mindestmaß der Freiheitsstrafe auf die Geldstrafe übertragen wird. Anders ausgedrückt: Der Ersttäter, der wegen Diebstahls in einem besonders schweren Fall verurteilt wird, kann entgegen der Strafandrohung in § 243 StGB zu einer Geldstrafe von 90 Tagessätzen und darüber verurteilt werden.

Geht es um Freiheitsstrafe, lautet die nächste Frage, die gestellt werden muss: Kann die Vollstreckung der Strafe zur Bewährung ausgesetzt werden, § 56 StGB? Wenn ja, wie lang sollte die Bewährungszeit dauern, § 56a StGB? In diesem Fall ist noch zu klären, ob spezielle Auflagen oder Weisungen gem. §§ 56b, 56c StGB zu erteilen sind. Sollte ein Bewährungshelfer gem. § 56d StGB bestellt werden?

bb) Tagessatzhöhe

Schwierigkeiten treten oft bei der **Bemessung der Geldstrafe** auf, dabei weniger bei der Bemessung der Anzahl der Tagessätze, sondern vielmehr bei deren Höhe. Gemäß § 40 II StGB bestimmt das Gericht die Höhe eines Tagessatzes unter Berücksichtigung der persönlichen und wirtschaftlichen Verhältnisse des Täters. Dabei geht es in der Regel von dem täglichen Nettoeinkommen aus, das der Täter hat oder haben könnte. Die Grundlagen der Bemessung können auch geschätzt werden (Abs. 3). 357

Wie berechnet sich aber das Einkommen des Täters?[189] Ausgangspunkt ist sein Bruttoeinkommen. Hiervon werden die monatlichen Steuern abgezogen, ebenso die Sozialversicherung. Ist der Angeklagte verheiratet – und seine Frau nicht berufstätig – und ist er anderen gegenüber unterhaltspflichtig, so sind diese Aufwendungen abzuziehen. Hierfür gibt es verschiedene Schlüssel. Zum Teil werden für die Ehefrau 2/5 abgezogen und für jedes Kind 1/10, zum Teil wird im Verhältnis 4:2:1 gerechnet (Angeklagter: unterhaltsberechtigter Gatte: Kind, gegebenenfalls multipliziert bei mehreren Kindern).[190] Aufgeschlagen wird dagegen zB der Mietwert des eigenen Hauses und sonstige Zusatzleistungen. Die Miete wird zum Teil ebenfalls abgezogen, mE zu Unrecht. Nicht abgezogen werden dürfen eventuell bestehende Schulden, sie werden nur bei Zahlungserleichterungen berücksichtigt. Den Wert, den man dann erhält, teilt man durch 30. 358

Voilà, ein Tagessatz.

cc) Gesamtstrafenbildung

Oft kommt es vor, dass der Angeklagte nicht nur wegen *einer* Tat, sondern wegen *mehrerer* verurteilt wird. In diesem Fall ist gem. § 54 StGB eine **Gesamtstrafe** zu bilden. Das Gesetz gibt dem Angeklagten einen Strafnachlass, wenn in einer Hauptverhandlung mehrere Taten abgeurteilt werden. In den für Sie wichtigen Fällen des Abs. 1 S. 2 wird die Gesamtstrafe durch Erhöhung der verwirkten höchsten Strafe, bei Strafen verschiedener Art durch Erhöhung der ihrer Art nach schwersten Einzelstrafe gebildet unter zusammenfassender Würdigung der Person des Täters und der einzelnen Straftaten. Die höchste Strafe, die zu erhöhen ist, wird als Einsatzstrafe bezeichnet.[191] Die Gesamtstrafe darf dabei gem. Abs. 2 S. 1 die Höhe der Einzelstrafen nicht erreichen. Ist eine Gesamtstrafe aus Freiheits- und Geldstrafe zu bilden, so entspricht bei der Bestimmung der Summe der Einzelstrafen ein Tagessatz einem Tag Freiheitsstrafe. 359

Eine Gesamtstrafe ist nur im Erwachsenenstrafrecht zu bilden, da nur hier die Strafrahmen der einzelnen Delikte anwendbar sind. Im Jugendrecht ist dies nicht der Fall. Die Strafrahmen des allgemeinen Strafrechts sind hier nicht anwendbar und es gilt das Prinzip der Einheitsstrafe. Da Referendare gem. § 36 II 3 JGG nicht (mehr) alleine Sitzungsvertretungen 360

189 S. zu Detailfragen Fischer StGB § 40 Rn. 7 ff.

190 Andere Berechnungsmethode bei Fischer StGB § 40 Rn. 14: 25 % für den nicht berufstätigen Ehegatten, 15 % für jedes Kind, insgesamt aber nicht mehr als 50 %.

191 Fischer StGB § 54 Rn. 4.

in Jugendsachen wahrnehmen dürfen, wird hier von einer Darstellung der jugendgerichtlichen Entscheidungsmöglichkeiten Abstand genommen.

361 Wie funktioniert die Gesamtstrafenbildung praktisch? Nehmen wir an, der Angeklagte hat zwei Diebstähle begangen. Für jede der beiden Taten haben Sie nach den oben dargestellten Grundsätzen eine Einzelstrafe zu bilden. Nehmen wir weiter an, Sie halten für die erste Tat 40 Tagessätze und für die zweite Tat 20 Tagessätze für angemessen. Die Gesamtstrafe wird dadurch gebildet, dass Sie die höchste verwirkte Strafe, die sog. Einsatzstrafe, erhöhen. Das funktioniert in der Praxis meist so, dass auf die Einsatzstrafe ca. die Hälfte der zweiten Einzelstrafe aufgeschlagen wird. Die Höhe der Gesamtstrafe würde im obigen Beispiel 50 Tagessätze betragen. Nehmen wir an, für die erste Tat wären Ihrer Meinung nach 3 Monate Freiheitsstrafe (nach Maßgabe des § 47 StGB – kurze Freiheitsstrafe in Ausnahmefällen –) angemessen, für die Tat zu zwei aber eine Geldstrafe in Höhe von 20 Tagessätzen. Dann funktioniert das ganz ähnlich. Die 20 Tagessätze entsprechen gem. § 54 III 20 Tagen Freiheitsstrafe. Gemäß § 39 StGB ist die Freiheitsstrafe insgesamt nach vollen Wochen und Monaten zu bemessen. Ausgehend von der Einsatzstrafe von 3 Monaten wird dann eine Gesamtstrafe gebildet, die bei 3 Monaten und 2 Wochen liegt.

362 Bis hierhin klingt das noch ganz einfach. Was passiert aber, wenn der Angeklagte bereits in einer früheren Hauptverhandlung wegen Taten verurteilt worden ist, die zeitlich nach den jetzt zu beurteilenden Taten liegen? Dann hätte der Angeklagte, wenn die heute zu beurteilende Tat bereits Gegenstand der früheren Hauptverhandlung gewesen wäre, seinerzeit den „Gesamtstrafenrabatt" bekommen, der ihm jetzt – zufällig – versagt wäre. Dieser Ungerechtigkeit versucht der Gesetzgeber mit § 55 StGB beizukommen. Hiernach bestimmt sich, dass §§ 53, 54 StGB – also die Regeln über die Gesamtstrafenbildung – auch dann anzuwenden sind, wenn ein rechtskräftig Verurteilter, bevor die gegen ihn erkannte Strafe vollstreckt, verjährt oder erlassen ist, wegen einer anderen Straftat verurteilt wird, die er vor der früheren Verurteilung begangen hat.

Zunächst muss also geprüft werden, ob die Vollstreckung des Strafausspruchs aus dem früheren Urteil erledigt ist. Nur wenn dies nicht der Fall ist, kann § 55 StGB angewendet werden. Liegt die Tat, die heute abgeurteilt werden wird, zeitlich vor der letzten Verurteilung (gemeint ist gem. § 55 I 2 StPO die letzte Hauptverhandlung, nicht etwa die Rechtskraft des Urteils)? Wenn ja, ist die Strafe aus diesem Urteil mit einzubeziehen und aus beiden Strafaussprüchen eine Gesamtstrafe zu bilden. Der Merksatz lautet: Hätte die heute zu beurteilende Tat bereits zuvor abgeurteilt werden können? Wenn ja, dann hat das erste Urteil eine sog. Zäsurwirkung.

Spielen wir die häufigsten Fälle einmal durch:

(1) Tat liegt vor der ersten Verurteilung

363 Nehmen wir an, der Angeklagte hat am 1.1. einen Diebstahl begangen und ist deswegen am 1.6. zu einer Freiheitsstrafe von vier Monaten verurteilt worden. Nehmen wir weiter an, er hatte am 1.3. einen weiteren Diebstahl begangen, der sechs Monate Freiheitsstrafe „wert" ist. Die Hauptverhandlung in dieser Sache, in der Sie Sitzungsvertreter sind, findet am 1.9. statt. Dann sieht das grafisch wie folgt aus:

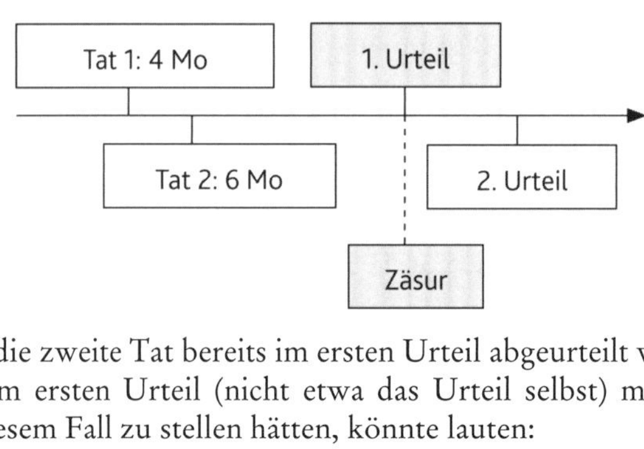

Wie Sie sehen, hätte die zweite Tat bereits im ersten Urteil abgeurteilt werden können. Daher ist die Strafe aus dem ersten Urteil (nicht etwa das Urteil selbst) mit einzubeziehen. Der Antrag, den Sie in diesem Fall zu stellen hätten, könnte lauten:

> Ich beantrage, den Angeklagten wegen Diebstahls unter Einbeziehung der Strafe aus dem Urteil vom 1.6. zu einer Gesamtfreiheitsstrafe von 8 Monaten zu verurteilen.

Dies ist der denkbar einfachste Fall der nachträglichen Gesamtstrafenbildung.

(2) Taten liegen vor der ersten Verurteilung mit Gesamtstrafenbildung

Jetzt zu einer etwas schwierigeren Konstellation: 364

Nehmen wir wieder an, der Angeklagte hat am 1.1. einen Diebstahl begangen (4 Monate dafür), am 1.2. einen weiteren Diebstahl (6 Monate) und ist deswegen am 1.4. zu einer Gesamtfreiheitsstrafe von 8 Monaten verurteilt worden. Nun wird am 1.6. erneut gegen ihn verhandelt wegen einer Diebstahlstat vom 1.3., für die Sie 4 Monate Freiheitsstrafe für angemessen halten. Das sähe grafisch dargestellt so aus:

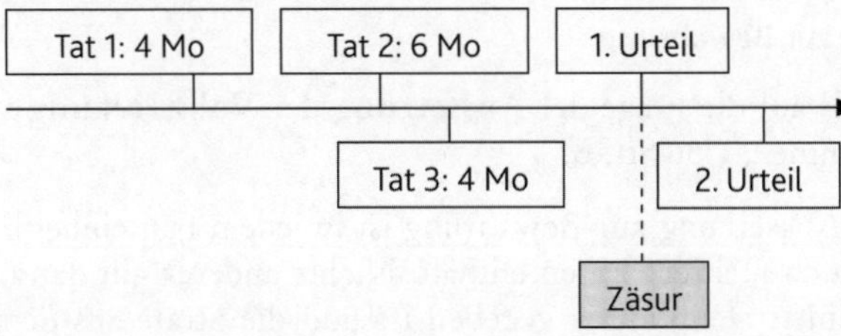

Hier liegt die Besonderheit darin, dass im ersten Urteil bereits eine Gesamtstrafe gebildet worden ist. Deren Inhalt kann aber nicht richtig sein, weil die 3. Tat noch nicht hat berücksichtigt werden können. Daher ist diese Gesamtstrafe aufzulösen und eine neue Gesamtstrafe zu bilden. Der Antrag hierzu könnte lauten:

> Ich beantrage, den Angeklagten wegen Diebstahls unter Einbeziehung der Strafen aus dem Urteil vom 1.4. und unter Auflösung der dort gebildeten Gesamtstrafe zu einer Gesamtstrafe von 10 Monaten Freiheitsstrafe zu verurteilen.

(3) Taten liegen vor und nach der ersten Verurteilung mit Gesamtstrafenbildung

Das letzte praxisnahe Beispiel, das ich bringen will, spinnt den obigen Fall noch etwas weiter. 365
Nehmen wir an, zu den obigen Taten kommt jetzt noch ein Betrug am 1.5. hinzu, für den Sie 3 Monate beantragen wollen.

Hier stellt sich nicht nur das Problem, dass bereits eine Gesamtstrafe gebildet worden ist, sondern es kommt noch eine weitere Tat hinzu. Machen Sie aber nicht den Fehler, alle Taten als gesamtstrafenfähig anzusehen. Achten Sie auf die Zäsur, nur auf die kommt es an:

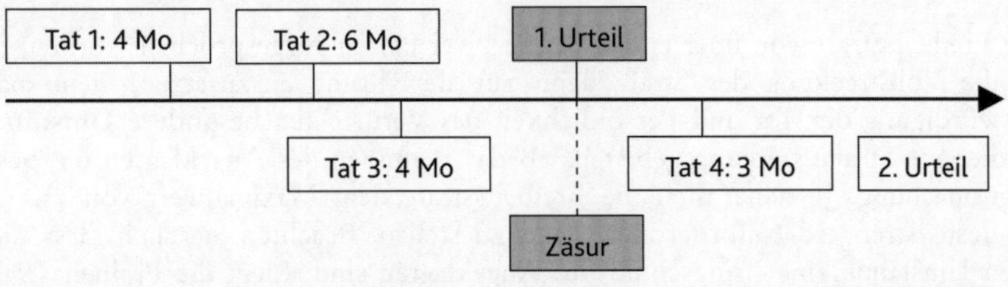

Nur die ersten drei Taten sind gesamtstrafenfähig. Die letzte Tat war zum Zeitpunkt des ersten Urteils noch nicht begangen worden und hätte damit auch nicht abgeurteilt werden können. Ihr Antrag müsste etwa wie folgt lauten:

> Ich beantrage, den Angeklagten wegen Diebstahls unter Einbeziehung der Strafen aus dem Urteil vom 1.4. und gleichzeitiger Auflösung der dort gebildeten Gesamtstrafe zu einer Gesamtfreiheitsstrafe von 10 Monaten und wegen Betruges zu einer **weiteren** Freiheitsstrafe von 3 Monaten zu verurteilen.

366 Das alles geht gem. § 55 StGB aber nur, wenn die Strafe aus dem ersten Urteil noch nicht vollstreckt, die Vollstreckung verjährt oder diese erlassen worden ist. Ist dies doch der Fall, kann eine nachträgliche Gesamtstrafenbildung nicht erfolgen. Da der Angeklagte, weil er zB die Geldstrafe bereits bezahlt hat, nicht schlechter gestellt werden darf als ein Verurteilter, der bislang nichts gezahlt (oder verbüßt) hat, muss daher auf die jetzt auszusprechende Strafe ein Abschlag erteilt werden.

Unterstellen wir nochmals das erste Beispiel. Nehmen wir weiter an, der Angeklagte habe die Strafe aus dem ersten Urteil bereits verbüßt, wenn die zweite Tat verhandelt wird. Wie Sie oben gesehen haben, wären für die zweite Tat sechs Monate zu beantragen gewesen und er hätte eine Gesamtfreiheitsstrafe von acht Monaten zu erwarten gehabt. Von diesen acht Monaten hat er aber bereits vier verbüßt. Somit ist dies in Anrechnung zu bringen, sodass nur vier Monate Freiheitsstrafe beantragt werden, um ihn nicht schlechter zu stellen als einen Verurteilten, der die Strafe noch nicht verbüßt hat.[192]

dd) Strafaussetzung zur Bewährung

367 Ich möchte nochmals auf die Frage der **Aussetzung der Vollstreckung von Freiheitsstrafe zur Bewährung** kommen, § 56 StGB.

Die Frage nach der Aussetzung zur Bewährung ist in jedem Fall einheitlich zu treffen, auch wenn der Schuldspruch mehrere Taten enthält. Nichts anderes gilt dann, wenn ein Fall der nachträglichen Gesamtstrafenbildung gegeben ist und die Strafe aus dem ersten Urteil zur Bewährung ausgesetzt worden ist. Mit Einbeziehung der Strafe aus dem ersten Urteil ist auch die ausgesprochene Strafaussetzung kassiert worden. Es ist also falsch, im obigen dritten Beispiel – dem mit der Nachtat – die Gesamtfreiheitsstrafe zur Bewährung auszusetzen, weil auch im ersten Urteil die Vollstreckung zu Bewährung ausgesetzt worden ist, und nur die Einzelstrafe „pur" zu verhängen.[193] Wie sollte sich der Verurteilte gleichzeitig bewähren und in Strafhaft befinden?

368 Ist der Angeklagte zu einer Freiheitsstrafe von nicht mehr als einem Jahr verurteilt worden, setzt das Gericht die Vollstreckung der Strafe zur Bewährung aus, wenn zu erwarten ist, dass der Verurteilte sich schon die Verurteilung zur Warnung dienen lassen und sich künftig straffrei führen wird. Dabei sind seine Persönlichkeit, sein Vorleben, die Umstände der Tat, sein Nachtatverhalten, seine Lebensverhältnisse und die erwartete Wirkung der Strafaussetzung zu berücksichtigen. Dies nennt man **Sozialprognose.**

Der Angeklagte ist zu befragen, ob er Arbeit hat, ob er – falls er Schulden hat – eine Schuldnerberatung in Anspruch genommen hat, wie es um seinen Freundeskreis steht. Falls eine Suchtproblematik gegeben ist, ist nach einer Suchtberatung oder Therapie zu fragen. Besonders genau muss geprüft werden, falls der Angeklagte seine Tat während laufender Bewährung begangen hat.

369 Ist eine Freiheitsstrafe von über einem bis zu zwei Jahren ausgesprochen worden, ist gem. Abs. 2 die Vollstreckung der Strafe dann zur Bewährung auszusetzen, wenn nach der Gesamtwürdigung der Tat und Persönlichkeit des Verurteilten **besondere Umstände** vorliegen, die eine Strafaussetzung gebieten, zB das Bemühen des Angeklagten um Schadenswiedergutmachung. Je näher sich die Freiheitsstrafe dem Maximalwert von zwei Jahren nähert, desto strengere Anforderungen sind zu stellen. Beachten Sie auch, dass diese besonderen Umstände eine Bringschuld des Angeklagten sind. Liegt die Freiheitsstrafe über einem Jahr, ist es an ihm, die besonderen Umstände glaubhaft zu machen, auch wenn der Untersuchungsgrundsatz natürlich auch insoweit gilt.

370 Ergänzend zu erwähnen ist auch Abs. 3 der Vorschrift. Ist der Angeklagte zu einer Freiheitsstrafe von mindestens sechs Monaten verurteilt worden, wird die Vollstreckung nicht zur Bewährung ausgesetzt, wenn dies die **Verteidigung der Rechtsordnung** gebietet. Dies ist

192 Zur Methode des Härteausgleichs Fischer StGB § 55 Rn. 22 ff.
193 Vgl. auch § 58 II StGB, der von einer einheitlichen Entscheidung ausgeht.

dann der Fall, wenn eine Aussetzung der Vollstreckung im Hinblick auf schwerwiegende Besonderheiten des Einzelfalls für das allgemeine Rechtsempfinden schlechthin unverständlich erscheinen müsste und das Vertrauen der Bevölkerung in die Unverbrüchlichkeit des Rechts und den Schutz der Rechtsordnung vor kriminellen Angriffen erschüttern könnte.[194] Die Subsumtion unter den Begriff der Verteidigung der Rechtsordnung gestaltet sich meist schwierig. Regelmäßig können die Aspekte, die zur Bejahung dieses Merkmals führen könnten, im Rahmen der Prüfung der positiven Sozialprognose iSd Abs. 1 fruchtbar gemacht werden, sodass diesem Absatz kaum praktische Bedeutung beikommt.

Die Bewährungszeit beträgt gem. § 56a I 2 StGB zwischen zwei und fünf Jahren. Oft stellt es sich so dar, dass nun der Angeklagte zwar zu einer Freiheitsstrafe verurteilt worden ist, deren Vollstreckung aber zur Bewährung ausgesetzt werden kann, sodass es an sich zu keiner subjektiv fühlbaren Sanktion für den Angeklagten käme. Es kann aber auch sein, dass es der Angeklagte aller Voraussicht nach ohne Hilfe von außen nicht schaffen wird, straffrei zu leben. Hier helfen jeweils §§ 56b–56d StGB. Gemäß § 56b StGB kann das Gericht dem Verurteilten Auflagen erteilen, die der Genugtuung für das begangene Unrecht dienen, wobei natürlich nichts Unzumutbares verlangt werden darf. Als Auflagen kommen die Wiedergutmachung, die Zahlung eines Geldbetrages an eine gemeinnützige Einrichtung, die Erbringung von gemeinnützigen Leistungen oder – häufigster Fall – die Zahlung eines Geldbetrages an die Staatskasse in Betracht. Geht es darum, dem Verurteilten zu helfen, kann ihn das Gericht gem. § 56c StGB insbesondere anweisen, Meldeauflagen einzuhalten oder Anordnungen zu befolgen, die sich auf seine Lebensführung beziehen, den Kontakt mit bestimmten Personen zu vermeiden oder bestimmte Gegenstände nicht zu besitzen. Falls er einwilligt, kann man ihn anweisen, eine Heilbehandlung, die mit körperlichen Eingriffen verbunden ist, oder eine Entziehungskur durchzuführen oder durchführen zu lassen oder sich in ein Heim zu begeben. Schließlich kann dem Verurteilten gem. § 56d StGB auch ein Bewährungshelfer zur Seite gestellt werden. 371

d) Nebenanträge

Abschließend möchte ich zu etwaigen **Nebenanträgen** kommen, die Sie nicht vergessen sollten. 372

Häufig, namentlich bei Verkehrsstraftaten, ist über die Fahrerlaubnis zu entscheiden, §§ 69, 69a StGB.

Bitte beachten Sie: Eine Entziehung der Fahrerlaubnis und auch ein Fahrverbot gem. § 44 StGB sind nur möglich, wenn der Angeklagte seine Pflichten als Kraftfahrzeugführer verletzt hat. Ist er dagegen betrunken *Fahrrad* gefahren, handelt es sich nicht um ein Kraftfahrzeug und man kann seinen Führerschein nicht entziehen und ihm auch kein Fahrverbot auflegen. Die landläufig bestehende Vorstellung, man könne seinen Führerschein auch dann verlieren, wenn man betrunken Fahrrad fährt, ist also – in strafrechtlicher Hinsicht – falsch.

Die betreffende Entscheidung enthält drei Teile: Die *Entziehung* der Fahrerlaubnis, die *Einziehung* des Führerscheins und die Erteilung einer *Sperrfrist* für die Neuerteilung. Verwechseln Sie bitte nicht Entziehung und Einziehung. Die Einziehung betrifft den Führerschein als Gegenstand, nicht die materielle Berechtigung zum Führen von Kraftfahrzeugen. Der Antrag könnte daher wie folgt lauten:

> Ich beantrage, dem Angeklagten die Fahrerlaubnis zu entziehen, den Führerschein einzuziehen und eine Sperrfrist von weiteren neun Monaten für die Neuerteilung der Fahrerlaubnis anzuordnen.

Bitte vergessen Sie auch nicht, gegebenenfalls eine Einziehung von Taterträgen, deren Wert oder von Tatprodukten, Tatmitteln und Tatobjekten gem. §§ 73 ff. StGB zu beantragen.

194 BGH 24, 40 (46) = NJW 1971, 439.

373 Ist der Angeklagte aus der **Untersuchungshaft** vorgeführt worden, dürfen Sie den Haftbefehl nicht vergessen. Da Sie als Referendare regelmäßig keinen Rechtsmittelverzicht erklären dürfen, ist über die Aufhebung des Haftbefehls oder dessen Aufrechterhaltung zu entscheiden.

374 Und denken Sie bitte auch im Rahmen des Plädoyers an die Einziehung von Tatmitteln pp. und/oder Taterträgen. Diese wird bezüglich der Tatmittel überflüssig, wenn der Angeklagte ausdrücklich darauf verzichtet (was nachvollziehbar dokumentiert werden sollte). Ob darauf auch dann verzichtet werden kann oder gar muss, wenn er auf die Taterträge verzichtet, ist zum Zeitpunkt der Drucklegung von der Rechtsprechung noch nicht vollständig geklärt gewesen.[195]

e) Das Plädoyer in der Praxis

375 Der Schlussvortrag des Vertreters der Staatsanwaltschaft ähnelt in seinem Inhalt dem wesentlichen Ergebnis der Ermittlungen. Er hat aber auch Gemeinsamkeiten mit den Einstellungsbescheiden, denn dort wie hier ist nicht immer eine überoptimale Variante zu bevorzugen. Mit anderen Worten, es ist zwischen dem „Luxusplädoyer“ und dem Normalvortrag zu unterscheiden.

376 Das Luxusplädoyer ist in tatsächlich oder rechtlich schwierigen Fällen sowie in Fällen von besonderer Bedeutung oder gar Presserelevanz angezeigt. Es würdigt das Ergebnis der Hauptverhandlung umfassend und unter allen Gesichtspunkten abschließend.

In besonders umfangreichen Verfahren kann es sogar angezeigt sein, den Schlussvortrag schriftlich vorzubereiten und dem Gericht eine Abschrift zur Verfügung zu stellen, weil der Schlussvortrag so viele Einzelheiten enthält, dass er auditiv nicht mehr aufzunehmen ist. Derartige Hauptverhandlungstermine werden aber regelmäßig nicht von Referendaren wahrgenommen.

Natürlich ist ein derartiger Vortrag nicht in allen Fällen angezeigt. Gerade in einfacheren Fällen erscheint es anfängerhaft – um nicht zu sagen: es langweilt –, wenn der Referendar sich lang und breit an einem mitgebrachten Schema entlanghangelt und die einzelnen Punkte stupide abhandelt. In diesem Fall sollte man lieber einen „Normalvortrag“ halten, der sich auf die wesentlichen Punkte beschränkt.

Zur Illustration möchte ich nun zwei Beispielsvorträge darstellen.

aa) Beispiel für ein Luxusplädoyer

377 Herr Vorsitzender, hohes Gericht[196],

[Zusammenfassende rechtliche Feststellung]
Die Hauptverhandlung hat ergeben, dass sich der Angeklagte einer gefährlichen Körperverletzung schuldig gemacht hat.

[Festgestellter Sachverhalt]
Am 1.6.2022 spielte der Angeklagte auf dem Sportplatz des TSV Russee mit dem gesondert verfolgten Schulze und weiteren unbekannt gebliebenen Personen Fußball. Am Rande des Spielfeldes saßen der Geschädigte und eine weitere Person und tranken Alkohol. Im Zuge der alkoholbedingten Enthemmung fingen sie an, sich über die Fußballkünste des Angeklagten und der übrigen Spieler lustig zu machen. Darauf begaben sich der Angeklagte und der gesondert verfolgte Schulze zu den beiden trinkenden Personen. Jeder der beiden ging auf jeweils eine Person zu und begann, zunächst mit Fäusten auf diese einzuschlagen. Als die beiden Opfer auf dem Boden lagen, begannen der Angeklagte und der Schulze, auf die Opfer einzutreten, wobei sie mit Fußballschuhen mit Stollen in Richtung des Körpers und der Brust traten. Trotz dieser massiven Gewaltanwendung gelang einem Opfer die Flucht, das andere, der hier anwesende Zeuge Mladic, blieb liegen und wurde weiter getreten, und zwar vom Angeklagten. Infolge dieser

195 S. BGH BeckRS 2019, 16371; 2019, 28145; 2019, 28032.

196 Gedachter Zeitpunkt der Hauptverhandlung ist der 3.7.2023.

Gewalteinwirkung erlitt der Zeuge multiple Prellungen am ganzen Körper, ein stark geschwollenes Gesicht und mehrere Platzwunden. Er musste zwei Wochen das Bett hüten. Durch die Gewalteinwirkung wurde die Sehkraft auf einem Auge auf 40 % gemindert. Eine finanzielle Entschädigung oder gar Entschuldigung ist bis zum heutigen Tage nicht erfolgt.

[Einlassung des Angeklagten]
Der Angeklagte räumt ein, eine der Personen auf dem Spielfeld gewesen zu sein. Weitere Angaben macht er nicht.
Zu seinen persönlichen Verhältnissen hat er angegeben, als Wirtschafter in einem Bordell zu arbeiten. Er erhalte hierfür monatlich netto ca. 1.500 EUR. Unterhaltspflichten bestünden nicht.

[Darstellung der Beweismittel]
Der Angeklagte ist überführt worden durch die Bekundungen des Zeugen Mladic sowie durch die der Zeugen Meier und POM Lehmann.
Der Zeuge Mladic hat angegeben, dass er an diesem Tage vom Arbeitsamt gekommen sei, wo er sich um Arbeit bemüht habe. Auf dem Rückweg habe er einen entfernten Bekannten getroffen. Zusammen habe man beschlossen, Alkohol zu trinken und aus diesem Grund aus dem nahe gelegenen Supermarkt Wodka und Fanta geholt. Sodann hätten sich beide an den Spielfeldrand gesetzt und angefangen zu trinken. Der Zeuge meint, nicht stark betrunken gewesen zu sein. Auch habe er sich nicht über das Fußballspiel lustig gemacht. Dann seien aus der Gruppe der Fußballspieler zwei Personen auf ihn zugekommen, die er heute nicht mehr wieder erkennen könne. Anschließend könne er sich an nichts mehr erinnern. Er sei im Krankenhaus wieder aufgewacht, wo man seine Verletzungen versorgt habe. Eine finanzielle Entschädigung oder Entschuldigung habe er nie erhalten. Der Zeuge hat eingehend die oben dargestellten Verletzungen beschrieben. Hinzu kommen die Bekundungen des Zeugen Müller. Dieser fuhr an Tattag mit einem unbekannt gebliebenen Bekannten in unmittelbarer Nähe des Tatortes Skateboard. Der Zeuge hat bekundet, dass er gehört habe, wie sich die beiden trinkenden Personen über die Fußballer lustig gemacht hätten. Sodann seien zwei Personen aus der Gruppe zu den Betrunkenen gegangen und hätten auf sie eingeschlagen und gegen Kopf und Körper getreten. Eines der Opfer habe wegrennen können, eines sei liegen geblieben. Wegen des mittlerweile eingetretenen Zeitablaufes hat auch der Zeuge den Angeklagten nicht wieder erkennen können. Allerdings habe der Zeuge sofort mit seinem Handy die Polizei gerufen und gegenüber dem dann erschienenen Polizisten die beiden Täter identifiziert. Was der Zeuge im Übrigen noch wusste, war, dass der größere der beiden Täter auf das geflüchtete Opfer eingeschlagen, während der kleine Untersetzte den hier anwesenden Geschädigten verletzt habe.
Der Zeuge POM Lehmann hat die Bekundungen des Zeugen Müller gestützt. Er hat ausgesagt, dass der Zeuge Müller ihm gegenüber die beiden Täter identifiziert habe. Er habe den Angeklagten als den Untersetzten wieder erkannt, der auf den Zeugen Mladic eingeschlagen und getreten habe. Der andere Täter, der gesondert verfolgte Schulze, sei von seiner Physiognomie her groß und dünn. Beide Personen, der Angeklagte und der gesondert Verfolgte, seien ihm aus früheren Einsätzen bekannt gewesen. Sie seien nach seinen Bekundungen der Zuhälterszene zuzurechnen.

[Beweiswürdigung]
Die Bekundungen der Zeugen sind nachvollziehbar und in sich schlüssig.
Gründe, die gegen die Glaubwürdigkeit der Zeugen sprechen könnten, sind nicht ersichtlich.
Die Aussagen waren auch glaubhaft. Zwar hat der Zeuge Mladic in Abrede gestellt, betrunken gewesen zu sein und die Fußballer provoziert zu haben, was im Widerspruch zu den Bekundungen des Zeugen Meier steht. Dies kann aber letztlich dahingestellt bleiben, da keine Zweifel an dem übrigen Wahrheitsgehalt der Aussage bestehen. Insbesondere ist keine Belastungstendenz beim Zeugen Mladic erkennbar. Dies ergibt sich daraus, dass der Zeuge den Angeklagten hier im Gerichtssaal nicht wieder erkannt hat. Auch die Schilderungen der Verletzungen sind gut nachvollziehbar, plastisch und wirken nicht übertrieben.
Gleiches gilt für den Zeugen Müller. Dieser hat als Außenstehender keinen Anlass, Partei für den Angeklagten oder den Zeugen Mladic zu ergreifen. Auch er hat den Angeklagten heute nicht wieder erkannt, was mit dem mittlerweile eingetretenen Zeitablauf zu erklären sein wird. Er

wusste aber noch, dass der untersetzte Täter den Zeugen Mladic verletzt hat, eine Beschreibung, die auf den Angeklagten damals wie heute passt.
Auch die Aussage des Zeugen POM Lehmann ist glaubhaft. Dass er sich an die Identifizierung des Angeklagten durch den Zeugen Müller erinnert, ist damit zu erklären, dass er diesen aus anderen Einsätzen aus dem Rotlichtmilieu bereits kannte. Hieraus ergibt sich auch keine Voreingenommenheit gegenüber dem Angeklagten, da der Zeuge trotz seiner Kenntnisse über den Angeklagten eine professionelle Distanz zeigte.
Die Tat ist damit nachgewiesen worden, und zwar die Körperverletzungshandlung durch den Zeugen Müller, der dadurch eingetretene Erfolg durch den Zeugen Mladic und die Täterschaft durch den Zeugen POM Lehmann.

[Rechtliche Erwägungen]
In materiell-rechtlicher Hinsicht stellt sich die Tat des Angeklagten als gemeinschaftliche gefährliche Körperverletzung iSd §§ 224 I Nr. 4, 25 II StGB dar. Durch die üble und unangemessene Behandlung ist der Zeuge sowohl körperlich verletzt als auch an der Gesundheit geschädigt worden. Die Tat ist auch aufgrund eines wenn auch nonverbal gemeinschaftlich von beiden Tätern gefassten Tatplanes begangen worden. Dabei kommt es nicht darauf an, dass jeder der beiden Täter nur auf einen Geschädigten körperlich einwirkte. Notwendig für ein mittäterschaftliches Zusammenwirken ist ein gemeinsames Handeln aufgrund eines gemeinsamen Planes, wobei nicht jeder Täter jeden Teilaspekt des Taterfolges mit verursachen muss. Schon unter diesem Gesichtspunkt ist die gefährliche Körperverletzung gem. Abs. 1 Nr. 4 zu bejahen, zumal der Angeklagte den Geschädigten zusammen mit dem gesondert verfolgten Schulze Gefahr erhöhend gegenübergetreten ist. Durch das Treten mit den Fußballschuhen mit Stollen gegen den Kopf hat der Angeklagte darüber hinaus auch ein anderes gefährliches Werkzeug iSd Abs. 1 Nr. 2 Alt. 2 verwendet und gleichzeitig eine potentiell lebensgefährliche Handlung begangen, Abs. 1 Nr. 5. Dabei ist hierfür eine abstrakte Gefahr für das Leben ausreichend. Dieser Gefährdungsgrad ist hier überschritten worden.

[Strafzumessung]
Nun zu der Frage, wie der Angeklagte zu bestrafen ist. Der Strafrahmen der gefährlichen Körperverletzung reicht von sechs Monaten bis zu zehn Jahren. Ein minder schwerer Fall, der zu einer Strafrahmenverschiebung führen könnte, ist hier nicht gegeben. Ein solcher ist nur dann denkbar, wenn sich die Tat als deutlich weniger gravierend als der Durchschnitt vergleichbarer Taten darstellt. Dies ist hier gerade nicht der Fall.
Zugunsten des Angeklagten ist zu berücksichtigen, dass die Tat bereits erhebliche Zeit zurückliegt und dies den Strafanspruch des Staates mindert. Dass der Angeklagte selbst nichts zur Wahrheitsfindung beigetragen hat, ist sein gutes Recht und für die Strafzumessung irrelevant. Da weder eine Schmerzensgeldzahlung noch eine Entschuldigung erfolgt ist, kann dies ebenfalls nicht zu seinen Gunsten berücksichtigt werden. Auch dass er gemeinsam mit einem weiteren Täter gehandelt hat, ist für die konkrete Strafzumessung irrelevant, da dieses Merkmal bereits im Tatbestand der gefährlichen Körperverletzung enthalten ist. Ebenfalls nicht zu seinen Gunsten wirkt, dass er von dem Opfer provoziert worden sein mag. Zwar können Provokationen durch Opfer strafmindernd wirken; hier handelte es sich aber um stark Betrunkene und damit fast wehrlose Personen. Dass Betrunkene infolge alkoholbedingter Enthemmung zum Frotzeln neigen, ist allgemeines Lebensrisiko und muss ertragen werden.
Zu seinen Lasten ist ins Feld zu führen, dass der Angeklagte durch seine Tat erhebliche gesundheitliche Schäden beim Verletzten hervorgerufen hat, die noch bis heute fortwirken. Er hat auf einen an Boden liegenden, wehrlosen Menschen eingetreten und ist damit über das Maß der bei Körperverletzungsdelikten üblichen Gewalteinwirkung hinausgegangen. Auch war der Angeklagte zum Zeitpunkt der Tat bereits einmal wegen Körperverletzung zu einer nicht unerheblichen Geldstrafe verurteilt worden.
Unter Zusammenschau dieser Gesichtspunkte kann sich die Strafe insbesondere im Hinblick auf den mittlerweile eingetretenen Zeitablauf von vier Jahren nur im unteren, wenn auch nicht im ganz unteren Bereich des Strafrahmens bewegen. Ich halte daher eine Freiheitsstrafe von 10 Monaten für tat- und schuldangemessen.

> Der Angeklagte ist nach dieser Tat nochmals wegen Körperverletzung verurteilt worden. Die Geldstrafe von 120 Tagessätzen aus diesem Urteil vom 31.1.2023 ist noch nicht vollstreckt worden, sodass die Strafe hier mit einzubeziehen und eine Gesamtfreiheitsstrafe zu bilden ist, die bei 12 Monaten liegen sollte.
> Die Vollstreckung der Freiheitsstrafe kann zur Bewährung ausgesetzt werden gem. § 56 I StGB. Der Angeklagte ist bislang nicht zu einer Freiheitsstrafe verurteilt worden. Auch wenn er jetzt zum dritten Mal wegen eines Körperverletzungsdelikts verurteilt wird, erscheint die Strafaussetzung geboten, insbesondere um dem Angeklagten letztmalig die Möglichkeit einzuräumen, nun ein strafloses Leben zu führen. Dass dies gelingen könnte, ist deshalb zu erwarten, weil der Angeklagte glaubhaft angegeben hat, seinen jetzigen Beruf aufgeben, in eine andere Stadt ziehen und im Betrieb seines Bruders als Kfz-Mechaniker arbeiten zu wollen. Im Lichte dessen erscheint es als vertretbar, einstweilen auf die Vollstreckung der Freiheitsstrafe zu verzichten. Da dies bereits der dritte Fall einer Körperverletzung ist, ist die Dauer der Bewährungszeit nicht zu knapp zu bemessen.
> Gleichwohl ist dem Beschuldigten die Bewährungsauflage zu machen, einen Geldbetrag in Höhe von 1.000 EUR in monatlichen Raten von je 100 EUR an den Geschädigten zu zahlen, um ein Mindestmaß an Wiedergutmachung zu erzielen.
> Die beschlagnahmten Fußballschuhe sind als Tatmittel gem. § 74 StGB einzuziehen.
> Ich beantrage daher, den Angeklagten wegen gefährlicher Körperverletzung unter Einbeziehung der Strafe aus dem Urteil vom 31.1.2023 zu einer Gesamtfreiheitsstrafe von 12 Monaten zu verurteilen, deren Vollstreckung für die Dauer von 3 Jahren zur Bewährung ausgesetzt wird. Die Fußballschuhe sind als Tatmittel einzuziehen. Dem Angeklagten ist aufzuerlegen, einen Betrag von 1.000 EUR in monatlichen Raten zu je 100 EUR an den Geschädigten Mladic zu bezahlen.
> Vielen Dank.

Wie Sie dem Schlussvortrag entnehmen können, enthielt der zu entscheidende Fall – der übrigens einem Originalfall nachgebildet ist – einige rechtliche und tatsächliche Probleme, die es erforderlich machten, einen Luxusvortrag zu halten. Dass ein Referendar einen solchen Vortrag aus dem Stegreif ohne ein Minimum an Vorbereitungszeit halten kann, ist illusorisch. Falls es also tatsächlich einmal nötig sein sollte, einen längeren Vortrag zu halten, der sich mit verschiedenen Problemen beschäftigt, sollten Sie nicht zögern, den Vorsitzenden um eine Unterbrechung zu bitten. Das ist nichts Ehrenrühriges. Auch erfahrene Staatsanwälte machen das. **378**

bb) Der Standardvortrag

In der Regel wird es aber nicht nötig sein, so weit auszuholen. In normalen Fällen des Tagesgeschäfts können Sie davon ausgehen, dass allen Anwesenden im Saal klar ist, um welche Tat es geht und was die Zeugen gesagt haben. Der Schwerpunkt der Erörterungen liegt auf der Strafzumessung, denn das ist es, was Gericht und Angeklagten wirklich interessiert. Handeln Sie daher Nebensächliches kurz ab, wenn Sie es nicht ohnehin ausblenden. **379**

Nehmen wir also den Fall an, dass dem Angeklagten vorgeworfen wird, er sei am 1.1.2023 ohne Fahrerlaubnis mit einem Pkw von einer Silvesterfeier nach Hause gefahren. Der Angeklagte bestreitet und gibt an, seine Frau sei gefahren. Diese hat die Aussage verweigert. Der Zeuge Meier hat den Angeklagten einsteigen und wegfahren sehen. Ein normaler Vortrag könnte dann etwa so aussehen: **380**

> Herr Vorsitzender,
>
> die Beweisaufnahme hat die Schuld des Angeklagten ergeben.
> Ihm wird vorgeworfen, in der Silvesternacht ohne Fahrerlaubnis ein Auto im Straßenverkehr gefahren zu haben. Der Angeklagte bestreitet die Tat, ist aber überführt worden durch die Bekundungen des Zeugen Meier. Anhaltspunkte, die gegen den Wahrheitsgehalt dieser Aussage sprechen könnten, sind nicht ersichtlich. Dem Angeklagten war auch klar, dass er keine Fahrerlaubnis hatte, sodass von einem vorsätzlichen Verstoß gegen § 21 StVG auszugehen ist.

> Die eigentliche Frage ist, wie der Angeklagte zu bestrafen ist. Der Strafrahmen von § 21 I StVG sieht Freiheitsstrafe von bis zu einem Jahr oder Geldstrafe vor. In Anbetracht der Tatsache, dass sich der Angeklagte bislang straffrei geführt hat, erscheint hier eine Ahndung in Form einer Geldstrafe als angemessen.
> Zugunsten des Angeklagten kann lediglich angeführt werden, dass die zurückgelegte Fahrtstrecke mit 1,5 km vergleichsweise kurz war und es zu keinen Gefahrensituationen gekommen ist.
> Es ist auch kein atypischer Fall des § 69 StGB anzunehmen; ein Regelfall liegt erst recht nicht vor, sodass von einer isolierten Sperre für die Erteilung des Führerscheins Abstand genommen werden kann.
> Ich beantrage daher, den Angeklagten wegen Fahrens ohne Fahrerlaubnis zu einer Geldstrafe von 30 Tagessätzen zu je 50 EUR zu verurteilen, wobei die Strafe in sechs gleichen Raten bezahlt werden kann.
> Vielen Dank

Auch Beweiswürdigungen erfordern nicht zwangsläufig einen großen Vortrag:

> Frau Vorsitzende,
> dem Angeklagten wird zur Last gelegt, in einer Diskothek in der Kieler Innenstadt den Zeugen Müller mit der Faust ins Gesicht geschlagen zu haben.
> Der Angeklagte gibt an, der Zeuge Müller habe sich ohne Anlass auf ihn gestürzt, sodass er sich habe verteidigen müssen. Der Schlag sei zum einen nicht so heftig gewesen wie die Anklage behauptet, zum anderen habe er in Notwehr gehandelt.
> Der vom Gericht gehörte Zeuge Schmidt hat diese Einlassung gestützt. Dessen Aussage war jedoch wenig glaubhaft. Dabei ist nicht nur zu berücksichtigen, dass der Zeuge zu derselben Clique wie der Angeklagte gehörte, auch war die Schilderung des Ablaufs der Auseinandersetzung auffallend deckungsgleich mit den Angaben des Angeklagten. Die Zeugenaussage wirkte abgesprochen. Dies ist auch deshalb anzunehmen, weil der Zeuge alle Einzelheiten des Kampfes schildern konnte, ansonsten aber keine genauen Erinnerungen hinsichtlich des restlichen Abends hatte. Über die Einleitung eines Verfahrens gegen ihn wegen falscher uneidlicher Aussage wird zu befinden sein.
> Dagegen haben die Zeugen Riemann, Jaeschke und Brandt übereinstimmend mit dem Geschädigten bekundet, dass es der Angeklagte war, der den Zeugen nur deshalb mit der Faust ins Gesicht schlug, weil dieser ihn auf eine Weise angeschaut hatte, die dem Angeklagten nicht passte. Gründe, warum an den Angaben dieser Zeugen zu zweifeln sein sollte, haben sich nicht gezeigt. Die Tat ist damit nachgewiesen.
> Die Körperverletzung eröffnet einen Strafrahmen von Freiheitsstrafe bis zu fünf Jahren oder Geldstrafe. Zugunsten des Angeklagten ist dessen alkoholische Enthemmung anzuführen. Ferner hat der Schlag keine schweren oder bleibenden Folgen gehabt. Gegen den Angeklagten spricht indes der nichtige Anlass, aus dem er den Geschädigten schlug, und dass er vor zwei Jahren schon einmal wegen eines Gewaltdeliktes vor Gericht stand. Die Ahndung mit einer Geldstrafe erscheint ausreichend, aber auch geboten und sollte sich im unteren, aber nicht untersten Bereich bewegen. Nach Abwägung aller für und gegen den Angeklagten sprechenden Umstände erscheint eine Geldstrafe von 80 Tagessätzen zu je 25 EUR tat- und schuldangemessen.
> Ich beantrage, den Angeklagten dementsprechend zu verurteilen.
> Vielen Dank.

Zu guter Letzt noch ein Beispiel dafür, dass auch rechtliche Ausführungen nicht unbedingt zu einem Luxusplädoyer führen müssen:

> Herr Vorsitzender,
> der Angeklagten wird vorgeworfen, nach einem nächtlichen Unfall nicht ausreichende Zeit an der Unfallstelle gewartet zu haben, um die notwendigen Feststellungen zu ermöglichen. Stattdessen hat sie sich damit begnügt, einen Zettel mit ihrer Anschrift hinter dem Scheibenwischer zu hinterlassen.
> Die Angeklagte räumt die Tat dem Grunde nach ein, macht aber geltend, dass sie gemeint habe, wenn man einen Zettel wie hier hinterließe, würde sich die Wartezeit auf zwei bis drei Minuten

verkürzen. Sie ist der Auffassung, sich ausreichend um die Feststellungen bemüht zu haben. Dies ist rechtlich unzutreffend.

Einen Unfallverursacher trifft gem. § 142 I Nr. 2 StGB die Pflicht, eine angemessene Zeit zu warten. Wie lang diese Zeitspanne ist, wird im Gesetz nicht definiert und ist anhand des Einzelfalles zu entscheiden. Der Unfall fand zwar nachts statt, was für eine kürzere Wartepflicht spricht, allerdings war der Schaden mit fast 1.100 EUR erheblich. Die gewarteten zwei bis drei Minuten sind daher nicht ausreichend. Auch der hinterlassene Zettel verkürzt die Wartezeit nicht. Der Tatbestand ist damit objektiv erfüllt.

Die Angeklagte gibt an, dass sie davon ausgegangen sei, ihren Pflichten genügt zu haben. Selbst wenn dem so gewesen sein sollte, führt dies nicht dazu, dass sie freizusprechen wäre. Sie war sich am Unfallabend bewusst, dass sie hätte warten müssen. Vielmehr erlag sie bezogen auf den Tatbestand einem Subsumtionsirrtum zu eigenen Gunsten, der rechtlich irrelevant ist und an der Strafbarkeit nichts ändert. Die Angeklagte verengte zu Unrecht den ihr an sich bekannten Tatbestand, als sie dachte, ihrer Wartepflicht genügt zu haben. Insofern kannte sie die Umstände des gesetzlichen Tatbestandes und hatte Vorsatz. Für die Annahme eines Tatumstandsirrtums gem. § 16 StGB ist damit kein Raum. Auch ein die Schuld ausschließender Verbotsirrtum gem. § 17 StGB scheidet aus. Zwar mag der Angeklagten das Unrechtsbewusstsein gefehlt haben, weil sie dachte, wegen des Zettels wäre die Wartezeit entsprechend verkürzt und das Verlassen des Unfallortes damit erlaubt. Dies war jedoch für sie vermeidbar. Hätte die Angeklagte eingehend über die Sachlage nachgedacht, hätte ihr klar werden müssen, dass es nicht sicher war, dass der Unfallgegner den lose am Fahrzeug befindlichen Zettel auch erhalten würde. Auch enthielt dieser nur den Namen der Angeklagten und ihre Anschrift und befriedigte damit das weiter reichende Feststellungsinteresse des Unfallgegners nicht vollständig. Auch dies war für die Angeklagte erkennbar. Schließlich hätte ein Anruf bei der Polizei mittels des mitgeführten Mobiltelefons Klarheit geschaffen. Der Vorwurf der Verkehrsunfallflucht ist damit zu Recht erhoben worden.

§ 142 I StGB eröffnet einen Strafrahmen von Freiheitsstrafe bis zu 3 Jahren oder Geldstrafe. Letzteres ist hier ausreichend. Gegen die Angeklagte spricht der vergleichsweise hohe Schaden, für die Angeklagte dagegen, dass sie sich zumindest ansatzweise bemüht hat, die Feststellungen durch einen Zettel zu treffen, dass sie geständig – wenn auch nicht einsichtig – war und dass sie nicht vorbelastet ist.

Berücksichtigt man alle für und gegen die Angeklagte sprechenden Umstände ist daher eine Geldstrafe von 40 Tagessätzen zu je 50 EUR tat- und schuldangemessen. Da der Schaden nicht die Wertgrenze des § 69 II Nr. 3 StGB, die bei ca. 1.300 EUR liegt, überschreitet, kann ihr die Fahrerlaubnis belassen werden. Auch ein Fahrverbot iSd § 44 StGB erscheint nicht als geboten.

Vielen Dank.

Sachregister

Die angegebenen Fundstellen beziehen sich auf die Randnummern.